THE ZOOKEEPER'S WIFE

ユダヤ人を救った動物園

アントニーナが愛した命

［普及版］

ダイアン・アッカーマン

青木玲 訳

映画「ユダヤ人を救った動物園　アントニーナが愛した命」より

ユダヤ系の小児科の医師であると同時に作家、教育者であるコルチャック先生。ワルシャワがドイツ軍に占領されると彼の孤児院もやがてゲットーに移された

映画では象のお産を手伝うシーンも。人も動物も母性で包み込む、アントニーナの献身的な愛を感じる

ヤンとアントニーナの夫妻には、杉原千畝、オスカー・シンドラーと同じく「諸国民の中の正義の人」の称号が授与された

「この場所で、すべての命を守りたい」

THE ZOOKEEPER'S WIFE

アントニーナと彼女の家族、
家族の一員だった動物たちのために

オオヤマネコと一緒のアントニーナ

はじめに

ポーランド人の動物園長ヤン・ジャビンスキとその妻アントニーナは、ナチの恐ろしい人種差別のなか、貴重な自然に向けられた彼らの執着を巧みに利用しながら、死の淵にいた三〇〇人以上のユダヤ人を救いました。これは、深い思いやりに根ざした行為の多くがそうであるように、歴史の狭間にこぼれ落ちた物語です。しかし、喉の渇いたユダヤ人に水一杯差し出しても死罪とされた当時のポーランドで、ふたりがとった勇気ある行動は驚嘆に値します。

物語を再現するために参考にした資料は数多くありますが、なかでも依拠させていただいた資料は、「動物園長の妻」アントニーナ・ジャビンスカ（ポーランドの姓は、性別によって語尾が変わる）自身が、「日記や折々の手記をもとに」まとめた回想録で、そこには動物園の持つ官能的な魅力もふんだんに綴られています。それから、同じくアントニーナの手による『動物園の生活』などの自伝的な児童書と、夫ヤン・ジャビンスキの回想録を含めた著作。夫妻のインタビューが掲載されたポーランド語、ヘブライ語、イディッシュ語の新聞記事も参考にしました。本文中、アントニーナやヤンの心の動きについて、〈思った〉〈考えた〉〈感じた〉などとあるところは、以上の著作やインタビューに基づきます。当時の写真も参考にさせていただきました。ヤンが毛深い左手首に腕時計をはめていたことや、アントニーナが水玉の服を好んだことは写真で知りました。ご子息のリシャルトさんや、ワルシャワ動物園の皆さん、あの当時、地下活動に身を投じていたワルシャワの女性たちからもお話を伺うことができました。このほか、動物学者ルーツ・ヘックの著作、劇的なワルシャワ蜂起を記念した蜂起博物館や、歴史を雄弁に語るワシントンDCのホロコースト博物館、ポーランド国立動物学博物館の所蔵品や文書、箱や牛乳びんに隠して保管され、現在はワルシャワのユダヤ史研究所に収められている市民の回想録や手紙類、イスラエルによる「諸国民のなかの正義の人」表彰事業と同じくイスラエルの「ショア・プロジェクト」(ショアはヘブライ語でナチによるホロコーストのこと)が集めた証言類や、当時ワルシャワ・ゲットーで暮らしていた市民の手紙、日記、証言、回想録、記事、その他の文書による記録も大変参考になりました。

それから私は、ナチズムがたんに諸国民とイデオロギーの支配を望んだばかりではなく、世界の生態系改変という野心を抱き、ある国の植物と動物を(人間を含め)根絶する一方、絶滅に瀕した他の動物やその生息地は手厚く保護し、絶滅種の復元まで計画していたことを調べていきました。ポーランドの野生生物(それは小さな驚きの連続でした)や、人々の生活習慣、料理、民俗から、ナチが使っていた薬物《ドラッグ》、兵器、その他のテーマを扱った書物を渉猟し、ハシディズム、カバラ、二〇世紀初めに台頭した異教的な神秘主義、ナチの心霊主義のルーツ、さらにポーランドの社会史や政治史、当時のバルト諸国で流行っていたランプシェードについても味わい深く学びました。

二六歳までワルシャワに住んでいたマグダ・デイさんと娘さんのアガータ・M・オクリッチ－コザリンからは、ポーランド語について大変貴重な助言をいただきました。取材でポーランドを訪れた私は、ビアロウィーザの森とワルシャワ動物園を訪問し、夫妻が住んでいた館のなかや周辺の街路を巡りながら、アントニーナの足跡を偲ぶことができました。長時間にわたって親切にお世話してくださった動物園の現園長マチェイ・レンビシュチェフスキ博士と夫人のエヴァ・ザボニコフスカさん、私を快く受け入れて知識や情報を分け与えてくださったスタッフの皆さんに感謝しています。最後に、本書が完成するまで、根気強く、いつも明るく、私を助けてくれたエリザベス・バトラーさんと、丁寧なご批評をしてくださったロバート・ヤン・ヴァン・ペルト教授にもお礼を申し上げます。

私がこの物語に出会ったきっかけは、いつものようにごく個人的な事情からでした。実は私の母方の祖父母はポーランドの出身で、そのため私は、ポーランドの暮らしがどんなふうだったか、祖父や母から聞いた話に深い影響を受けていました。祖父はプシェムィシル郊外にあるレトニヤという町で育ち、第二次世界大戦前に故国を離れましたが、母の親戚や友だちのなかには、あの時代、隠れて生活したり、収容所暮らしを強いられた人たちもいます。ポーランドの小さな農場で暮らしていた父は、世代から世代へ伝えられてきた民話もよく知っています。

そんなお話のひとつに、ある村の小さなサーカス団で、突然ライオンが死んでしまったときのお話があります。団長は、ある貧乏なユダヤ人の老人に、ライオンの真似をしてもらえないかともちかけます。お金がなかった老人は、その仕事を引き受けました。団長は言いました。「ライオンの毛皮を着て、オリのなかに座っているだけでいいんだ。そうすれば、お客さんはあんたをライオンと思うからね」。老人は「こんな変な仕事は初めてだ」と思いながらも、言われたとおり、オリのなかに入りました。しかし、そのとたん、後ろから物音がします。振り向くと、なんと、もう一頭のライオンが同じオリに入ってきて、飢えた目で睨んでいます。恐怖におののき、といって逃れる手だてもない老人は、ただひとつ、思いついたことをしました――ヘブライ語のお祈りを大声で唱えたのです。ところが、絶望した老人が「聞け、おお、イスラエルよ」と祈り始めると、なんと、あとからきたライオンが、「我らが神なる主よ」というつぎの句を一緒に唱えるではありませんか。こうして二頭のにせライオンは、声をそろえてお祈りを最後まで唱えたのでした。

これからご紹介する史実は、このお話とびっくりするほど似たところがあるのです。

＊ポーランド東北部、ベラルーシ西部にまたがる、面積九二〇平方キロメートルもあるヨーロッパ最大の森。一九七九年にポーランド側、一九九二年にベラルーシ側が世界遺産に登録された。ユネスコのリストには「ベラヴェシュスカヤ・プーシャ／ビャウォヴィエジャの森」と記載されている。なお、ベラルーシ側はポーランド側の一九倍の広さがあり、ヨーロッパバイソンはこの両方に生息しているとされる。

翻訳にあたって

本書は、第二次世界大戦下のドイツによるポーランド占領と、ユダヤ人をはじめとする諸民族への迫害を背景にした実話です。この史実は、日本の私たちにも、『アンネの日記』『夜と霧』などの翻訳書や、『地下水道』『戦場のピアニスト』などの映画を通じてよく知られています。またポーランドのユダヤ人社会については、最近、『ポーランドのユダヤ人』という研究書が訳されているので、これらを重ね合わせることで、時代背景をより深く知ることができるでしょう。

しかし、本書の主題は、ナチスドイツの断罪ではありません。これは、このような状況におかれた市井の人々ひとりひとりの勇気と葛藤、愛と友情、信仰と絶望、生きるための知恵と計略の物語です。その意味で特定の民族の問題を超えた普遍性があります。そして、著名なサイエンスライターでもあるダイアン・アッカーマンが、この物語の主役に据えたのが、当時、先進的な動物園だったワルシャワ動物園の園長夫妻と、そこに匿《かくま》われた約三〇〇人の逃亡者でした。

重い史実にもかかわらず、ステレオタイプを排した重層的構成になっているのは、幅広い取材と繊細な人物描写に加え、多彩な登場「動物」たちの行動や心理、生態から人間社会を逆照射するユニークな視座のおかげもあります。この点で、自然や動物に関心のある方にはとくに興味をもっていただけると思います。

とはいえ本書は、自然保護や動物の世界を無条件に賛美しているわけではありません。社会生物学、優生学の利己的応用、強権的な生態系修正（いわゆるエコファシズム）により、自民族の生き残りを

極限にまで追求したナチズムと、一見無害な郷土愛や動物保護との錯綜する関係にも、焦点が当てられています。同じ一本の矢でも、どちらに矢じりをつけ、どこからどこに放つかにより、両極の結果がもたらされる怖さ。生命倫理やエコロジーの政治化が進む二一世紀の私たちにとっても、そのみきわめは大きな課題で、現代史やポーランドの専門家でもない訳者が本書の邦訳をさせていただいたのも、僭越ながらこの問題への興味からでした。訳稿に助言してくださった塩瀬エリカさんと坂元香織さんに感謝します。

なお、本書には巻末に著者による充実した注釈があるため、訳注はできるだけ簡潔に見開き左端に付けました。章題は、原書ではほとんどつけられていないのですが、物語の流れを追いやすくするために、簡潔なタイトルを付けました。また、固有名詞など、原語の発音が日本人の耳になじみにくいものは、若干、変えさせていただいたことをお断り申し上げます。

訳者

ユダヤ人を救った動物園 ［普及版］ 目次

ユダヤ人を救った動物園

［普及版］

第一章

一九三五年夏

ワルシャワの街外れにある一画に朝の光が射し込んで、花盛りの菩提樹の幹や、一九三〇年代に建てられた、ガラスとしっくいの館の白壁に広がっていく。館の二階では、動物園長とその妻が、白樺――カヌーや医療用の舌圧子《ぜつあつし》、ウィンザーチェアにも使われる――の寝台で眠っている。その左手には丈の高い窓が二つあり、人が腰掛けられるほど大きな敷居に小さなラディエイターがつけられている。鳥の羽のような斜めの寄せ木の床はオリエント絨毯《じゅうたん》で暖められ、部屋の隅っこには樺材のひじ掛け椅子が置かれている。

そよ風がボイル*のカーテンを持ち上げ、やわらかな朝日が影も落とさずに漏れてくると、うっすら浮かんだまわりの物が、アントニーナを知覚の世界につなぎとめ始めた。そろそろ、テナガザルの朝の歌が聞こえてくる頃だ。あの大騒ぎが始まったら、徹夜した学生だろうと、生まれたての赤ん坊だろうと、とても眠ることはできない。動物園長の妻だってそれは同じ。今朝もいつものように家事が待っている。アントニーナは食べ物と、絵筆と、針を扱うのが得意だったが、家のなかだけでなく、動物園にも彼女の仕事はあって、そのなかには、身につけた知識と天賦の才をフルに発揮しないといけない難題（ハイエナの子供をなだめるとか）も含まれていた。

夫のヤン・ジャビンスキは、たいてい妻よりも早く起きだして、ズボンと長そでシャツに着替え、毛深い左手首に大きな腕時計をはめると、そっと階下へ下りて行く。長身、やせ型、はっきりした鼻筋、黒い瞳、肉体労働者の盛り上がった肩を持つ彼は、アントニーナの父で、サンクト・ペテルブルグを拠点にロシアじゅうで仕事をしていたポーランドの鉄道技師アントニ・エルドマンにちょっぴり似ていた。アントニもヤンに劣らず強靭な精神の持ち主だったが、一九一七年にロシア革命が始まるとまもなく、インテリゲンチャとして糾弾され、妻（アントニーナの継母だった）とともに射殺されてしまう。アントニーナがまだ九歳のときのことだ。ヤンも彼女の父親のように一種の技師には違いないけれど、貨車と貨車ではなくて、人と動物、人とその動物としての性質を橋渡しすることを職業にしていた。

ヤンの頭は、てっぺんに焦げ茶色の髪が少しあるだけなので、夏の陽射しや冬の寒さをしのぐために帽子が手放せなかった。屋外で撮られた彼の写真が、たいていフエルトの中折れ帽を被り、いかにも生真面目そうに見えるのは、そんなわけがある。机の前やラジオ局のスタジオに座っている姿を捉えた写真もあるが、緊張してあごを引き、怒りっぽそうな感じを受ける。朝きれいにひげを剃っても、夕方にはもう伸びてきて、とくに鼻の下のくぼみに濃い影ができる。はっきりした輪郭の上唇は、女性がリップライナーで引くような完璧な「キューピッドの弓形」をしていて、それが、彼のなかで

＊木綿、絹、レーヨン製の薄織物。

たったひとつの女性的な特徴だった。

アントニーナの祖母は、両親を失った孫娘をサンクト・ペテルブルクの全日制の音楽学校に入れてピアノを学ばせ、それからさらにウズベキスタンのタシュケントにある学校に通わせた。アントニーナは一五歳でその学校を卒業したが、その年のうちに一家はそろってワルシャワへ引っ越し、彼女はそこで外国語と絵画を学んでいる。そのあと教師の仕事を少ししてから公文書保管人の試験を受けて合格。ワルシャワ農業大学で古い資料に埋もれていたときに、一一歳年上の動物学者ヤンに出会う。そヤンも芸術学院で絵画を学んだ経歴があり、動物と動物画という彼女と共通の趣味をもっていた。そうして一九二九年、新しくできたばかりの動物園の園長職が空くと（二年前に設立されたワルシャワ動物園の初代園長が死去したのである）、ヤンとアントニーナは、自分たちの手で動物園を整備して、動物に囲まれた暮らしのできるこのチャンスに飛びつく。こうして一九三一年、ふたりは結婚し、ワルシャワの繁華街から市電で一五分の距離にある川向こうの貧しい工場地帯、荒っぽい下町言葉の飛び交うプラガ地区に新居を定めたのである。

動物園というのは古くは個人の財産で、地位をひけらかすステイタス・シンボルだった。飾り棚に珍しい物を並べるぐらいなら誰でもできるかもしれない。しかし、いちばん大きなワニ、いちばん年とったウミガメ、いちばん重いサイ、いちばん珍しいワシを集めるとなると、それなりの手段と、いくらかの狂気もいる。一七世紀のポーランド国王だったヤン三世ソビエスキは、宮廷のなかで異国の動物をたくさん飼っていたし、裕福な貴族も自分の領地に見世物用の動物小屋を建てていた。

近代ポーランドの科学者たちには、他のヨーロッパ諸国、なかでも世界に知られる立派な動物園をもつドイツに負けない大動物園を、首都ワルシャワにつくりたいという積年の夢があった。子供たちも動物園がとても欲しかった。ヨーロッパのおとぎ話には——真実に近い話もあれば、面白おかしい嘘っぱちもある——言葉を話す動物が出てくるものがいっぱいある。動物は子供たちの想像をかき立て、大人たちを幼い頃大事にしていた童話の世界へいっぺんに連れ戻してくれる。アントニーナはこの動物園が、おとぎ話の動物たちの住む不思議の国、本のページが飛び出して、人々が猛獣たちと和平交渉できる場であることがうれしかった。野生のペンギンが腹ばいになって海へ滑り降りるところとか、カナディアン・ロッキーのカナダヤマアラシが巨大な松ぼっくりみたいに丸まった姿なんか、ふつうならまず見られないのだから。動物園の動物たちに会うことで、人は自然を見る目を広げ、自然を自分のものとして、その癖や名前を知るようになるものだ、とアントニーナは考えていた。《野性》という恐ろしくも美しい怪物が、ここではオリのなかで人間と折り合って暮らしていた。

毎朝、動物園に夜明けが訪れると、ホシムクドリが他の鳥から盗んだ歌を賑やかなメドレーで歌い出し、遠くではミソサザイの大きなアルペジオが数回、そして時報のように単調なカッコーの声が響いてくる。それから突然、テナガザルがものすごい大声で甲高いコールを始めると、それにつられてオオカミとリカオンが遠ぼえを始め、ハイエナがキャッキャッと叫び、ライオンがウオーと吼え、ワタリガラスがガアガアと鳴き、クジャクが金切り声を上げ、サイが鼻を鳴らし、キツネがケンケンと叫び、カバがブォーとうなる。そのあとはテナガザルのデュエットだ。雄がアーという叫びに静かなキーキーという声をはさむと、そのあとに長々と尾を引いた「グレートコール」と呼ばれる雌の声が続く。この動物園にはテナガザルのつがいが何組かいて、それぞれの夫婦が、それぞれに序曲、コーダ、間奏、デュエット、ソロまで備えたヨーデルを合唱するのだった。

アントニーナとヤンは、季節の変化に応じて、めりはりのある生活を送るようになっていた。たいていの人と同じように、彼らも時計を見ながら仕事をしたが、日課はあまりきっちり決まっていなかった。かたや動物、かたや人間の事情に合わせて、ふたつが両立するようにその都度、調整する。だから両者の都合がかち合ったときは、ヤンの帰宅が遅くなることもあるし、夜ふけになってから、アントニーナがキリンなどの動物のお産（キリンは立ったまま分娩するので赤ん坊は頭から地面に落ちるのだが、母親はそれをまるで気にしない）の手伝いに行くこともあった。このために毎日が新鮮で、苦労もあったけれど、彼女の人生は小さなうれしい驚きで満たされていたのである。

アントニーナの寝室のガラスドアを開けると、二階の背面にある広いテラスに出られた。二階にある三つの寝室と、夫妻が「屋根裏」と呼んでいた小さな物置にはいずれも、このテラスに通じるドアがあった。テラスに立つと、常緑樹のこずえを眺めたり、川からの風で香りが運ばれるように、居間の六つの窓の外に植えたライラックごしの風景をのぞむことができる。うららかな春の日には、薄紫の花の穂がセンサーのように揺らめくたびに、琥珀色の甘くうっとりする芳香が流れたり止まったりして、鼻を目覚ましのように刺激したかと思うと、また少し休ませてくれる。テラスに小鳥のようにたたずんで、イチョウやトウヒのこずえの高さの空気を吸うと、自分も樹冠にすむ生き物のひとつになる。隣のキジ舎から五〇ヤードほど先にあるラッショヴァ通りの正門をのぞめば、オークの重たげな枝の向こうで、無数の朝露のプリズムがネズノキを飾っている。通りを渡れば、そこはプラスキ公園。暖かい日には大勢の市民がここへやって来る。クリームイエローの菩提樹の花穂から頭がぼうっとしそうな蜜の香りが漂い、それに誘われたミツバチたちがルンバを踊っている。

　菩提樹には夏の精リパを誘い寄せるとの言い伝えがあり、そのため、七月のことをリピェッツと呼ぶ。菩提樹は古くは愛の女神に捧げられる木だったのだが、キリスト教が広まると聖母マリアの隠れ場所とされるようになり、今も旅人たちは、道端の寺院にある菩提樹の木陰で、道中の無事を聖母マリアに祈っている。ワルシャワの菩提樹は、公園を生き生きと活気づけ、墓地や広場を囲み、並木通りには、ヘルメットのように枝葉を広げた大木が連なっている。菩提樹に集まるミツバチは、神の僕として敬意を払われ、食卓に蜂蜜酒や蜂蜜をもたらしてくれるほか、蜜蝋からは礼拝用のロウソクもつくれるので、教会の中庭にはよく菩提樹が植えられた。ミツバチと教会の結びつきが強くなったため、一五世紀の初めのマゾフシェ地方の住人が、蜂蜜泥棒と巣箱荒らしを死罪とする法を定めたこともあるほどだ。

　アントニーナの時代のポーランド人も、そこまではいかないけれどミツバチにはこだわりを持ち、ヤンも動物園の隅っこに、まるでどこかの部族の住居のような巣箱を並べて置いていた。ポーランドの主婦は、蜂蜜をアイスコーヒーやクルプニックというウォッカ飲料に入れたり、甘味を抑えたケーキや、ピエルニクと呼ばれるクッキーに使った。菩提樹のお茶も風邪の症状をやわらげたり神経を鎮めるために飲まれていた。この季節、市電乗り場や教会、市場へ出かけるために公園を通るたびに、アントニーナは、強烈な香りのする菩提樹の花の回廊を、ハチたちのいい加減なおしゃべり――菩提樹を意味するポーランド語《リパ》には「たわいない嘘」の意味もある――を聞きながら抜けていくのだった。

川向こうに目をやると、隠しインクで描かれたような旧市街の建物の輪郭が朝もやのなかから浮かび上がった――初めに、ハトの羽のように重なり合った赤さび色の瓦屋根――つぎに、石畳の道沿いに市場のある広場まで続いている青磁やピンク、黄、赤、銅、ベージュと色とりどりの家並み。一九三〇年代には、プラガ地区にも、ザプコフスカ通りの低いお城のようなウォッカ工場の隣に、青空市場があった。旧市街の市場ほどの賑わいはないけれど、数十軒の露店が黄色や褐色の日よけの下に農産物や工芸品、食品を並べ、ウィンドウにはバルト地方産の琥珀が飾られ、数グロシュ*で小さな壺からおみくじを引いてきてくれるオウムもいたものだ。

旧市街のすぐ向こう側は、迷路のように道の入り組んだ大きなユダヤ人街だった。そこではかつらを被った女たちや、もみあげを巻いた男たちが、宗教的なダンスを踊り、独特の言葉と香りが混ざりあっていた。小さなお店に絹の染め物、平屋根の建物には黒とモスグリーンの鉄のバルコニーがちょうどオペラのボックス席のように段々に連なっていて、観覧客のかわりにトマトや花の鉢が顔を覗かせていた。ピエロギの一種でクレプラッハという歯ごたえのある料理もつくられていた。これは、味をつけた煮込み肉と玉ねぎをこぶし大の生地に詰め、ゆでて、焼いて、揚げて、仕上げにベーグルのような光沢《つや》をだしたもの。

東欧ユダヤ文化の中心だったこの街には、ユダヤ人の劇場、映画、新聞、雑誌があり、芸術家たちがいて、出版社があり、政治運動もあればスポーツ、文芸のサークルも活発だった。ポーランドは昔からイギリス、フランス、ドイツ、スペインから迫害を逃れてきたユダヤ人をたくさん受け入れてきた国で、一二世紀頃のポーランドでは、ヘブライ文字を刻んだ硬貨もつくられていたほどである。ユダヤ人がポーランドに魅かれたのは、一説によると、国名の響きがヘブライ語の《ポ・リン》（ここでお休み）に似ていたからだという。しかし、人口一三〇万の三人にひとりがユダヤ人だった二〇世紀の都市ワルシャワにも、反ユダヤ主義は忍び込んでいた。ユダヤ人はもっぱらユダヤ人街に居住し、その外の瀟洒な市街に住む者もいることはいたけれど、そうした人たちもたいてい独特の服装や言語、文化にこだわり、なかにはポーランド語をまるで話せない人もいた。

いつものような夏の朝、テラスに出てみたアントニーナが幅広い手すりにもたれると、アンズ色の冷たいタイルについた夜露が赤いローブの袖を濡らした。動物たちの声——うなり声、哀れっぽい声、甲高い声、低いつぶやき声——は、どうも動物園からくるものばかりではない。館の地下からも、ポーチやテラスからも、屋根裏からも声が聞こえてくる。実は、ヤンとアントニーナは、親をなくした動物の赤ん坊や、傷ついたり病気にかかったりした動物をペットと同じように家のなかに入れ、給餌やしつけをアントニーナが受けもっていたので、その動物たちもさかんに餌をねだったのである。

館の動物たちは居間にも自由に出入りしていた。風景画と間違えてしまいそうな六つの大窓のある細長い居間には、他の部屋とのはっきりした境界がない。奥のほうには大きな木づくりの棚があり、本や雑誌のほか、鳥の巣や羽、小さな頭骨、卵、角、その他の小物が飾られていた。何脚かある四角いひじ掛け椅子には赤い布のクッション、その脇の床にはオリエントラグが敷かれ、その上にはピアノが載っている。いちばん奥の暖かい隅っこには焦げ茶色のタイルで飾られた暖炉があって、炉棚には日光にさらされたバイソンの頭骨が置かれている。窓辺にもひじ掛け椅子が何脚かあり、午後にな

＊ポーランドの通貨単位。

るとさんさんと陽射しが降り注いだ。

　あるとき、ヤンにインタビューするために館を訪れた記者は、居間につぎつぎと入ってくる動物を見てびっくりしたものである。最初の猫は脚に、つぎの猫はしっぽに包帯を巻いている。続いて、治療用の金属カラーを首につけたオウム、さらにその後ろからは翼の折れたワタリガラスがびっこを引き引きやってきた。家じゅうが動物だらけなわけを、ヤンはただこんなふうに説明している。「身近なところに置くほうが研究に好都合ですからね。動物たちと密着して暮らしてこそ、彼らの行動や心理が学べるものなんです」。ヤンは毎日、自転車で園内を見回るのだが、そのお伴をするのは大きなヘラジカのアダム。ノッシノッシと体を揺すりながら後ろをぴったりついていく、分かちがたい相棒だった。

　ライオン、オオカミ、サル、ワシといった動物の子やヒナと一緒の生活には、どことなく錬金術めいたところがあって、動物の臭いやら、引っ掻く音やら、鳴き声やらが、ねぐらをともにする家族である人間たちの体臭や料理の匂い、おしゃべりや笑いと混ざっていく。新メンバーは、最初のうちこそ以前の生活リズムで寝たり食べたりしているけれども、だんだんまわりに同調していく。といっても呼吸のリズムまではそろわないので、夜ふけになればいろいろな動物の寝息や鼻声が、とても楽譜に写しとれない重層的なカンタータを奏でるのだった。

　アントニーナは動物たちに共感を寄せ、彼らが持ち前の鋭い感覚でまわりの環境を探る能力に魅了されていた。彼女とヤンは、ネコ科の猛獣のそばではゆっくり動かないといけないことを覚えたが、それは、これらの動物はふたつの眼の間隔が狭く、焦点を絞って深度を測ることができるので、眼の前でさっと動くものを見ると興奮してしまうからだ。一方、ウマやシカのような被食者は広角レンズのようなとても広い視野を持つけれど（忍び寄る捕食者を見つけやすいように）、ちょっとしたことでパニックを起こしてしまう。脚が悪いため地下室でつなぎ飼いされていた斑紋のあるワシは、翼のついた双眼鏡のように遠目がきいたし、ハイエナの子は、真っ暗闇でもアントニーナが近づいて来るとたちまち見分けた。他の動物たちも彼女の接近を感知し、臭いを嗅ぎ分け、わずかな衣ずれも聞きもらさず、かすかな床板の振動から体の重さを感じ、押し分ける空中のほこりまで感じとってしまう。太古から受け継がれた彼らの精密な感覚能力が彼女はうらやましかった。動物には当たり前のこんな能力に恵まれた人間がいたら、西洋人は魔女と呼ぶだろう。

アントニーナは、人間の皮を脱ぎ捨てて、動物の眼でまわりを眺めて見るのが大好きだった。そこから、彼らが何を見、感じ、恐れ、感知し、記憶しているのか、どんなことに関心をもち、どんなことを知っているのか、直感を働かせてよく書きとめていた。動物の世界に身を置いてみると、彼女が赤ん坊のときから育てていたオオヤマネコの子のように、頭の上から被さってくる騒々しいものたちを下から見上げる気持ちがわかってくる。

……やわらかいスリッパや、硬い靴を履いた大小の足が、あるときはそっと、あるときはやかましく、布の香りやむっとする靴クリームの匂いを漂わせて動き回っている。やわらかい布のスリッパは、静かにそっと動き、家具にぶつかることはないので、まわりにいても安全だ。「チュッチュッ」という声がして、大きなレンズの後ろの二つの眼と、フワフワとブロンドの毛の生えた頭が迫ってくる。そしてすぐに、スリッパも、ブロンドのフワフワ頭も、高い声も、みんなひとつの生き物の一部なんだと気がつくのである。

こんなふうにときどき動物の視点でものを見て、感覚を同調させながら、愛情のこもった好奇心を持ってアントニーナは動物たちの世話をした。そうして感覚を同調させることが、どこか向こうを安心させるのだった。彼女は扱いにくい動物をなだめることにかけては並外れた才能を発揮したので、飼育係からも夫からも一目置かれていた。夫は科学者だから、彼女の能力は科学的に説明できるだろうが、それにしても不思議で謎めいた才能だと思った。科学を信奉するヤンは、アントニーナは動物に対して、まるで魔法のように共振する「形而上学的な波」を出すのだと考えた。「彼女はきわめて敏感に動物の心をほぼ正確に読みとり……動物に《なりきる》のである。精密で非常に特殊なこの能力、動物を観察して理解する才能、類いまれなる第六感。彼女は子供の頃からずっとこうなのだ」。

アントニーナは毎朝、台所に下りてくるとまずカップに自分の紅茶を注ぎ、それから、いちばん幼い家族のためにガラスの哺乳びんとゴムの乳首を滅菌する。動物園づきの看護婦として実に幸運なことに、彼女は、ヨーロッパにたったひとつ残された原生林、ポーランド語で《プシュチャ》と呼ばれる手つかずの原始の森ビアロウィーザで保護された、二頭のオオヤマネコの赤ちゃんを養子にしていたのである。

ビアロウィーザは、現在のベラルーシとポーランドの国境をはさんで広がり、二つの国をシカの角と神話で結ぶ森。かつては王侯の狩猟場だったが（豪華な別荘もある）、アントニーナの時代には科学者や政治家、そして密猟者の活動の場になっていた。この森で角を突き合っていたヨーロッパ最大の陸上野生動物、ヨーロッパバイソンが激減したこともあって、ポーランドでは自然保護の機運が高まっていた。ロシアで生まれてから両親の国ポーランドへ戻り、森の両側の言葉に通じているアントニーナは、異なる政治体制をつなぐこの緑の地で、半世紀も生きてきた古い木々の下を歩いていると、この森が一匹の虫のように、身近だけれど、壊れやすく、目に見える境界のない完成された生命体として感じられて、心が安らぐのだった。原始のままの広大な処女林は、人の手を加えることが禁じられ、動物を脅えさせたり植生を痛めたりしないよう、飛行機もこの王国の何マイルも上空を飛ばなければいけないのだった。開いたパラシュートのような樹冠を見上げれば、その隙間から、はるか上空で機体を傾け音もなく飛んで行く、小さな鳥のような機影が見えたかもしれない。

狩猟は禁止なのに密猟がいまだ絶えないために、母親をなくし、みなし子になる動物たちがいて、それが希少な種類の場合には「動物生体」と書かれた木箱に入れられて動物園に持ち込まれる。そのため、四月から六月までの出産の時期は、動物園はまるで救命ボートで、アントニーナは、食べ物も習性もてんでんばらばらの気まぐれな子供たちを、つぎからつぎへと世話するはめになった。オオカミの子は生後一か月で連れて来られたが、本来なら二歳までは母親や家族が世話をする。アナグマの子はきれい好きで人なつっこく、散歩が好きで、昆虫や野草を好んで食べた。イノシシの子のウリ坊は、人の食べ残しなら何でも平らげた。アカシカの子は真冬まで哺乳瓶で育てられ、板張りの床で脚を滑らせた。

なかでも彼女のお気に入りだったのは、生後三週間でやって来たオオヤマネコのトフィとトゥファで、最初の六か月は哺乳瓶でミルクを飲ませ、まる一年世話をした（大きくなってからもプラガ地区の目抜き通りをヒモにつないで散歩して、行き交う人を驚かせた）。ヨーロッパではもう野生のオオヤマネコはほんのわずかしかいなかったから、二頭が見つかったときはヤンがわざわざビアロウィーザまで迎えに行き、アントニーナが家の中で育てることを申し出たのである。あの夏の夕方、タクシーが正門に着くと、守衛が飛んで行ってヤンと一緒に小さな木箱を降ろした。アントニーナはガラスの哺乳瓶、ゴムの乳首を滅菌し、粉ミルクをお湯で溶いて、今か今かと待っていた。運び込まれた箱の蓋が開けられると、ぶちのある小さな毛玉が二つ、覗き込んだ者たちの顔をにらみ、フーフーと怒って息を吐いている。手を出すと歯と爪を立ててくる。

「指がたくさんうごめいているから、人の手を恐がるのよ」とアントニーナが優しく教える。「大きな声とか、ランプの強い光も嫌がるわ」

ヤマネコの子たちはブルブル震え、「恐怖で憔悴しきっていた」と彼女は日記につけている。アントニーナが、皮膚のたるんだ温かいうなじをそっとつかみ、寝わらの上から持ち上げてみると、ヤマネコの子はだらりと体を伸ばしたまま大人しくしている。そこで、もう一匹も同じようにした。

「こうすると安心するわ。お母さんにくわえられて運ばれたときの感じが、皮膚に残ってるのね」

そして食堂の床に降ろされた二匹は、つるつるの新しい環境をちょっとだけ探検すると、暗い隙間を求めて岩陰に隠れるように、衣装箪笥の下に潜り込んだ。

一九三二年、男の子を授かったアントニーナは、ポーランドのカトリック教会の伝統どおりにリシャルトという聖人の名をつけた。リシャルトを縮めた呼び名は、リス*——それは、ポーランド語でオオヤマネコを意味する言葉だった。「四本足か、フワフワの毛があるか、翼を備えた」動物園の動物ではないながらも、館のやんちゃ坊主たちの仲間入りをしたリスは、サルのようにバブバブ鳴いては母親にしがみつき、クマのように四つん這いで床を歩き回り、オオカミのように冬は白っぽく、夏は黒っぽい衣をまとうのだった。

アントニーナが書いた子供向けの本の一冊には、三人の子供たち——息子のリス、ライオンの子、チンパンジーの子——が同時に歩けるようになった話が載っている。サイからフクロネズミまで、どんな哺乳類の子も可愛がった彼女は、自分もひとりの哺乳類の母親であると同時に、たくさんの動物たちの保護者としても君臨した。しかし、半分女性、半分動物の人魚が剣を振りかざす姿を街のシンボルにしているこのワルシャワでは、彼女のしていたことは、それほど奇抜でもなかったかもしれない。こんなふうにして、動物園は、彼女の言葉を借りれば「ヴィスワ右岸の緑の動物王国」、都市景観と公園をかたわらに配した騒がしいエデンの園になったのである。

＊正確な発音はルィシに近い。

第二章　ふたつの世界

「アドルフを止めなければ」——飼育係のひとりが訴えた。彼が言うのはヒトラーのことではなく、ヤンにはすぐ「誘拐犯アドルフ」というあだ名のアカゲザルのボスのことだとわかった。アドルフは、マルタという最年長の雌ザルの息子を取り上げ、すでに子供のいるネリーにくれてしまい、そのためにマルタと険悪な関係になっていた。「こんなのってないですよ。どっちの親も自分の子供の世話をするべきです。なんだって、マルタから赤ん坊を取り上げ、ネリーに二頭の世話をさせなきゃいけないんですか？」

他の飼育係からは、キリンのローズ、リカオンのメアリ、神経質なモウコノウマの放牧場に潜入していた「ふれあい動物園」の小馬サヒブといった、人気者たちの健康状態が報告された。動物園のゾウはときどき鼻ヘルペスに罹るし、飼育施設では、ニワトリのレトロウイルスとか結核が、ヒトからオウム、ゾウ、チーター、その他の動物に感染したり、逆に動物からヒトにうつし返されたり、といったことが起こりやすい。しかも、ヤンが園長をしていたのは抗生物質以前の時代だから、人も動物も深刻な伝染病に襲われやすかった。そんなときはロパチンスキ先生の出番で、動物園から呼び出しがかかると、先生はいつも皮のジャケットを着てオートバイにまたがり、帽子の耳当てをヒラヒラさせながら、風の当たった頬を上気させて、鼻眼鏡を掛けて現れたものである。

毎日のミーティングでは、ほかにどんなことが話されたのだろうか？ 当時の写真の一枚に、カバ舎をつくるために掘りかけた穴を船の骨組みのような材木で支え、その脇にヤンが立っているものがある。後ろの植物の様子からすると季節は夏らしい。穴掘りは冬場、地面が固くなる前に終わらせないといけないが、ポーランドでは一〇月にはそうなることがあるから、工事のはかどり具合を報告させ、現場にはっぱをかけることもあったろう。動物泥棒も悩みの種[1]で、異国の動物が高値で取引されていたため、動物園では武器をもった警備員が昼も夜も見回りをしていた。

ヤンには大きな夢があり、自分の著作や出演したラジオ番組で、それについて語っている。それは、いつか自分の動物園を本来の生息地そっくりにして、敵対する動物どうしも、仕切りなしで共存できるようにすることだった。生息地ならふつうのこんな休戦状態も、飼育施設で再現しようと思ったら、ものすごく広い土地がいる。堀を何本も巡らせて、手のこんだ配管設備もつくらないといけない。ヤンは、この動物園を、過去に例を見ない世界でも貴重な施設に育てあげ、ワルシャワの社会的、文化的な中心にしたいと思っていたのであり、そのために遊園地の併設を考えた時期もあった。

動物園が、今も昔もいちばん心を砕いている問題に、動物の心身の健康と安全を守ることがあげられるが、それ以前に、動物を脱走させてはいけない。どこの動物園にもたいてい、脚が長く稲妻のようにすばしこい脱出の天才がいる――たとえば、クリップスプリンガーのように。この体重四〇ポンドしかない臆病な小型のレイヨウは、ずんぐりした体で背も丸みを帯びているが、パワーがあって、人の頭上を軽々と飛び越え、二五セント硬貨（直径二・五センチ）ぐらいの小さな岩棚に着地する。バレーダンサーの爪先のような直立した蹄で機敏に跳躍し、驚かすと飼育舎のなかをピョンピョン跳ね回って、その勢いで柵を飛び越して出て行ってしまうこともあるし、他のレイヨウと同じように《ロウソク飛び》（その場飛び）もできる。人間でこれに近いことをするにはポゴ・スティック[2]（ホッピング）が必要だろう。これは一九一九年、ビルマのある男性が、ポゴという名前の自分の娘に、通学路の水たまりを渡らせるために発明したものだという。

　現在のワルシャワ動物園でも、ジャガーがもう少しで堀を飛び越しそうになったことがあって、そのときレンビシュチェフスキ園長は、シカの食害防止用の電気柵をさらに高くしたものを特注したそうだ。電気柵はヤンの時代にはもうあったから、ヤンも見積もりを取り、猛獣の囲いの構造に合うかどうか、検討したことはあっただろう。

　毎朝、食事がすむと、アントニーナは大事な客を迎えるために事務所まで歩いて行った。家事や動物たちの世話に加えて、国内外から訪れる重要な客や、報道関係者、役所の人間に応対するのは彼女の役目だったからだ。園内を案内しながらいろいろなエピソードや面白い話を聞かせるのに、本で読んだ知識やヤンから教わったことのほか、自分で体験したことも役立った。園内を回ると湿地から砂漠、森林、草原、ステップまで、様々な生息環境を垣間見られる。日陰もあればさんさんと日光の降り注ぐ場所もあり、屋根も飛ばされそうな木枯らしの吹くところには、風をさえぎるように樹木や灌木、岩が配置されていた。

順路の始まりはラッショヴァ通りに面した正門で、そこからまっすぐ伸びた並木道に沿って飼育舎が続いていた。真っ先に目に飛び込んでくるのは、のそのそ動いているピンク色のかたまり——薄桃色の体に、くの字型の赤い脚、黒い財布のようなくちばしをしたフラミンゴである。餌にする甲殻類の色素で紅色に染まった野生のフラミンゴほど華やかではないけれど、動物園の受付係にはふさわしい美しさをもつ水鳥で、ガーガー、ゲッゲッ、キャアキャアと鳴き声も派手派手しい。そのすぐ隣は世界の鳥を集めた禽舎で、九官鳥、コンゴウインコ、ハゲコウ、カンムリヅルといった、けたたましい声とカラフルな羽毛を持つ異国の鳥たちが、ポーランドに生息している小さなスズメフクロウや、かぎ爪でウサギも捉えられる巨大なワシミミズクなどと一緒に入れられていた。

園内ではクジャクと小型のシカが放し飼いにされていたが、人が近づくと、まるで見えない波に引き戻されるように、ささっと走って逃げて行く。こんもり草の繁った塚の上でチーターの母親がひなたぼっこをし、その脇で細かいぶちのある子供たちが飛んだり跳ねたり、相撲をとったりして遊んでいるが、近くをうろつくシカやクジャクに、ときどき気を取られている。手の出せない獲物にうろつかれるのは、囚われのライオン、ハイエナ、オオカミなどの捕食獣にとって、じれったいことだっただろうが、感覚を鋭く保ち、日々の生活に肉欲を添えるという意味はあった。さらに先に進むと、竜の形をした池にコクチョウ、ペリカンなどの水鳥が浮かび、左手の囲いではヨーロッパバイソン、レイヨウ、シマウマ、ダチョウ、ラクダ、それにサイが草を食んでいる。そこから砂利道をぐるっと回り込むと、その先はキリン、爬虫類、ゾウ、サル、アザラシ、そしてクマと続く。アントニーナたちの館は、世界の鳥のいる禽舎からフクロウの声の届く距離にあり、チンパンジー舎のすぐ手前、ペンギン舎の真東にあたったが、木立に遮られて園路からはほとんど見えなかった。

サバンナの動物では、アフリカ産の犬の仲間リカオンが人気者だった。耳が長く、興奮しやすい性質があって、活発に走り回り、幅のある頭を振ったり、大きな堅い耳をクルクルさせながら、疑い深そうにあたりを嗅ぎ回る。《カニス・ピクトゥス》（絵の具を塗った犬）という学名どおり、黄、黒、赤のだんだら模様の美しい毛皮に包まれているけれど、なかなかの怪力と持久力の持ち主で、全力で走っているシマウマを引きずり倒したり、俊足のレイヨウを何マイルも追いかけられる。アフリカの農民にとっては性質《たち》の悪い害獣なのだが、ヨーロッパで初めてこれを入手したワルシャワ動物園では、自慢の種で、二頭と同じ柄のものがいない、絵のように美しいこのショーマンたちはいつも大勢の観客を集めた。ワルシャワ動物園は、エチオピア原産のグレービーシマウマの繁殖に世界で初めて成功した動物園でもある。この種類はちょっと見ただけでは絵本でよく見るシマウマと同じようだけれど、ずっと背が高く、ずっと細い縞が、胴体から上は縦、脚のつけ根から蹄までは横向きに、びっしり詰まっている。

産毛に覆われたインドゾウの赤ちゃんも人気の的だった。この頃は動物園で生まれたゾウはまだ一二頭しかいなくて、この雌の赤ちゃんゾウの名前ツジンカは、ポーランド語でずばり一二という意味の《ツジン》からとられたものだった。母ゾウのカシアが、まだ肌寒い四月の午前三時半にこの子を産んだときは、アントニーナが産婆役をしている。彼女の日記によると、生まれたてのツジンカは巨大な肉塊、それまで見たなかで最大の赤ちゃんだった。体重は二四二ポンド、立ち上がると背の高さが三フィートちょっとあり、眼は青く、産毛は黒く、パンジーのような大きな耳と不釣り合いに長いしっぽ。生命という官能の市場へ産み落とされて、わけがわからずオロオロしている赤ん坊――アントニーナがそれまで見た赤ちゃんたちと同じように、その子もびっくりして眼をしばたかせ、何かが光ったり、物音がするたびに、ぽかんとしたり、はっとしたり、あわをくったような表情を浮かべるのだった。

おっぱいを飲むとき、ツジンカは母ゾウのカシアの足元に立って、後ろ脚の膝を軽く曲げて乳首をそっとくわえる。温かいおっぱいと頼もしいお母さんの胸の鼓動がこの世のすべてといった感じの至福のまなざし――一九三七年に撮影されたこんな絵葉書と赤ちゃんゾウの縫いぐるみは、お土産によく売れた。ツジンカを連れたカシアが、低い鉄柵ごしに堀のこちら側まで鼻を伸ばし、観客がうれしそうに手を差し伸べている写真もある。ゾウは跳躍できないので、深さ六フィート、幅六フィートで下へ行くほど狭くなる堀でも脱出を防げるが、堀を泥で埋め、上を渡って逃げるという芸当をやってのけるゾウもいることが知られている。

動物園には、動物たちの体が漂わせるほのかな香りから、胸の悪くなる強烈な悪臭まで、いろいろな匂いがつくる風景もある。なかでも、ハイエナがマーキングのために肛門腺を裏返しにして搾り出す粘液、通称「ハイエナ・バター」はすさまじい。あっちこっちに塗りつけられた粘液は、一か月かそこら悪臭を発し、なわばりを知らせるニュースを報道し続けるのであるが、成熟した雄一頭だけで、年に一五〇回もこれをやってくれる。カバにも、自分の優位を示すために尾をぐるぐる回して糞をまき散らす「まき糞」という行動があるし、ジャコウウシの雄は自分の体にかかるように排尿する。トドの口臭もひどくて、歯の隙間にたまった食べカスが腐ると一ヤード先にいても臭い。カカポという緑色の飛べないオウムは、古いクラリネット・ケースのような変な匂いがする。一方、さかりのついた雄ゾウは、左右の目の後ろにある小さな腺から液体を分泌し、若い雄の出す液体は甘い香りがする。エトロフウミスズメの羽毛はタンジェリン・オレンジの香りがし、繁殖期になると、求愛中のペアが互いの首筋にくちばしを突っ込むために香りが一層強く漂ってくる。どんな動物にも、鳴き声と同じように、匂いによる通信コードがあった。アントニーナもいつしか、様々な内容──警告、恋のお誘い、なわばりの告知など──を伝える濃密な匂いの世界になじんでいった。

アントニーナは、人間は、自分たちにも備わっている動物性にもっと親しむ必要があると思うと同時に、動物たちのほうにも「人間と仲間になりたがり、人の注意を引こうとする」傾向があることを確信しており、その思慕は相互的なものだと考えていた。動物たちの《環境世界》を想像し、そのなかに浸っているときの彼女の心からは、両親が忽然と姿を消してしまうような、武力と闘争にあけくれる人間世界は消えていた。オオヤマネコの子と追いかけっこしたり、餌をやる手をざらざらの温かい舌で舐められたり、前脚でこねられたりしているうちに、飼い馴らされた動物と野生の動物を隔てる緩衝地帯は、ますますあやふやになり、「永遠に切れることはない」と書いていた動物園との絆《きずな》は、ますます強固になっていった。

動物園は、訪れる人にアントニーナが生態系保全の大切さを教える、説教壇にもなっていた。ヴィスワ川のほとりの小さな神々を訪ね歩きながら、彼女は一種の伝道をしていたのであり、独特のやり方で、自然への橋を架けていた。しかし、それをするためにはまず、人々に、ヴィスワ川に架かる本物の橋、オリのような外観を持つ鉄橋を渡って、毛むくじゃらの住人のいる地区に来てもらわないといけなかった。こちらへ来て、オオヤマネコをはじめとする動物たちの面白いエピソードを聞くうちに、それまでは捉えどころのなかった緑の地平から、顔と名前を持つ存在が立ち現れてくるというわけだ。彼女とヤンは、映画や音楽、演劇を動物園のなかで上演することにも積極的で、頼まれれば動物――いちばん人気があるのはライオンの子だった――をショーに出演させることもあった。「動物園は活況を呈している」と彼女は書いた。「若者、動物好き、たまたま足を運んだ人など大勢が訪れる。国内外の大学、ポーランド保健省、それに芸術アカデミーなど、協力関係にある機関も多い」。動物園のあか抜けたアール・デコ風のポスターは、地元の画家たちによって描かれたものだったし、ジャビンスキ夫妻は、いろいろなタイプの芸術家を動物園に招き、彼らの想像力をオリから解き放ってもらおうとしていたのである。

第三章　別荘へ

ある日、ヘラジカのアダムを連れて自転車で園内を回っていたヤンは、アダムを芝生と繁みのあるところに残して、草を食べさせ、自分は、湿った干草とライムの香りのする暖かい禽舎に入って行った。すると、オリの前にひとりの小柄な女性がいて、肘をさかんに動かし、鳥が羽をつくろい、ポーズをとる仕草をまねている。ウェーブした黒髪に詰まった胴、スモックの裾から伸びた細い足——彼女自身も禽舎に入る資格がありそうだ。眼のぎょろっとしたオウムが、ブランコで体を揺すりながら《あなたの名前は？　あなたの名前は？》と甲高い声を出すと、女性もオウムをまねて《あなたの名前は？　あなたの名前は？》と高音で歌うように問い返す。オウムは体をかがめて彼女をじっと見つめると、首をぐるっと回して、こんどは反対側の眼を向けた。

「ジェイン・ドブリ」（こんにちは）とヤンが言葉をかけた。ポーランド人が丁重に話しかけるときの言い方である。すると女性は、マグダレーナ・グロスですと名乗った。富裕なポーランド人や外国のファンから作品の依頼を受けている彫刻家グロスの名は、ヤンも聞きおよんでいた。動物彫刻も手がけるとは思わなかったが、彼女も直前までそうだった。あとでアントニーナが聞いた話では、動物園に初めて来て以来、動物たちの姿が頭から離れなくなり、手が勝手に動いて空気をこねるので、道具を持ってサファリに行こうと思い立ち、未来電車のような流線型の鳥のところへやって来た、ということだった。ヤンはポーランドの習慣にしたがい、マグダレーナの手に軽くキスして、じっとしていない動物たちばかりですが、彼らをモデルに、この野外スタジオで作品をおつくりいただけたら光栄ですと言った。

周囲の人たちによると、すらりと長身でブロンドのアントニーナが、休息中のワルキューレ*のようだったのに対し、小柄で黒髪のユダヤ人マグダレーナは、エネルギッシュでぴちぴちしていた。アントニーナから見たマグダレーナは、気が強いのに傷つきやすく、大胆なのに慎ましく、お茶目なのに礼儀正しい、といった矛盾を抱えながら、いつも胸をときめかせて生きている魅力的な人間だった――この最後の点が、ストイックで生真面目なヤンより楽天的だったアントニーナを、いちばん惹きつけたところかもしれない。どちらも芸術と音楽が好きで、ユーモアのセンスが似ていて、年齢も近いし、共通の友人たちもいる――そんなふたりの女性の間に、しだいに深い友情が育っていった。マグダレーナをお茶に招くとき、アントニーナは何でもてなしたのだろう？　ワルシャワでは来客があると紅茶にお菓子を添えて出すことが多く、アントニーナも庭のピンクのバラを摘み、ジャムをたくさんつくっていたので、きっと、ポーランド伝統のジャム入りドーナツに、焚き火の匂いのオレンジシロップを塗ったお菓子を彼女に勧めたことだろう。

マグダレーナが動物園に初めて来たのは、心が落ち込み、インスピレーションが涸れかけていたときだった。初めて見る気取った歩き方のフラミンゴに衝撃を受け、さらに先へ行ってみると、そこにはもっと不思議な、驚くべき形態と、どんな画家が描くよりも微妙な色調を持つ、夢のような装いの動物たちが歩いているではないか。このときの光景が強烈な啓示となって、彼女はその後、国際的にも高い評価を受けた一連の動物彫刻を生み出していったのである。

一九三九年夏。ワルシャワ動物園は堂々たる施設に育ち、**翌春には、国際動物園管理者協会の年次大会の主催という大役を引き受けることになった。アントニーナとヤンもその準備に追われた。しか

*北欧神話に出てくる、死んだ勇士を天へ連れて行く女性の姿をした半神。
**この時点でヨーロッパ最大の動物園に成長していた。

しそれは、《世界はそれまで無事だろうか？》という激しい不安を意識の外に追いやることでもあった。それより約一年前の一九三八年九月、ヒトラーは、ドイツと国境を接するチェコスロバキア領内にあり、ドイツ人、フランス人、英国人が多く住んでいたズデーテン地方を併合。ポーランドも、一九一八年から二二年にかけて割譲された東シレジアや、ドイツから東プロイセンを分断したポーランド回廊など、第一次大戦前にドイツ領だった地域に火種を抱えていた。とくにバルト海に面するグダニスクは、ドイツの重要な港湾都市だったのが、国際連盟のもとで、どの国にも属さない「自由都市」宣言をし、ドイツ人にだけでなくポーランド人にも開かれていた。

チェコ進攻から一か月後、ヒトラーはこのグダニスクの返還と、回廊を通過する治外法権道路の建設権をポーランドに要求してきた。一九三九年初頭から関係が悪化した両国は、三月になるとはっきりと敵対し合うようになり、この頃ヒトラーは、配下の将校にひそかに「ポーランド問題の処理」を命じている。しだいに破綻していくドイツとの関係に、ポーランド国民は戦争の兆候を感じ取ったが、こうした恐怖は初めてではなかった。中世以来、何度もドイツに占領され、つい最近も一九一五年から一八年までドイツの占領下にあったポーランドでは、ゲルマン人と闘うスラブ人というのが愛国の伝統にまでなっていた。東欧のなかでも戦略的に重要な、のろわれた位置にあるポーランドは、たえず侵略、略奪、分割の憂き目に遭って、そのたびに国境線が膨らんだり引っ込んだりしている。一部の村落などは、まわりの人と言葉を交わすために子供が五つの言語を学ばなければいけない。ロシアの内乱で両親を奪われたアントニーナにとって戦争は考えたくない問題だった。だから、その頃の国民の大半がそうだったように、強力な軍隊をもつフランスと固い同盟を結び、英国からも保護を約束されているポーランドは大丈夫、と自分に言い聞かせていた。そして、もとより楽天家の彼女は、現在の幸せな生活に気持ちを集中させた。こんなにたくさんの動物を養子同然に飼える機会などそうあるものではないし、そもそも一九三九年のポーランドでは、幸せな結婚をし、健康な息子を授かり、満足のいく仕事につける女性自体、少なかったのだから。

　幸運をかみしめ、不安を追い払おうとしていたアントニーナは、その年の八月上旬、動物園の管理業務を手放せないヤンをワルシャワにひとり残し、息子のリスと、年取った乳母、それにセントバーナード犬のゾスカを連れて、レイエントゥフカ村という保養地にある別荘へ出かけた。高齢のクルマサカオウムのココも一緒だ。ココはよくめまいを起こして止まり木から落っこちるし、神経症から胸の羽をかきむしる癖がある。その癖を防ぐためにアントニーナはオウムの首に金属のカラーをはめていたが、これはまるでメガホンのように、ただでさえ大きいココの声をもっと響かせるのだった。彼女は「新鮮な森の空気を吸わせ、野生の木の根っこや小枝をついばませてみたら」ココの心が癒されて、元のような美しい羽毛が生えそろうかもしれないと考えた。オオヤマネコの子たちはもう大人のサイズまで育ち、さすがに連れて行けない。かわりに、新しく受け入れたばかりで、ひとりでは残しておけないアナグマのボルスニオ（小さなアナグマの意味）を苦心して連れて行くことにした。しかし、このときアントニーナの心をいちばん大きく占めていたのは、戦争の噂でもちきりのワルシャワから息子を連れ出し、ふたりのどちらにとっても最後になるかもしれない田舎の夏休みを、のんびり過ごしたいという気持ちだった。

　ジャビンスキ夫妻の別荘(1)は、ブク川の大きな入り江から四マイル離れたところ、ジャザ川という支流までほんの数分の、森のなかの開けた一画にあった。夏の真っ盛りに別荘に着いてみると、あたりは松やにの匂いが立ち込め、アカシアとペチュニアの花の波が押し寄せ、古木のこずえが残照に映えて、夕闇に包まれた森からは、セミが胸を震わせて奏でる高音の調べとカッコーの尻下がりの声、それにおなかを空かせた雌の蚊のプンプンという羽音の入り交じったざわめきが聞こえてきた。

しばらくして小さなベランダに出たアントニーナは、「見落としてしまいそうなほど地味なのに、バラよりも、ライラックよりも、ジャスミンよりも甘く、野生のルピナスよりうっとりする」香りを漂わせるブドウの蔓に包み込まれた。その先は、「ぼうぼうの草を少しかき分けて行くと、オークの森が壁のようにそそり立ち、一面の若緑色のなかに、ところどころシラカバの白い条《すじ》が引かれている」のだった。アントニーナとリスは、物理的な距離以上に、心の距離でワルシャワから何光年も遠く離れた緑の静寂に深く沈んだ。別荘にはラジオもない。授業も、ニュースも、遊びもすべて自然が与えてくれる。森に入ってホワイトポプラの木を数えることも、ここでは遊びのひとつだった。

毎年訪れるこの別荘には、お皿に鍋、洗い桶からシーツ、食料までたっぷり用意されていて、人間と動物、両方の登場人物を迎えた山小屋は、滑稽劇《バーレスク》を上演する劇場に早変わりするのだった。大きな鳥かごをベランダに置き、オウムにオレンジを少しやると、息子のリスは早速、ボルスニオに頭絡（ホルター）をつけ、ひもにつないで歩かせようとする。ところが、ボルスニオは歩くことには歩くのだが、リスが行きたい方向とはあべこべに、ものすごいスピードでリスをぐいぐい引っ張っていく。アントニーナが世話した動物は皆そうなのだが、ボルスニオも彼女にはなつき、彼女もこの子は私の「養子」と言って、名前を呼んだら来るようにしつけ、川で一緒に水遊びし、自分のベッドに上げて

哺乳瓶からミルクをあげた。やがて彼は、排泄したくなると表口のドアを引っ掻いて教えるようにな
り、はては洗い桶に人間のように仰向けになって、泡立った水を両手でおなかにかけることまで覚えてしまった。彼女の日記には、アナグマの本能が人間の習慣と混ざり合い、独特の個性がつくられていく様子が書きとめられている。たとえば、ボルスニオは排泄にとても几帳面になり、別荘の両側にひとつずつトイレ用の穴を掘り、長い散歩から戻るとまっしぐらにそこへ駆けて行く。ある日、彼の姿が見えないので、昼間よくうたたねしている場所——リネン箪笥の引き出しとか、彼女の布団の隙間、リスの乳母のスーツケースのなか——をくまなく探したが、どこにもいない。ところが、最後にリスのベッドの下を覗くと、息子のおまるを広い場所に押し出そうとしているボルスニオの姿が見えるではないか。彼は白いエナメルのおまるによじ登りこれを正しく使用した。

夏休みが終わりに近づいた頃、リスの友だちのマレクとその兄ズビシェク（プラスキ公園をはさんで向かい側に住んでいた医者の息子たち）が、バルト海のヘル半島での夏休みから帰る途中、この別荘に立ち寄って、グディニヤ港に停泊中のたくさんの船のこと、魚の燻製やヨットの旅のこと、海辺の町に起きているいろいろな変化のことなどを、しゃべり立てた。宵闇が忍び込んできた居間の弱い明かりのなかに座り、玄関の石段で夏の冒険談にふける子供たちの声を聞いていたアントニーナは、三年前、リスをバルト海に連れて行ったときのことを思い出した——あの砕ける波も、真昼のぎらつく砂の熱さも、彼はおぼろげにしか憶えていないだろうけれど。

「海岸が掘られたところを見たら驚くぞ！　来年はもう民間人は入れないな」とマレク。

「どうして？」とリスが聞く。

「要塞をつくるのさ。戦争に備えるんだ」

そのとき、兄が自分をにらんでいるのに気づいたマレクは、あわててリスの肩に腕を回し、こんな話、面白くないよな、というように話題を変えた。「あんな海岸どうだっていいさ。それよりアナグマの話を聞かせてよ」

こんどはリスが話をする番だった。初めはつっかえながら、だんだん生き生きと、早口に、森のいたずら者ボルスニオがしでかした悪さを話して聞かせ、締めくくりに、ベッド脇に置いてあったバケツの水を、隣のご婦人の上にこぼした話をすると、少年たちは笑い転げた。

「子供たちの笑い声を聞くのは楽しいわ」とアントニーナは思った。「でも、リスの胸をちくちく刺すトゲ――戦争――の話はあの子にはまだ早すぎる。《魚雷》とか《要塞》という言葉からあの子が思い描くのは、せいぜい、見たことのないおもちゃか、川辺の砂を掘ってこしらえた港にきれいな船を浮かべたような光景だろう。カウボーイごっこやインディアンごっこが大好きで、おもちゃの弓矢で松かさを射ったりはするけれど……ごっこ遊びじゃない《本物の》戦争があるということは、とても想像できないだろう」。

年上の子供たちも、戦争は大人の世界のことで子供が口を出すことじゃない、という分別はあるらしい。リスは本当ならふたりを質問攻めにしたいところだろう。でも、ばかな奴だと思われたくないし、子供扱いされるのはもっと嫌なものだから、何も聞かず、皆がいつ爆発するかと冷や冷やしている足元の見えない手榴弾にはふれずにいる。

「戦争は、純真な子供にふさわしい話題じゃない」と、大きなオイルランプに照らされた三人の日焼けした顔を見ながら、彼女は思った。子供たちが戦争に巻き込まれることを思うと「悲しくて心がひりひりと」痛んだ。この何か月か、何度も打ち消し、はぐらかし、ごまかしてきた不安がまた頭をもたげてきた。もう、ごまかし切れない。「私たちの動物共和国は、ワルシャワという、ポーランドで最も繁栄している都市に守られた、小さな自治領にすぎない。あの門のなかにこもり、陸の孤島のような暮らしをしていると、ヨーロッパ全土を巻き込んでいく邪悪な波に、あそこまで飲まれてしまうとは思えなかったけれど……」。夜の闇が広がって、物と物の境界を消してしまうと、漠然とした不安はますます広がった。万一、息子の人生に小さなほころびでもできたら、私がすぐ繕ってあげよう。でも今はただ、じっと、そのときを待つしかない。

最後の平和な夏を味わい尽くそうと、アントニーナはその翌朝、キノコ狩り隊を編成し、アカモミタケ、ヤマドリタケ、ツクリタケをいちばんたくさん採った者に賞品を出し、表彰することにした——戦争が勃発してそのまま冬を迎えることになったら、びん詰めにしたキノコの酢漬けをパンに乗せ、川での水遊びやボルスニオの滑稽な仕草など、楽しかった日々を思い出せるように。ブク川まで四マイルの道中、ときどきリスをおんぶして歩く彼女の傍らをセントバーナードのゾスカが小走りで進み、ボルスニオはナップザックに潜り込んでいた。途中、野原でお弁当を食べて、サッカー遊びをした。ボルスニオとゾスカにゴールを守らせてみると、ボルスニオは歯と爪でしっかり皮のボールを抱え込み、そのままボールと格闘してしまうのだった。

アントニーナは、夏休みの間も週末はたいてい、リスと乳母をあとに残してワルシャワに戻り、ヤンと一緒に過ごした。一九三九年八月二四日、木曜日。もしドイツが侵攻してきたら、イギリスはポーランドを救援するという誓約が更新されたその日も、いつものようにワルシャワへ向かった。ところが着いてみると、なんと街は対空設備に取り囲まれ、民間人が塹壕を掘り、バリケードを築き、緊急召集を告げるポスターまで貼り出されている。ドイツの外相リベントロップとソ連の外相モロトフが独ソ不可侵条約の調印を発表し、世界をあっといわせてから、ほんの数日しかたっていなかった。

「ポーランドは、ベルリンとモスクワにはさみ打ちにされたのだ」と彼女も気づいてはいた。

しかし彼女もヤンも、この時点ではまだ、実はその条約に、両国が二段階の侵攻でポーランドを切り崩し、優良農地を分捕りあうことを定めた秘密条項があることまでは知らなかった。

「外交官の言うことにはたいてい裏があるわ。ただのこけおどしかもしれない」。アントニーナは、まだそう思っていた。

しかしヤンは、ポーランドにはドイツに対抗できるような航空機も、兵器も、設備もないことをよく知っていた。そこでふたりは、とにかくリスをどこか安全な場所、そんな場所があるならの話だが、軍事的な関心をもたれない町に疎開させることを真剣に話し合った。

アントニーナの心は激震に見舞われた。それはまるで「長い夢から覚めたか、悪夢に引きずり込まれていくよう」な気持ちだった。ワルシャワの政治的騒乱から遠ざかり、「白い砂が広がり、シダレヤナギのそよめく閑静な農村という」繭《まゆ》にこもって暮らした日々。風変わりな動物たちと男の子の冒険から元気をもらって過ごしていたときは、世界で何が起きていようとどこ吹く風、少なくとも楽観を決め込んで、頑固なまでにナイーブでいられたのだ。

第四章

一九三九年九月一日、ワルシャワ

明け方、遠くのほうで砂利を樋《とい》にぶちまけたような大音響がして、アントニーナは目を覚まし、彼女の脳はすぐ、この音は飛行機のエンジン音であると理解した。《どうかポーランド軍の演習でありますように》と祈りながらテラスに出てみると、空は見たこともないぼうっとした異様な色。煙とも霧ともつかない、見渡す限り金白色の光のカーテンが地上に垂れ込め、太陽を覆い隠している。予備役士官のヤンは、第一次大戦の復員軍人と前の晩から夜警に出かけていたが、どのあたりにいるのか見当もつかない。「園外のどこか」、ヴィスワ川という心理的な堀の向こうにある都市の谷間のどこかにヤンがいるはず――ただそれしかわからなかった。

「何十機、ひょっとしたら何百機もの飛行機のうなり」が「遠くの波音、それも静かに寄せる波ではなく、嵐のときに海岸を叩きつける荒波」のように轟いていた。これぞ間違いなくドイツの爆撃機、と彼女は確信した――戦後、ロンドン市民が《どこだ？　どこだ？　どこだ？》と問い詰めるような音だと言った、あのうなりだ。

午前八時、興奮したヤンが戻ってきたが、彼も断片的な情報しか持っていなかった。「これは、通告されていたような演習じゃない」と彼。「あれは爆撃機だろう。展開中の陸軍を護衛するための空軍部隊だ。すぐここを離れないと」。リスと乳母は安全なレイエントゥフカ村にいるから、とりあえず夫妻は、ヤンのいとこが住んでいる近郊のザレシー村に逃げることを決めて、ラジオの最新情報に耳を澄ませた。

この日、ポーランドではちょうど学校の始業日にあたり、本当なら制服を着てナップザックを背負った子供たちが歩道に列をなしているはずだった。しかし、かわりにテラスから見えたのは、あらゆる方角――通りの先へ、芝生の上へ、そして動物園のなかにまで――全力で駆けて行き、低空飛行を妨害するための気球を上げたり、対空砲を並べたり、動物の糞のように先の細い真っ黒な砲弾を積み上げているポーランド兵たちの姿だった。

園内の動物たちも徐々に危険を察知し始めていた。遠くに炎が見えるぐらいなら、彼らはそんなに驚かないだろう――一家のする焚き火を見慣れていたから。しかし、どっと押し寄せてきた兵隊には警戒心を募らせていた。いつもなら、朝いちばんにやってくるのは何十人かの青い制服の飼育係で、それはたいてい、給餌のためだったのだから。オオヤマネコは咆哮と猫の声の中間のような声で鳴き、ヒョウは低くゴフゴフとうなり、チンパンジーは甲高い声で叫び、クマはロバのような大声でわめき、ジャガーも咳払いのような声を出した。

午前九時には、ヒトラーがポーランド侵攻を正当化するため、ドイツ側の国境の町グライヴィッツを偽装攻撃したことがわかった。ナチ親衛隊が、ポーランドの軍服姿で地元ラジオ局を偽装占拠し、にせの非常招集を呼びかけたのである。現地へ案内された外国人記者たちは、ポーランドによる敵対行為の証拠だとして、死体（ポーランドの軍服を着せられていた）を見せられたが、それは関係のない囚人の死体で、誰もがその芝居を見抜いた。ところがこの見え透いたペテンを根拠に、ドイツは報復行動に出て、翌朝四時にはドイツの軍艦シュレスヴィッヒ－ホルシュタインがグダニスク近郊の弾薬庫を砲撃。そして東では、ソ連赤軍がポーランドへの侵攻準備を始めた。

アントニーナとヤンは急いで荷物をまとめると、ヴィスワ川の対岸、南東一二マイルのところにあるザレシー村をめざし、徒歩で橋を渡った。ところが、ズバヴィチェル広場にさしかかったところで、エンジンのうなりが迫ってきたので上空を仰ぎ見ると、屋根の隙間に立体眼鏡で見るような飛行機の姿がぽっかり浮かんでいる。続いて、ヒューッという音とともに爆弾が降ってきて、ふたりのいる場所から二、三ブロック先に落下すると、たちまち黒煙が上がり、続いて、赤さび色の屋根瓦が砕けるバリバリという音と、レンガとモルタルの壁がガラガラと崩落する音が轟いた。

爆弾は命中した場所、爆破したものごとに違う臭いをまき散らす。吹っ飛ばされて微粒子になり大気中に発散した分子が、鼻の粘膜に捉えられる。人間の鼻は、キュウリからバイオリンに使う松やにまで、一万種類もの臭いを嗅ぎ分ける。パン屋に爆弾が落ちれば、イースト、卵、糖蜜、ライ麦の香りのする噴煙が立ち上る。クローブやお酢、焼けた肉の匂いがしたら、それは肉屋のもの。焦げた肉と松の木の臭いがしたら、それは住宅を猛火で焼き払った焼夷弾が、なかにいた人間まで瞬時に殺してしまったことを意味していた。

「引き返すんだ」とヤンが言い、ふたりは再び旧市街の壁を抜け、ヒューヒューとうなりを上げる鉄橋を渡り、動物園に戻った。アントニーナは「体の力が抜けてしまい、ヤンが園のスタッフに『馬車に馬をつけて、食料と石炭を積んで、防寒着をまとめ、すぐここを出るんだ』と指示するのを呆然と聞いていた」と書いている。

アントニーナだけでなく、ヤンも当初は、ドイツのポーランド侵攻はないものと決め込んでいたから、突然ふってわいた、軍事的関心をもたれない町を探すという課題は、未知の因子が散りばめられた方程式のようなものだった。ドイツの侵攻は気がかりではあったけれど、ふたりは結局、「これは杞憂にすぎない」と結論した。包囲されているのは自分の心で、実際に戦争の兆候があるわけではないとたかをくくった。アントニーナは先行きを見誤ったことをつくづく悔やんだが、ヤンは、こうなったらできる限り動物園にとどまって上からの命令を待つしかなく、その間、家族をどこか安全な場所に避難させなくては、という思いで頭がいっぱいになった。

「ワルシャワはすぐに封鎖されるだろう」と彼は冷静な判断を下した。「ドイツ軍は東から攻めて来るのだから、お前はレイエントゥフカの別荘に戻るのがいちばん安全だと思う」

アントニーナは心配だったが、少し考えてから心を決めた。「そうね。知らないところじゃないし、リスにとっても楽しい思い出の場所だもの」。本当のことを言えば、もう何も考えられなかった。ただヤンの勘だけを頼りに、長くなるかもしれない疎開のために急いで荷づくりし、馬車に乗り込むと、道が混み合わないうちにあわてて動物園をあとにしたのである。

レイエントゥフカ村は、ワルシャワから二五マイルしか離れていないが、道が舗装されていない上に、徒歩で逃げる大勢のなかを縫って行くことになったため、このときは到着まで七時間もかかっている。自動車、トラックはもちろん、馬たちもほとんど軍に徴用されてしまったので、人々の多くは歩いて逃げるしかなかった。女も子供も老人も頂点に達した不安に駆られるままに、もてる限りの荷物を抱えて市街から脱出したのである。乳母車、ワゴン、手押し車を押している者もいれば、スーツケースと幼い子供を抱えて逃げて行く者もいる。ほとんどの人が服を何枚も重ね着し、リュックやバッグを肩に掛け、体や首から靴をぶら下げていた。

沿道には背の高いポプラやマツ、広げた枝にヤドリギをお手玉のように乗せているトウヒの大木が立ち並び、電柱のてっぺんには、アフリカへの大旅行に備えて栄養をつけているコウノトリの巣が掛けられていた。やがて両側にパッチワークのような農地が開け、青く輝く麦畑の空に向かってスクスク伸びる穂が見えてきた。暑さで汗が幾筋も流れ落ち、息をするのも苦しくて、空気は土ぼこりでべとついていた。

そのとき遠くで雷鳴が轟き、ブヨの大群のようなものが空に現れたと思うまもなく、ドイツの戦闘機がぐんぐん迫ってきて上空を覆い、頭上をかすめ、人や馬をパニックに陥れた。降り注ぐ銃弾を避けようと土ぼこりのなかを逃げ惑う人々のなかで、運の悪い者は倒れ、運に恵まれた者はかろうじて機銃掃射の雨を逃れた。路上にはコウノトリやワキアカツグミ、ミヤマガラスといった鳥たちの死体が、落下した枝やかばんと一緒に散らばった。弾に当たるかどうかはまったくの運まかせで、七時間の道中、アントニーナはなんとか運に見放されずにすんだものの、殺された人たちや瀕死の人たちの姿は脳裏に焼きついて離れなかった(1)。

レイエントゥフカ村に残っていたリスは、幼い子供にとってはなおさら、忘れようにも忘れられないこの光景を見ないですんだ。幼い脳は、まわりから忙しく情報を取り込んでは、何がどうなるかを学び、知りえた真実を一兆の接続をもつ網の目の適切な場所に収めていく。子供の脳は、自らにこう言い聞かせるのである。《戦乱と不確実性に満ちたこの世界を、お前はこれから生きていくのだぞ》と。ニーチェは『偶像の黄昏《たそがれ》』のなかで「死なない程度の試練が、人を鍛える」(2)と書いている。まるで、意志というものは、日本刀のように熱せられ、打たれ、曲げられ、鍛え直されることで鉄壁なものになるかのように。しかし、幼い男の子の心をそんなふうに鍛えたら、どうなるか？　アントニーナの心のなかでは、息子を心配する気持ちと、「これまでの戦争と違い、女子供や市民まで無差別に殺戮する」ドイツへの義憤が入り交じっていた。

土ぼこりが静まり、青空が戻ってくると、畑のはるか上空でドイツの重爆撃機に襲いかかる二機のポーランド戦闘機の姿が見えた。遠目にはまるで、タカを追い払う気の強いミソサザイだったが、ポーランド機がドイツ機をちくりと刺し、ぱっと煙が立つたびに地上から喝采が上がった。機敏で知られる我らの空軍が、きっと爆撃機を撃墜してくれる……。薄れゆく陽射しを受けて、金属片がキラキラと飛んだと思うと、突如として爆撃機が血のように赤い火を吹き、そのまま急カーブを描いて落下した。それと同時に、マツのこずえの上のほうに白いクラゲがふわりと浮かび、落下傘にぶら下がったドイツ兵が、矢車草のように青い空をゆっくり降りて来た。

国民の大半がそうだったように、アントニーナはまだ事態の深刻さを本当にはわかっていなかった。厳しい訓練と勇猛さで知られたポーランド空軍（なかでもワルシャワ防衛にあたった追撃旅団は有名だった）は、旧式のＰＺＬ－Ｐ11戦闘機を使っていた。しかし、これはもはや、機敏なドイツのユンカース急降下爆撃機ＪＵ87の敵ではなく、数の上でもまったくかなわなかった。低空からドイツの戦車を狙い撃ちするカラス偵察爆撃機もスピードが遅すぎ、やすやすと対空砲の餌食にされた。彼女は知らなかったが、ドイツはこのとき、後に「電撃戦」として知られるようになった、空からの奇襲と陸からの戦車の猛攻を組み合わせ、行く手にあるもの――戦車、飛行機、騎兵、大砲、歩兵――をことごとく撃破して、敵を撹乱、威圧するという新戦法を実地に移していた。

やっとのことでたどり着いたレイエントゥフカ村は、すでにゴーストタウン。避暑客の姿もなければ、商店はどこもかしこも店じまいして、郵便局まで閉鎖されている。疲れ切って朦朧《もうろう》とし、泥まみれのアントニーナを乗せた馬車は静かな森のなかを抜けて、土と野の草花、朽木、松やにの、懐かしく、ほっとする匂いに包まれた明るい別荘に着いた。馬車を降りたアントニーナは、さぞかし強くリスを抱きしめ、乳母との再会を喜んだことだろう。しかし、そば粉とジャガイモとスープの食事をとり、荷物をほどいてお風呂に入り、来年もまたここで過ごせたらどんなにいいかと思いながらも、高ぶった神経は鎮まらず、胸騒ぎも収まらなかったに違いない。

それからの二、三日、彼女たちはときどきポーチに出ては、ワルシャワの方角へ、空が暗くなるほどの大編隊を、まるで生け垣のように整然と組んで飛んで行くドイツの飛行機を眺めた。その異様な規則正しさは、アントニーナをよけいに不安にさせた。朝の五時と日没後にもう一度、上空に現れるのだが、どこを爆撃してきたのかわからない。

やがて、村の風景も様変わりした。避暑客も、ペットも見かけない、秋のレイエントゥフカ村に滞在するのはこれが初めてだ。菩提樹の大木は赤銅色に、オークは血のようなえび茶色に染まりかけていたが、カエデにはまだ緑が残り、その翼果をついばみにキビタイシメがやって来た。砂まじりの道筋では、ウルシの仲間が鹿の袋角のような枝にびっしりと赤い実をつけ、野原ではチコリの青、ガマの茶色、ハナダイコンの白、アザミのピンク、コウリンタンポポのオレンジ、それにアキノキリンソウの黄色が秋の色調を紡ぎ、草の絨毯《じゅうたん》が風にやさしくなでられ、茎がそよぐたびに情景を変えた。

九月五日。「意気消沈して混乱した」アントニーナのもとに、ヤンが列車でやって来た。彼も顔色がさえない。

「東プロイセンから侵攻してきたドイツ空軍が、もうすぐレイエントゥフカ村まで来るという噂だ」と不吉なことを言う。「でも前線はまだワルシャワまで来ていない。市民も少しずつ空襲に慣れてきたし、我が軍も首都は死守するつもりだから、戻っても大丈夫かもしれない」。

自信のなさそうな口調だったが、それでもアントニーナは夫に同意した。ヤンはすぐれた戦略家で、滅多に直感が外れないということもあったけれど、家族で苦楽も恐怖もともにするほうが、難局を切り抜けやすいと思ったからだ。しかし、戻るといっても、前に馬車で通った幹線道路は危なすぎる。

夜になると一家は、窓を黒塗りにしてスピードを落とした列車に乗り込み、地平線から朝日が漏れる前に、夜と朝の空襲のはざまの静かな時間に、薄暗い市街に着いた。アントニーナによれば、駅を出ると馬車が待っていて、それに乗って家路に向かう一行は、平凡な日常――風のない、穏やかな湿った大気の下、アスターの咲く生け垣や色づいた木々、きしむ車軸に、カポカポと石畳を鳴らす蹄の音――に浸り、つかの間、機械化以前の時代に滑り込んだ。そのしんとした静けさに包まれていると、戦争の影は霧散して、非現実的な、月ほども遠い彼方のまたたきにすぎないように思えてくるのだった。

プラガ通りの動物園正門で馬車を降り、戦禍を目の当たりにした途端、彼女の夢想は打ち砕かれた。爆撃でアスファルトが持ち上げられ、木造施設のあちこちが砲弾のかけらで破損している。大砲を運んだ轍《わだち》に深々とえぐられた芝生。ヤナギと菩提樹の古木から、プラグを抜かれたようにだらんとぶら下がる大枝。目の前の荒廃を息子に乗り移らせまいとするかのように、アントニーナはリスをぎゅっと抱きしめた。運の悪いことに、そばに架かる橋は交通の要所で、ドイツ軍の格好の標的になった上、園内にはポーランドの大隊が駐屯していたため、動物園は数日にわたる波状攻撃を受けたのだ。瓦礫《がれき》をよけながら館まで歩き、爆撃でクレーターのできた庭に入ったアントニーナは、馬の蹄に踏みにじられた花壇に目を落とし、飛び散った「色とりどりの涙みたいな」がく片をじっと見つめた。

翌日は、夜明けとともに激しい爆撃が始まった。ポーチに出た彼らは、川筋にこだまし、鉄の橋げたをピシピシ鳴らす、しわがれた爆発音に肝を潰した。突然、大地が震え、地底がうごめいたように感じてなかに駆け込むと、天井の梁も、床も、壁も揺れている。猛獣の飼育舎から、興奮したライオンのうめき声と悲しげなトラの吠え声が渦巻くように聞こえて来る。「恐怖で発狂寸前の母親たちが、子供の首筋をくわえ、どこか安全な隠し場所はないかとオリを右往左往しているのだ」と、彼女には察しがついた。ゾウは絶叫し、ハイエナは笑いとしゃっくりの混ざったような引きつり声を上げ、リカオンは遠ぼえし、アカゲザルは興奮のあまり喧嘩を始め、ヒステリックな金切り声が空を引き裂く。これほどの混乱のなかでも、従業員はいつものように水と餌を運び、格子や錠を点検し続けた。

このときの空襲で投下された半トンの爆弾が、ホッキョクグマの囲いの山を崩し、壁も堀も柵も吹っ飛ばして、死の恐怖に駆られたクマたちを野放しにした。パニックを起こし、リボンのように赤い血を流しながら、もとのすみかの周囲を回り続けるホッキョクグマを見たポーランドの小隊は、たちまち彼らを撃ち殺した。ライオンやトラなどの危険動物がつぎつぎ脱走することを恐れた部隊は、攻撃性の強い動物を殺すことに決め、ツジンカの父親である雄ゾウのヤスにも銃口が向けられた。

アントニーナのいる玄関からは、井戸のそばにポーランド兵が集まり、そのまわりに数人の動物園スタッフがいるのがよく見えた。スタッフのひとりは泣いており、他の者たちは押し黙っている。

「何頭殺したんだろう?」彼女は気が気でなかった。

しかし、事態は矢継ぎ早に進行し、抗議や悲嘆にくれるひまもない。生き残った動物を助けなければ——アントニーナとヤンは飼育係たちに混じって動物たちに餌をやり、傷の手当てをし、できるだけ落ち着かせようと頑張った。

「人間だったら、身の回り品をまとめて逃げ回り、その場その場で工夫もできるけれど、彼らはそれすらできない。ポーランドがドイツに占領されたら、動物園の繊細な生き物たちはどうなってしまうだろう?」彼女は胸が締めつけられた。「人に依存し切って生きている動物園の動物たちは、私たちよりもっともろい存在なのだ。動物園は全体が複雑な有機体のようなものだけれど、だからといって、そっくり移動させることもできやしない」。

たとえ戦争が早いうちに終わったとしても、復興には莫大な費用がかかることだろう。動物園の命を保つために必要な飼料や資金は、どこから調達すればいいのだろう？　最悪のシナリオをつとめて思い描かないようにしながら、彼女とヤンは、それでも、干し草や大麦、干し果物、粉、乾パン、石炭、薪といった必需品を買い足していった。

九月七日。ポーランドの士官が館の玄関を叩き、健常な男性は全員――四二歳のヤンも――西北戦線で戦闘中の部隊に加わり、民間人は全員ただちに動物園を退去せよ、との命令を伝えた。アントニーナは急いで荷物をまとめると、リスをおぶってヴィスワ川を渡り、市内西寄りのカプツィンスカ通り三番地のアパート四階に住む、義理の姉妹のもとに身を寄せた。

第五章　包囲

その夜、カプツィンスカ通りの小さなフラットで、アントニーナは覚えたての音――鉄床《かなとこ》を打つようなドイツの大砲の発射音――に耳をそばだてていた。どこか遠くの国では、彼女と同年代の女たちが、ナイトクラブに潜り込んで、グレン・ミラーの「真珠の首飾り」や「茶色の小瓶」といったリズミカルな曲の演奏に合わせてダンスに興じている。場末の安酒場では、発明されたてのジュークボックス[1]で踊っている。夫婦は幼い子供を乳母に預けて、封切られたばかりのグレタ・ガルボの《ニノチカ》や、ジャン・ルノワールの《ゲームの規則》、ジュディ・ガーランドの《オズの魔法使い》を観ようと映画館へ出かける。休みの日には一家そろって紅葉を眺めに郊外へドライブに行く。田舎の収穫祭ではリンゴのケーキやコーン・フリッターに舌鼓を打っていることだろう。しかし、多くのポーランド人にとって、人生はもう、水分がとんだあとのジュースの残り粕みたいなものだった。生活に味わいを添えるものを大方失い、誰もがぎりぎりの暮らしを強いられ、エネルギー、時間、お金、頭脳の大半をそれに使い果たす現実を生きていた。

ほかの動物の母親と同じように、我が子の安全な隠し場所を必死に求めていたアントニーナだが、「でも私には、安全な巣まで子供をくわえて行くことができない」と日記で嘆いている。「もし、この建物が崩れたら、どうすればいいのだろう?」と思うと、とてもこのまま四階にはいられなかった。下へ下りて、ランプシェード店のある一階へ移らせてもらうほうがよさそうだ。もし、お店の主を説得して、受け入れてもらえるならば——。

そう考えたアントニーナは、リスを連れて四階から一階まで暗い階段を下りた。そうしてドアをノックすると、現れたのはふたりのお婆さんで、名前はツァデルスカ夫人とストコフスカ夫人。「さあさ、お入り」とアントニーナたちを招き入れると、廊下をさっと見回してからドアをしっかり閉めた。

店に入ったとたん、布と、接着剤と、塗料と、汗と、オートミールを煮る匂いが一緒くたに漂ってきて、プラネタリウムとサンゴ礁を足したみたいな不思議な光景が眼に飛び込んできた。おびただしい数のランプシェードが天井から吊るされ、古代の塔かどこかの国の凧みたいに段々に積み重ねられている。棚の上には、焼き菓子のシュトルーデルのように巻かれた布地や真鍮のフレーム、道具類、ねじ、リベット、傘のてっぺんのフィニアルと呼ばれる飾りをガラス、プラスチック、木、金属といった素材ごとに仕分けしたトレイが並んでいる。当時、バルト諸国で流行したこの種のランプシェードのお店では、女たちの手でシェードの製作や修理がされ、他所でつくったシェードも売られていた。

店内を見回せば、ヴィクトリア様式からアール・デコ、モダニズムへと流行ががらりと変わった、一九三〇年代らしい内装品が目にとまったに違いない。シェードにもいろいろなタイプのものがあった——ばら色のチューリップ型で小菊模様のあるシルクの傘、緑のシフォンの下に白いレースサテンのパネルのある傘、幾何学的な形で、ひだのあるアイボリーの傘、ナポレオン帽のなかに黄色いパネルのある傘、八面体で穴のあいた金属に人造宝石をちりばめた傘。雄鹿を追う射手をアール・ヌーボー調のレリーフにした石膏の球を、濃い琥珀色の雲母で飾ったものや、鳥肌のようなブツブツのある赤色ガラスを水晶のペンダントで取り巻き、蔓草のレリーフのある真鍮のゴンドラを吊るすという、凝ったものもあった。この装飾的な赤色ガラスは《鳩の胸（ゴルジ・ド・ピジョン）》と呼ばれ、アントニーナの時代の欧州でよくワイングラスに使われた。暗いところではサワーチェリーの赤、光を当てると剥きたてのブラッドオレンジの色、最高級のルビーの基準とされる鳩の血の色になる。

リスに促されて部屋の向こう端を見ると、驚いたことにもう先客がいて、女性や子供が何人も、乱れた服装のままランプシェードのそばにうずくまっている。「ジェイン・ドブリ、ジェイン・ドブリ、ジェイン・ドブリ」とアントニーナは女たちに挨拶して回った。空襲で焼け出されて骨の髄まで冷えきった人々が、この店のどこかほっとする空気に吸い寄せられるように集まってきて、店主のお婆さんたちから食べ物と石炭と寝具を気前よく分けてもらっていたのだ。アントニーナはこう書いている。

このランプシェード店は、大勢の人たちをまるで磁石のように引きつけた。私たちがこの難局を乗りきれたのも、小柄で可愛らしく、最高に温かい心と思いやりをもったこのお婆さんたちのおかげ。人をなごませる彼女たちのまわりに、上階から下りてきた人、家を失くした人、別の通りから逃げてきた人が、夏の夜の灯火に蛾が群がるように身を寄せていた。

しわくちゃな手で、食事（主にオートミール）やお菓子、葉書のアルバム、ちょっとしたゲームを手渡してくれるふたりに、アントニーナは感動した。毎晩、寝場所を決めるときになると、彼女はいつも頑丈なドアの下にマットレスを敷き、リスをそばに寄せて自分の体で守るようにした。そうして井戸の底に吸い込まれるように深い眠りに落ちるたびに、のどかだった過去の暮らしはしだいに遠くへ去って行った。ついこの間まで来年の計画をいっぱい立てていたのに、今はリスとふたり、明日の朝まで生き延びられるか、ヤンと生きて再会できるか、リスはつぎの誕生日を迎えられるか、と脅えて暮らしている。「毎日、自分たちの死も含め、目の前の恐ろしい現実で頭がいっぱいだった」とアントニーナは回想録に書き、さらにこうつけ加えている。

同盟国は動かない。助けもこない——イギリスが一回でもドイツを攻撃してくれれば、ワルシャワへの絶え間ない爆撃は止まるかもしれないのに、ポーランドは孤立無援だ。政府の動向についても残念な知らせばかり——シミグウィ元帥と政府要人たちが逃亡していたルーマニアで逮捕されてしまった。私たちは裏切られ、打ちのめされ、悲しみのどん底だ。

イギリスとフランスがドイツに宣戦布告すると、ポーランド国民は狂喜し、ラジオ局は、両国の国歌を何日も流し続けた。ところが九月半ばになっても、情け容赦ないドイツの爆撃、砲撃は一向にやまない。「包囲攻撃のさなかの街で暮らす」という信じ難い状況を、アントニーナは回想録に綴っている。ヒューヒューと音を立てて、雨あられと降り注ぐ爆弾、耳をつんざく爆発音、建物がガラガラ崩れる音、そして飢えた市民。まず、水道、ガスといった快適な暮らしを支えるインフラが失われ、つぎにラジオと新聞が止まった。思い切って街路に出る人は決まって走り、わずかな馬肉やパンを手に入れるためにも、命がけで列に並ばなければいけなかった。こうして三週間というもの、昼はビュンビュンうなりを上げて屋根を越える大砲の弾、夜は闇をつんざく爆弾の音がやむことがなかった。アントニーナは背筋の凍るピューンという落下音は、ドーンという恐ろしい響きの前ぶれだった。アントニーナはピューンという音がするたびに耳を澄ませ、最悪の事態を覚悟して、遠くでドーンという音が——それは別の誰かが吹き飛ばされたことを意味していたが——響くと、ほっとひと息つく。着弾点との距離を一瞬で推し量って、狙われたのは別の場所と知り、安心したのもつかの間、すぐにまたつぎの落下音、そして爆発音。

たまに隙を見て街に出てみれば、まるで戦争映画の世界――黄色い噴煙、瓦礫のピラミッド、建物の壊れたあとに残ったボロボロの壁、風に舞う手紙、薬品の小びん、傷ついた人たち、脚を変なふうに曲げて死んでいる馬。そのなかでひときわシュールなものがあった。それは頭上にふわふわと浮かぶ白いもので、雪のようでもあるけれども、かすかに上下するだけで地上に落ちて来ない。ブリザードより不気味で奇怪なその正体は、街の人たちの羽枕や羽布団――そのなかの羽毛が吹き上げられて上空で渦を巻いているのだった。ずっと昔、あるポーランドの王様が、トルコ軍を撃退するため、兵士たちに鳥の羽をつけた大きな輪を背負わせたことがあるという。兵士たちが騎馬で戦場へ向かうと、翼のようなその輪を吹き抜ける風が竜巻のような轟音を立て、それに怖じ気づいた敵軍の馬は一歩も動けなくなってしまったということである。ワルシャワ市民のなかには、この羽毛の嵐を見て、この騎士たち、街の守護天使の殺戮を想起した人も少なくなかったかもしれない。

ある日、アントニーナたちのいるアパートにもついに砲弾が命中し、四階の天井に突き刺さったが、爆発はしなかった。その夜、爆弾が空いっぱいに噴煙を立ちのぼらせるなか、彼女はリスを近くの教会の地下に隠しに行った。そして「息の詰まるような夜明けの静寂」のなか、またランプシェード店へ連れ帰って、こう言った。「子供をこっちへ隠し、あっちへ隠しする動物園のライオンと変わらないわ」。

ヤンから何の連絡もないので、アントニーナは心配でほとんど眠れない夜を過ごした。しかし、同時に動物園のことが彼女の胸を苦しめた。動物園には、まだ生きている動物もいるのに、このまま見捨ててしまったら、ヤンがどんなにがっかりするだろう。残っているのは十代の男の子たちだけ。生きている動物がいたとしても面倒を見切れないのではないだろうか？　私が行くしかない――不安に後ろ髪を引かれながらも、彼女はリスを義理の姉妹に預け、銃弾と砲弾の飛び交う市街を抜けてヴィスワ川を渡った。「何としても無事に行き着きたくて、狂ったようになって」雑踏を抜けながら、「狩られる動物もきっとこんな気分だろう」と彼女は思った。ポーランド兵に至近距離から撃たれて死んだ、ゾウのヤスや、猛獣たちのことが思い出された。最後の瞬間のイメージは、彼女を苦しめ、さらにぬぐい難い恐怖も呼び覚ました――しかし、彼らのほうがまだしも幸運だった、ということになりはしないだろうか？

第六章　再会

ナチのワルシャワ爆撃は一一五〇回におよび、近くにたまたま対空砲が配備されていた動物園を、壊滅状態にした。あの晴れた日、空を引き裂いて降ってきた業火が動物たちのいるオリを襲い、堀の水を吹き飛ばし、鉄格子を引きちぎった。木造施設は倒壊して、炎にのまれた。飛び散ったガラス片や金属片が動物たちの皮膚、羽、蹄、鱗を無差別に切り刻んで、傷ついたシマウマは赤いリボンのように血を流しながら駆けて行き、ホエザルとオランウータンは悲鳴を上げて木立や繁みに隠れ、ヘビは這い出し、ワニは四つ足で走った。禽舎を覆う金網も銃弾で引き裂かれ、オウムたちはアズテクの神々のように旋回しながら上空高く舞い上がり、それからまっすぐ落ちて来た。その他の熱帯の鳥たちは木立や繁みに隠れるか、焦げた翼でなんとか飛ぼうともがいていた。飼育舎や池にじっと身を潜めていた動物のなかには、炎に巻かれて絶命したものもいる。二頭のキリンは、よじれた脚を水平に突きだし、無残な姿で地面に横たわって死んでいた。凝固したような空気は息をするのも苦痛で、木と、ワラと、肉の焦げる臭いがした。ティンパニーを鳴らし続けるように絶えることのない銃撃や爆撃の音に重なる、この世ならぬサルや鳥の絶叫。凄まじいそのコーラスは、あたかも一万の復讐の女神が、地上を混乱に陥れようと一斉に地獄から出てきたかのようだった。

アントニーナは残っている数少ない飼育係と一緒に、自分たちも負傷しないよう気をつけながら動物たちを救出、あるいは解放して回った。オリからオリへ走りながら、彼女は夫のヤン、前線で闘っている「勇敢で、正しい心をもつ男」も気がかりだった。「罪のない動物すら安全でないのに、彼は生き延びられるのだろうか?」無事に戻って来られたとしても、この惨状を見たらどんなに悲しむか。そういえば、カシア、私たちのお気に入りのお母さんゾウはどうしているだろう? アントニーナが苦労してゾウ舎にたどり着くと、そこはもう地ならしされていて、カシアの姿はどこにもない(砲弾の犠牲になったとあとで教えられた)。しかし、どこか遠くで二歳のツジンカが鳴く声がする。サルも展示舎の火災や銃弾でたくさん殺されていて、無事に逃げたサルたちは、繁みや木立のなかを飛び回り、殺気立った声で吠えていた。

奇跡的に生き延びた動物たちのなかには、橋を渡って、燃えさかる旧市街まで逃げたものが多かった。動物園を抜け出した動物が、ワルシャワの街中に押し寄せるという、旧約聖書の物語のような珍事を、あえて窓辺に出て見物した人もいれば、焼け出された街路で見送る人もいた。アザラシはヴィスワ川の堤を這い、ラクダとラマは路地に迷い込んで玉石で蹄を滑らせながら走り、ダチョウとレイヨウはキツネやオオカミと並んで小走りで逃げ、アリクイは瓦礫の上を《ハッチェ、ハッチェ》と鳴きながら歩いて行った。ふさふさの毛やすべすべの皮をまとった生き物たちが、工場やアパートを突っ切ってオーツや裸麦、亜麻の畑のほうに駆けて行き、水に潜り、階段や納屋に隠れるのを市民たちが見ていた。動物園で池に身を潜めていたカバ、カワウソ、ビーバーは無事だった。クマ、バイソン、モウコノウマ、ラクダ、シマウマ、オオヤマネコ、クジャクなどの鳥も生き残り、サルや爬虫類のなかにも生き延びたものがいた。

「大きなアナグマ、見ませんでした？」館のそばでアントニーナは若い兵士を呼び止めて聞いた。

「ドアをばんばん叩いたり引っ掻いたりしているアナグマがいたけど、入れてやらなかったら、薮をくぐってどこかへ行ってしまった」そう兵士は答えた。

「かわいそうなボルスニオ」。ペットが恐怖を訴える姿を想像して、彼女の胸は痛んだ。「うまく逃げられたかしら……」と暗たんとした気持ちでいると、また熱波と煙が襲ってきたので、アントニーナは急いでそこを離れ、こんどはモウコノウマの安否を確かめに行った。すると、他の馬やロバたちは

――息子のポニーだったフィグラシュ（いたずら者の意味）も――すべて死んで通路に亡骸を横たえていたのに、このたてがみの立った希少なモンゴルの野生馬だけは、自分の放牧地に震えながら何とか踏んばっていた。

ひととおり確認を終え、動物園をあとにしたアントニーナは、煙でぼんやりかすんだ菩提樹の並木を抜けてプラスキ公園を横切り、息子と自分の避難所であるランプシェード店へ戻った。疲れて朦朧とした頭で、渦巻く煙、根こそぎにされた草木、血しぶきのついた建物や動物の死体といった動物園の惨状をざっと説明し、少し落ち着きを取り戻したところで、こんどはミョドヴァ通り一番地の石づくりの建物に向かい、階上の小さな事務所を訪ねた。そこはレジスタンスの隠れ家のひとつで、なかは興奮した人たちと書類であふれかえっていた。

「何か知らせは？」とアントニーナが聞くと、旧友のアダム・エングラートが「ポーランド軍は弾薬も物資も底をつきかけていて、正式に降伏することを話し合っているらしい」と力なく答えた。

彼女の回想録によると、その先の説明は、聞こえてはいるのだけれど右の耳から左の耳へ抜けていった。まるでその日一日の恐怖で固まった脳が《我は仕えず》と宣言して、一切の情報を拒絶してしまったかのように――。

アントニーナはソファにへたり込んだ。今の今まで、独立を失うという最悪の事態だけはない、と自分に思い込ませてきたのだけれど。またか。敵を撃退できずに占領されるのは初めてではない。とはいえ、前の戦争からはもう二一年が過ぎており、人生の大半を平和な時期に過ごしてきたアントニーナにとって、この見通しはあまりに強烈な打撃だった。ヴィスワ川という堀に囲まれ、自立しているかに見えた動物王国で、鋭敏な感性を思う存分発揮しながら、ジグソーパズルのような日々を過ごしたこの一〇年が、終わりを告げたのである。

　ランプシェード店に戻ったアントニーナは、エングラートから聞いた衝撃的なニュースを皆に伝えた。この時点でもラジオはまだやたらと景気がよくて、ポーランド人のワルシャワ市長スタジンスキがナチを非難し、市民に向かって、希望をもて、一丸となって首都を死守せよ、と呼びかけている。「こうしてお話ししている現在も[1]」と市長は語った。「窓の向こうに見えるのは、偉大なる栄光に満ちた、紅蓮の炎と煙に包まれた、栄誉ある、無敵の、闘うワルシャワであります！」

　一体どちらを信じるべきか？　正しいのは市長か、レジスタンスの情報か？　恐らくレジスタンスのほうだ——皆がそう思ったのは、市長がそれとは別の演説で過去形を使って話したからだ。「私はワルシャワが偉大な都市であることを願いました。偉大であることを信じました。仲間とともに偉大なるワルシャワの未来図を描いたのです」。この奇妙な話しぶり（口が滑ったのか？）からしても、アントニーナの持って来た知らせのほうが本当らしい。意気消沈してテーブルを囲んでいる皆の間を縫って、店主たちが小さなランプをともしにやって来た。

　それから数日がたち、ワルシャワがドイツに降伏した後のある日、がっくり気落ちしたアントニーナは皆と一緒に食卓を囲んでいたが、空腹なはずなのに、目の前のなけなしの食事すら食べる気になれなかった。とそのとき、ドアを威勢よくノックする音がした。訪れる客もなく、ランプを買う人も修理を頼む人もいなくなったこの店に、一体誰？　不安な面持ちで、店主がおそるおそるドアを開けると、なんとそこには、憔悴した顔に安堵の表情を浮かべたヤンが立っていた。アントニーナと抱き合ってキスを交わし、それから腰を下ろしたヤンが、ことの経緯を説明し始めた。

九月七日の夕方、仲間とともにワルシャワをあとにしたヤンは、見せかけの軍隊として合流できる部隊を探し、ブク川沿いをブジェシチまで歩いた。しかし部隊がひとつも見つからないので、そこで解散し、九月二五日の晩、ヤンは、レイエントゥフカで夏休み中に知り合ったミェニェのとある農家で一夜を過ごさせてもらった。ところが翌朝、そこの家政婦が彼を起こしに来て、昨夜やってきたドイツ士官の通訳をしてもらえませんかと言う。どこであれ、ナチと出くわすのは危ない。ヤンは服を着ながら予想されるシナリオをあれこれ考えた。そして、正当な客人を装って、階段を下りて行きながら、居間に立って主人たちと食料調達の交渉をしているドイツ国防軍の士官を観察した。ところが、こちらを振り向いたその顔を見た瞬間、ヤンは自分の目を疑った。動揺のあまり幻を見ているのではないか？　ところが、士官のほうも驚いて顔を紅潮させている。そしてにっこり笑ったその人物は誰あろう、国際動物園管理者協会のフェロー会員で、クルレヴィエツ*動物園長のミュラー博士だった。

笑いながら、ミュラーが言った。「私が知っているポーランド人はたったひとり、君だけだよ。その君にここで会うとはね！　なんて奇遇なんだ」。補給担当士官のミュラーは、食料調達のためにこの農家を訪れたのだった。ミュラーからワルシャワの街と動物園の惨状を聞かされると、ヤンは、すぐワルシャワに帰ろうとし、ミュラーもそれに手を貸そうとしたが、ヤンのような年格好のポーランド人男性がワルシャワへ向かうのは危険すぎるので、次善の策として、私が君を逮捕し、捕虜ということにしてワルシャワへ連れて行こうということになった。交友関係があったとはいえ、当てにしてよいのかヤンには確信がなかった。ところがミュラーは約束どおり、ワルシャワが降伏するとすぐにその農家に舞い戻ってきて、ヤンを市街のできるだけ奥まで車で送り届けてくれたのである。もっと楽しいときにまた会おう、とふたりはそこで別れを告げ、ヤンはアントニーナとリスのいる――生きていてくれるなら――カプツィンスカ通りまで、決死の思いで廃虚となった市街を抜けた。ところが、ようやく四階建てのアパートを探し当て、ドアを叩いたのに返事がないので、「不安で卒倒しそうになったよ」とヤンは打ち明けた。

それに続く日々、ぞっとするほどの街の静けさにいたたまれなくなったヤンとアントニーナは、ひそかに橋を渡って動物園へ行った。もう砲弾が飛んでくる心配もないし狙撃兵もいない。古参の飼育係も何人か戻っていて、以前と変わらず仕事に精出す彼らの姿は、さながら全滅寸前の村の幽霊部隊だった。守衛小屋や兵舎のあった丘は焼け野原、作業場もゾウ舎も、他の動物たちのすみかも囲いも、ことごとく焼失したか倒壊している。なかでも異様だったのは鉄格子で、溶接工が前衛芸術でも試みたように、奇怪な形にくっつき合っていた。館まで歩いて行ったふたりは、前回戻って来たときより一段と現実離れした光景に唖然とした。大窓はどれも爆風で粉みじんになり、あたり一面、ガラス粒が砂のように積もっている。そこに踏みしだかれたワラが混じっているのは、ポーランド兵が空襲時に立てこもった名残りだろう。室内は修繕しなければ何ひとつ使えない状態だった。とくに窓ガラスは貴重品になっていたから、当面はベニヤ板でしのぐことにしたが、しかしそれは、閉塞感をさらに募らせることではあった。

彼らと飼育係たちは、まだどこかに傷ついた動物がいるかもしれないと、地上をくまなく探し歩い

＊東プロシアの都市で、一九四六年まではケーニヒスベルクとも呼ばれていた。現在のカリーニングラード。

た。いくらなんでもこんなところには……と思う場所まで点検して回り、誰かが、瓦礫の下に閉じこめられ、狂乱状態の飢えた動物を見つけると歓声が上がった。アントニーナによれば、敷地内には軍馬の死体も転がっていた。ほとんどは腹がパンパンに膨れ上がり、めくれた口元から歯を覗かせ、眼を恐怖で見開いた状態で死んでいたという。こうした動物の死体はすべて埋めるか解体しなければいけなかったのだが（レイヨウ、シカ、馬の肉は飢えた市民への配給に回された）、ふたりはこれに立ち合う気になれず、あとのことは飼育係にまかせることにした。夜になるとふたりともぐったり疲れ、館もとても住める状態ではないので、カプツィンスカ通りに戻った。

翌日のラジオでは、ドイツのロンメル将軍が、ワルシャワの兵士と市民に向けて呼びかけをした。威厳を持って降伏を受け入れ、ドイツ軍が陥落した市街を行進する際にも冷静でいるようにと。将軍は最後にこう締めくくった。「私はワルシャワ市民、果敢に都市防衛にあたり、深い愛国心を示した市民たちが、我が軍の入場を静粛に、堂々と、かつ冷静に迎えてくれることを期待する(2)」「悪いことではないのかもしれない」とアントニーナは自分に言い聞かせた。「これで平和が訪れて、街を再建できるなら」

朝の雨が上がり、厚く垂れ込めていた雲が去り、一〇月の暖かな陽射しが差して来た頃、通りに重い軍靴をカツカツ響かせ、耳慣れない言葉をがなり立てて、ドイツ兵が市街のパトロールにやってきた。続いて、それよりもっと澄んだ、シュルシュルというさざめきが、ランプシェード店のなかまで聞こえてきた。ポーランド人の男女の群衆だ。アントニーナが外を見ると、「ひとつの巨大な生き物がゆっくり」通りを進み、そこに建物からぱらぱら出てくる人々が、つぎつぎと加わっていく。

「みんなどこへ行くのかしら？」

ラジオで、ヒトラーがこれから閲兵する場所が報じられると、彼女とヤンも、皆と同じ力に突き動かされて表へ出て行った。どこもかしこも破壊し尽くされた街を見て、アントニーナは「戦争によってギロチンにかけられた建物――その屋根は飛び、近くの裏庭にぶざまに転がっている。他の建物は、最上階から地階まで爆弾で引き裂かれている」と書いている。それらの姿は彼女に、「自分の受けた傷にうろたえ、突然おなかにあいた穴を何とか塞ごうとしている人間」を思わせるものだった。

ふたりはつぎに、しっくいの壁が崩れて雨が入り込み、陽射しを受けて、血のように赤いレンガから湯気を上らせている建物の前も通り過ぎた。火災もまだ完全に鎮まっていない。建物のなかがぶすぶすとくすぶり、あたりに立ち込める煙で涙がこぼれ、喉が締めつけられる。それでも膨らむ一方の群衆は、まるで催眠にかかったように街の中心部になだれ込んで行く。当時のフィルムを見ると、暗い灰色の軍服をまとった征服者のドイツ兵が、堅木をロープで打つような靴音を立てて続々となだれ込む大通りの両側を、市民がぎっしり埋め尽くしている。

ヤンが、アントニーナの顔色が悪いのに気がついた。

「息がつけないわ」と彼女は言った。「私たちの過去も街の人たちも、灰色の洪水にまとめて飲み込まれ、地上から消えてしまいそう」

群衆にもまれながら、それでもふたりはギラギラと光る戦車や大砲、赤ら顔の兵士の行進を見続けた。ヤンも目をそむけたくなったほど異様に挑戦的な眼つきの者もいた。ポーランドで人気の人形劇は、子供向けの作品ばかりではなく、古代ローマがそうだったように風刺劇や政治的な演目も少なくない。当時のフィルムが捉えたこんな場面を、ワルシャワ市民は皮肉《アイロニー》のこもった目で見ていたかもしれない――続々と押し寄せる輝かしい装甲部隊と、その到来を告げる華麗なブラスバンド、その先にしつらえた閲兵壇で、見えないひもに持ち上げられるように、ひょいと片手を上げるヒトラー。

一方、ポーランドの主要政党の代表たちは、ある貯蓄銀行の頑丈な部屋に集まって地下政府の綿密な計画を立てており、それはもう少しで絶好のスタートを切れるところだった。というのは、ヒトラーの閲兵壇の下には、彼をこっぱみじんにするための爆弾がしかけられていたのだ。ところが、工作員が、すんでのところでひとりのドイツ士官に移動させられてしまったため、導火線に着火できなかったのである。

占領されたワルシャワはたちまち麻痺状態に陥り、銀行は封鎖され、給料の支払いも途絶えた。アントニーナとヤンも、動物園に戻ってはみたものの、お金も物資もない。当面、ここを根城にしていたポーランド兵が残していったものを食べていくしかなかった。ワルシャワはドイツの新しい植民地となったポーランド総督府に組み込まれたが、その統治をまかされたのは、ヒトラーの私的法律顧問だったハンス・フランクである。彼は結成当初からのナチ党員で、法学者として指導的な地位にあり、ナチの哲学に沿ったドイツ法の見直し、とりわけ人種差別関連法とレジスタンスを標的にした法の整備を進めていた。このフランク総督-将軍は、赴任後一か月もたたないうちに「所定の地域の外に出たユダヤ人」および「かかるユダヤ人に意図的に隠れ場を提供した市民」は死罪とし、「これを教唆ないし幇助した者も正犯と同様に処罰する、また、未遂行為も既遂行為と同様に処罰する」という布告を出した。

それに続いて発布された「暴力的行為撃退の布告」は、ドイツ当局への不服従、妨害行為や放火、銃その他の武器所持、ドイツ人に対する攻撃、夜間外出禁止令への違反、ラジオの所持、闇取引、地下活動ビラの家内所持、さらに、これらを常習的に犯している者の通報を怠った者は、例外なく処刑するという内容だった。法律違反と、違反者の通報を怠ること、見逃すことが、同等の処罰の対象にされたのである。しかしそこは人間の性《さが》で、大半の市民は面倒なことに巻き込まれるのを嫌ったから、あえて違反者を告発する者はまれだったし、告発を怠ったことで告発されたケースはもっと少ない。皆がそんなことを始めたら、何もする気になれず、何もできないというばかげた状態が連鎖的に広がるだけだ。人は誰でも、作為と不作為の間のどこかに自分なりの良心のバランスを見つけるもので、ポーランド人の大半も、脱走するユダヤ人のために命も賭けないかわり、彼らを告発するようなこともしなかったのである。

ヒトラーはフランク総督に「この地域を交戦地帯、略奪地として容赦なく収奪し、その経済、社会、文化、政治構造を瓦礫の山にする(3)」権限を与えた。そのフランクに与えられた重要な任務のひとつは教師、司祭、地主、政治家、法律家、芸術家といった社会的影響力のあるポーランド人をすべて抹殺することだった。それが終わるとこんどは、大規模な集団ごとに国民を再配置し始めた。それは今後五年かけて、八六万のポーランド人を土地から引き離して移転させ、接収したその土地に七五万のドイツ人を植民し、一三〇万のポーランド人をドイツに送って強制労働させ、そして、三三万人をたんに射殺するというものだった(4)。

これに対して、ポーランドのレジスタンスは勇気と知恵を奮って、ドイツの設備に破壊工作をしかけ、列車を脱線させ、橋を爆破し、千百種類もの定期刊行物を刷り、ラジオ放送を流し、秘密の高校や大学を開き（一〇万人の生徒が授業を受けた）、ユダヤ人が隠れるのを助け、武器を供給し、爆弾をつくり、ゲシュタポの諜報部員を暗殺し、囚人を救出し、地下演劇を上演し、本を出版し、市民の巧みな抵抗運動を率い、独自の法廷を開き、ロンドンを拠点とする亡命政府との間で伝令をやりとりした。レジスタンスの軍事部門は国内軍（ＡＫ）と呼ばれ、その数はいちばん多いときで三八万人を数えた――そのひとりとなったヤン・ジャビンスキは、後に受けたインタビューで、「私はそもそもの始めから、動物園のある地区の国内軍と連絡を取り合っていたんです」と明かしている。国土は分断されても言語で結ばれていたポーランドの地下政府は、国民生活と同様、混乱してはいたけれども、六年間、立ち止まることなく闘い続けたのだった。

ポーランドの地下組織の強みは、下意上達《ボトムアップ》をしない運営方針と徹底して偽名、匿名を貫く点にあった。上官の名前を誰も知らなければ、たとえ部下が捕まっても中枢までは危険がおよばない。お互いの本名を知らなければ破壊工作もそう簡単には暴かれない。地下組織の司令部は市内のあちこちに場所を変えたし、学校もこの教会からあの教会、こちらのアパートからあちらのアパートへと引っ越しを繰り返し、伝令部隊と非合法の印刷所が皆に情報を流し続けた。

地下農民運動も組織され、そのスローガンは、「できるだけ少なく、できるだけ遅く、できるだけ悪いものを」というものだった。具体的には、一回分の穀物や家畜を何度も配送させたり、金額を水増ししたり、品物をわざとなくしたり、汚損させたり、隠したり、ということをしてドイツ人への配送を妨害しては、都市部の市民に物資を横流ししていた。強制労働でもサボタージュがあり、ドイツのペーネミュンデにあった秘密のロケット実験基地では、働かされていたポーランド人たちが、電気部品に尿をかけて腐食させ、ロケットを使えなくした。レジスタンスにはおびただしい数の下部組織があり、そのメンバーは年齢や学歴、度胸を問わず何かしら役割を見つけることができた。スリルのあることが好きで、ある記者にわくわくしたとまで話したヤンは、そのあと、彼らしいもう少し控え目な表現で、一か八かの危ない賭けに出るのは「勝つか負けるか、ふたつにひとつのチェスの勝負をしているような」気持ちだったとつけ加えている。

第七章

一九三九年秋

秋が訪れ、ドアの下やひび割れから隙間風が吹き込むようになった。夜になると平屋根の上を強風が吹き荒れ、ベニヤ板のシャッターをことごとくゆがませ、テラスの壁のまわりでピューピューとうなりを上げる。施設も芝生も荒れ放題の動物園では、わずかになった動物たちの冬越しの支度が始まったが、そこにはもう、以前のような季節の情景はなかった。例年なら、動物園そのものが冬眠に入ろうとするこの時期には、一日のテンポが一変するものだ。夏休みの間、一万人もの来園者でごったがえしていた並木道は人影もまばら。サル舎やゾウ舎、猛獣の島、アザラシのプールといったあたりには、まだちらほら見物客がいるものの、ラマやポニーやラクダ、足漕ぎのミニ自動車に乗る順番を待つ学童たちの長い列はない。フラミンゴやペリカンのように寒さに弱い鳥たちは、運動のために毎日ちょっとだけ外に出され、凍った地面を一列になって歩いている。日が短くなって木々が裸になる頃には、ほとんどの動物たちが屋内にこもりきりになり、騒然としていた園内で聞くことのできるのは、彼らのつぶやきぐらいになる。こうして動物園は業界用語で言う《オフシーズン》に入るのだが、これは動物にとっては休息の季節、人間にとっては修繕の季節である。

戦災でぼろぼろになってはいても、動物園はまだ複雑な生命機械としての命を保っていた。ここでは一本のねじのゆるみ、一個の歯車の欠落も命とりになりかねない。動物園の園長は、さびたボルトも、サルの鼻水も、見逃すわけにはいかないし、施設はきちんと錠をかい、温度調節をしなければならない。汚れて固まったバイソンのひげも放置はできないのだ。こうした負担は、強風、雨、霜といった悪条件のもとでは余計に重くのしかかった。

去年までは、落ち葉が積もれば掃いてくれる女たちがいたし、寒くなれば屋根や厩舎の壁をワラで防寒してくれる男たち、バラや観賞用の灌木に霜よけをしてくれる庭師たちがいた。このほかにも、青い制服の係員たちが、ビートや玉ねぎ、ニンジンを地下に貯蔵し、サイロを草で満たして、動物たちが冬の間、《ビタミン》（ポーランドの生化学者カシミール・フンクが一九一二年に発明した言葉）不足にならないようにしていた。納屋には干し草、倉庫や食料庫にはオーツ、小麦粉、はだか麦、ヒマワリの種、カボチャ、アリの卵（栄養補給用）、その他の飼料が山積みされた。トラックは石炭とコークスを運び入れ、鍛冶屋は道具類を修理し、金網を繕い、南京錠に油をさす。大工小屋では柵やテーブル、ベンチ、棚の修繕や、翌春、地面がやわらかくなる頃に増設される施設の扉や窓をつくる、という具合に万事が整えられた。

例年ならアントニーナとヤンも、この時期には来年度の予算を立てたり、新しい動物の受け入れに備えたり、ヴィスワ川や尖り屋根の並ぶ旧市街に面した事務所にこもって、報告書類に目を通して過ごす。広報部門は講演会や演奏会の企画を立て、研究部門ではスライド標本をつくったり実験を行ったりする。

オフシーズンといっても全然ひまではなかったが、通常ならば、世間から切り離された動物園の門のなかに守られて、十分な備蓄、食料の調達、自立の精神に支えられて冬を迎えられた――しかし戦争は、この三つの支えをいっぺんに奪ってしまったのである。

「傷ついた街が、動物に食べ物をくれたわ」

ある朝、通りを馬車がガタゴトやってきて、門の前できしんだ音を立てて止まった。見ると、二台の馬車に、台所や食堂から集めた果物の残りや野菜屑が山と積まれている。アントニーナはヤンを励ますように言った。

「私たちにはまだ味方がいるんだわ」

「そうだな。ワルシャワ市民は、自分たちのアイデンティティを守ることを知っている」とヤンが答えた。「市民の誇りを保つことの大切さをね――ありがたいことに、動物園もそのなかに入っているんだ」

ところがその後、占領政府が首都をクラクフに移すことを決め、それに伴い、ただの州都になるワルシャワには動物園は無用という決定を下したことを知ると*、アントニーナは突然、足元の大地がふっとかき消えたような衝撃を受けた。こうなったらもう、やがて訪れるおぞましい《清算》のときを待つしかない——しかしそれは、彼女たち一家にとっては、単なる毛皮や翼や蹄の集合体ではない、それぞれに個性を持って生きている動物たちの消滅を意味していた。

この頃、館にはアントニーナ、ヤン、リスの三人しかいなかったが、食料はお金を積んでもわずかしか手に入らず、所持金は乏しく、仕事はない。アントニーナは毎日パンを焼いて、庭の野菜や、ミヤマガラスやカラスの肉の塩漬け、キノコや木の実のびん詰めで料理をつくった。郊外の村に住む友人や親戚からはときどき食料が送られて来て、ベーコンやバターのように、荒廃したワルシャワでは滅多にありつけなくなった贅沢品が入っていることもあった。以前、動物用の馬肉を調達していた業者から、自分たちのための肉を少し分けてもらうこともあった。

こうして九月も終わりに近づいたある日のこと、ドイツの軍服をまとった見覚えのある顔が玄関口に現れた。それはベルリン動物園で守衛をしている年配の男だった。

「ルーツ・ヘック園長[1]からじきじきに仰せつかり、ご挨拶とご用件をお伝えに参りました」と彼はしゃちこばって言った。「園長はあなた方をお助けしたいとのお考えで、私からの電話を待っておられます」

アントニーナとヤンはびっくりして顔を見合わせた。これは一体どうしたことか？　確かにルーツ・ヘックとは、国際動物園管理者協会の年次会合で顔を合わせる間柄ではある。この協会は、利他主義者と実用主義者、福音主義者とろくでなしの集まった小組織だったが、二〇世紀初頭には異国の動物の飼い方を巡って二つの流派が対立していた。一方の派は、動物には生まれ故郷と同じ自然な生活場所、景観、気候が必要だというもので、その急先鋒は、ベルリン動物園のルードヴィッヒ・ヘック教授とその息子ルーッ・ヘックであった。対するもう一派は、動物園がどこに立地していようと、異国の動物は自力で新しい環境に適応できるという考えに立つ。こちらの陣営を率いていたのはミュンヘンの動物園長ハインツ・ヘック、ルーツの弟である。ワルシャワ動物園は、前者の影響を受けていたから、動物が気候馴化しやすいように設計され、動物にとって魅力ある生活場所を与えるようにしていた。昔のポーランドの動物園がそうだったように、動物を狭いオリに押し込めるかわりに、ヤンがしたのは、ひとつひとつの囲いのほうを動物に合わせ、できる限り野生に近い環境をつくること。自然水源（掘り抜き井戸）に恵まれ、すぐれた排水システムを備え、スタッフの訓練がゆき届き使命感にあふれていることも、ワルシャワ動物園の自慢であった。

協会の年次会合は、ときにイデオロギーがぶつかり合うこともあったが、動物園の管理者たちは皆、自分たちの施設を誇りにし、関心と情熱を共有していたため、言葉の壁はあっても、知恵と幸福を分かち合おうとする結社的な雰囲気に包まれていた。他の園長たちはポーランド語を話せず、ヤンはドイツ語をあまり話せず、アントニーナはポーランド語のほかにロシア語、フランス語、ドイツ語を少しだけ話せる。そこで彼らは、ドイツ語と英語を主体にした言葉に写真、手書きの図、動物の鳴きまね、パントマイムを混ぜた一種の「エスペラント語」によりコミュニケーションをはかっていた（エ

*一九二八年設立のワルシャワ動物園に続き、翌一九二九年、クラクフにも動物園が設立されていた。

スペラント語を発明したのはポーランド人である)。同窓会のように打ち解けた空気のなか、最年少の園長夫人アントニーナは、そのすんなりとした容姿で皆の注目を集め、ヤンも希少動物の繁殖で実績を上げている、やる気にあふれた園長として、一目置かれていた。

ヘックはふたりにはいつも親密な態度を取り、とくにアントニーナにはそうだった。しかし彼の血統への執着は、今や動物園の仕事を超えて政治の場に拡大し、アーリア人種へのこだわりと結びついており、ふたりの耳には、ヘックは熱烈かつ有力なナチ党員であり、第三帝国の元帥ヘルマン・ゲーリングと宣伝大臣ヨーゼフ・ゲッペルスをしょっちゅう自宅に招いたり、狩猟に連れて行ったりしているという噂も届いていた。

「ヘック教授のお申し出はありがたく承りました」とアントニーナが丁重に使者に答えた。「私たちが感謝しておりましたとお伝え下さい。ですがご助力にはおよびません。というのは、もうこの動物園は《清算》されることが決まっているものですから。そうお話しいただけますか?」。この動物園を清算しようとしている張本人は、ヒトラー政権下で動物学者として最高の地位にいるヘックではないか、と彼女はにらんでいた。

ところが驚いたことに、守衛はその翌日もう一度訪ねてきて、ヘックがもうすぐ来ますから、と言い残して帰って行った。ふたりはあわてた。ヘックは確かに信用ならないが、アントニーナに好意を寄せていたし、ふつうに考えれば、同じ動物園長として、困っているふたりに同情しているだろう。占領下では、敵の高官に友をもつかどうかが生死の分かれ目になることもあるから、この際、ヘックと関係を深めておくというのは理に適っていた。アントニーナは、ヘックには中世の騎士パルジファルよろしく、女性を庇護することで、高貴なところを見せたいというロマンチックな夢想もあるのだろうと思った。彼の申し出が吉と出るか凶と出るか危ぶみながら、彼女は猫にいたぶられている思いがした。「たぶん、私たちはおもちゃにされるだけだろう。大きな猫は小さなネズミで遊びたがる」。

ヤンのほうは、もう少し彼の善意を期待した。ヘックも動物園長として、動物を愛しているし、動物を守るために生涯を捧げてきた男だ。同じ立場の人間が動物を失おうとしていれば同情もするだろう。こうして、ヘックが初めてワルシャワ動物園にやって来る前の晩を、ふたりは期待と恐れの相半ばする気持ちで過ごしたのだった。

第八章

絶滅と復元

ルーツ・ヘックがベルリン動物園長の職を高名な父から引き継いだのは、一九三一年のことである。園長になった彼は、早速、生態学とイデオロギーの両面からの施設の改造に着手する。そして一九三六年、ベルリン・オリンピックと同じ年に、ドイツの野生動物を称える「ドイツ動物園」を完成させている。そこでは「オオカミの岩」をまんなかにして、それを囲むようにクマ、オオヤマネコ、カワウソその他のドイツ産の野生動物の飼育舎が並べられていた。大胆で愛国的なこの動物展示には、大事なのは身近にいる動物たちで、わざわざ異国の動物を探しに地の果てまで行くことはない、という称賛に値するメッセージが込められている。今日であれば、一体なぜこんなものをつくったのかと怪しまれることもないだろう。しかし、あの時代と、ヘックが抱いていた信念、そして彼の一家が奉っていた超国家主義を考え合わせると、ドイツの掲げる「支配民族」の理想に貢献することで、ナチの友人たちの歓心を買おうとしたのは明らかである。同じ一九三六年の写真に、ヘックとゲーリングが連れ立って、ヘックがプロシアに持っていた広大な動物保護区ショルフハイデに狩りに行ったときのものがある。そしてその翌年、ヘックはナチ党員になった。

大型獣ハンターでもあったヘックは、人生の絶頂期にはスリルと冒険を求めて年に何度も狩猟の旅に出た――動物園に入れる動物を捕まえたり、恐らくは壁に飾るオオツノヒツジの首（トロフィー）を獲ったり、見上げるように大きく凶暴な雌のグリズリーと対決するために。未開の地でのスリルのある狩りが好きで、ことのほか愛していたアフリカでは、仲間が寝たあとも、夜ふけまであかあかと燃える焚き火のそばに座り、どこかの暗闇に潜むライオンのうなり声を聞きながら、ランタンの灯影で、生き生きとした筆致の手紙を綴った。「私の目の前でキャンプファイアの炎が揺らめき、背後に無限に広がる暗闇のなかから、姿の見えない神秘的な野獣の声が聞こえてくる」(1)。肉食獣の動きを気にしながら、ひとり、その日の成果を書きとめたのは、記録を残すためでもあり、遠い星ほども隔たりを感じるヨーロッパという異世界の友人と、体験を分かち合うためでもあった。キリンを投げ縄で捕らえたり、サイの赤ん坊を捕まえたり、ツチブタをねじ伏せたり、ゾウの突進を交わしたり、といった迫真の場面を捉えた写真もよく一緒に添えられていた。

ヘックは、遠い原生自然で呼び覚まされた内なる野性の記念として、トロフィーを収集することを大変好んだ——生きた動物は自分の動物園へ、死んだ動物は剥製に、写真は人に送るか額に入れておく。盛んに旅をした頃の彼は、生命そのものを収集していたともいえ、膨大な量の日記をつけ、何百枚もの写真を撮り、一般向けの本（『動物－わが冒険』など）で原生自然への情熱を語り、その並外れた勇気、ストイシズム、技量を持ってやりとげた偉業をこと細かに綴ったものである。ヘックは自分の強さを知っていて、自分であれ、他人であれ、英雄的な行為を讃え、酒の席や協会の年次会合といった人の集まるところでは、手に汗握る冒険譚を語り聞かせていた。ときに自分を神格化したがるところもあったけれど、彼の性格は、冒険に憧れ、家庭からの脱出を夢見、生命の縒り糸がちょっとほどける程度のスリルを求める人を惹きつけてきた、この稼業にぴったりだった。もし彼のようなタイプの人間がいなければ、地図には真っ平らな大地しか描かれず、ナイル川がどこから始まっているのかもわからなかっただろう。ヘックはときには竜退治——現実の世界でこれに相当するもの——もやってのけたが、たいていは動物を捕え、写真に撮り、展示しておけば満足だった。しかし情熱的で一途な性分なので、何かの動物に狙いを定めたら、野生のものだろうと誰かの所有物だろうと、決してあきらめないで、思いつく限りの餌や策略をしかけ、動物や持ち主が音を上げるまでねばり通した。

ヘック兄弟はこの頃、何十年か越しの奇抜な事業に取り組んでいた。それは絶滅動物三種——ターパンと呼ばれていた新石器時代のウマ*と、ヨーロッパ産の家畜牛すべての原種オーロックス**、そしてヨーロッパバイソン***（森林バイソン）の純粋な系統を復元させるというものであり、ハインツよりもルーツのほうが熱心だった。ドイツがポーランドに侵攻する直前、ふたりはオーロックスとターパンに近い個体をつくりだすことに成功していた。けれども、それよりもっと原種に近いもの、つまり、より純粋な遺伝子を受け継いでいる個体がポーランドにいたのである。

先史時代そのままの、交雑により汚染されていない生き物だけを求めたルーツは、この事業で影響力と名声を手にしたがっていたが、その動機はむしろ個人的なもので、絶滅動物、魔法の世界の住人のような生き物を現代に蘇らせて、自由に操り、その一部を狩りの獲物にしたかったのである。遺伝子工学が登場するのは一九七〇年代のことであり、ヘック兄弟はこの計画のために優生学、特定の遺伝形質をもつ動物を育種する伝統的技術を用いた。ヘックの理論はつぎのようなものである。動物は両親からそれぞれ五〇パーセントずつの遺伝子を受け継ぐ。だから、絶滅動物の遺伝子も現存する遺伝子プールのなかに残されている。したがって、絶滅動物に最もよく似た動物同士を交配してその遺伝子を濃縮していけば、やがては純粋な祖先と同じ遺伝子をもつ子孫が得られるはず。ちょうどそんなとき、こんどの戦争が始まって、東欧の動物園や野生の群れから、このプロセスにぴったりの個体を奪い取る格好の口実を与えてくれたというわけだ。

ヘックが選んだ動物はたまたま三つとも、ポーランドの歴史的景勝地ビアロウィーザで繁栄していたから、名声あるポーランドの動物園の承認を得られれば、自分の所業を正当化できた。ヘックは、ドイツがポーランドを侵攻すると、早速、ポーランドの農場でターパンの形質を最もよく伝える雌馬を探した。そしてこれらをシェトランド、アラブ、モウコノウマを含むいくつかの野生馬の特徴を残す系統と掛け合わせ、戻し交配を進め、クロマニヨン人が洞窟壁画に描いたような、気性が荒くてとても乗れないような理想の馬の復元を進めようとしていた。ターパンは一七〇〇年代まではポーランド東北部の森で生きていたのだから、六世代か八世代の戻し交配で元の遺伝子を取り戻せるだろう――彼はそう楽観していた。

ヨーロッパ北部が氷河に覆われ、突風の吹きまくるツンドラが地中海沿岸の山野にまで広がった氷河期。ヨーロッパ中部の低地をうろつき、ヨーロッパ東部のステップで草を食み、アジアからアメリカ大陸まで勢力を伸ばしていたターパンの大群にとっては、深い森と肥沃な草原が格好の避難場所になった。紀元五世紀の歴史家ヘロドトスの目を大いに喜ばせた野生馬の暮らす湿原や湿地は、現在のポーランドにあたる場所にあった。純粋なターパンは、狩人をまんまと出し抜きながら、ヨーロッパで長い歳月を生き抜いた。ところが一八世紀になると、ひとつには肉が珍重――甘味があるし、何よりも珍しかった――されたこと、もうひとつには、家畜の馬と交雑することが増え、繁殖能力のある雑種の子孫が増えたことから、純粋な個体は一気に減ってしまう。そして一八八〇年、ウクライナにいた最後の野生のターパンが、人間に追われて崖の裂け目から転落死してしまった。飼育下で残っていた最後のターパンも、ミュンヘン動物園でその七年後に死亡してしまい、それをもってターパンは、公式に絶滅を宣言され、地球の生物の年代記のひとつの章が終わった。

*タルパンとも表記される。ヨーロッパの野生馬の子孫とされ、毛色は灰色でポニー程度の大きさ。戻し交配で作出された個体が各地で飼育されている。学名は家畜馬と同じ*Equus caballus*。

**絶滅した家畜牛の原種で「原牛」とも呼ばれる。学名は現在の家畜牛と同じ*Bos primigenius*。

***学名は*Bison bonasus*。体重は雄で八〇〇キロにもなるウシ科の大型動物だが、野生のものは一九一九年に絶滅し、現在は飼育下にあった個体を繁殖させたものがもとの生息地に戻されている。

人がウマを家畜化したのはおよそ六千年前といわれ、改良もその直後から始まっている。反抗的な個体は殺して食べてしまい、大人しいものだけを選んで繁殖に使う。そうやって鞍や鋤《すき》をつけやすい馬を育てるうちに馬の性質はだんだん変わって、荒っぽく手に負えない《野性》が失われてしまった。ところが、野生状態で自由に暮らしているモウコノウマにだけは、まだ野生馬特有の毅然とした駻《かん》性《しょう》が残っている。この馬の闘争心を、ぜひとも、自分が復活させるターパンに取り込みたい――ヘックはそう考えた。モウコノウマはもともとアジアにいた野生馬である。ポーランド人の血を引くロシアの探検家ニコライ・プルジェバルスキー大佐によって一八七九年に「発見された」ことから、プルジェバルスキー（プシワルスキー、プルツェワルスキーなどとも表記される）と名づけられたが、地元のモンゴルではもともとよく知られた馬であり、《タヒ》という名前も持っていた。ヘックはとくにタヒの持久力、駻性、外観という要素に注目し、配合に組み入れようとしたのだが、その先に見ていたのは、もっと古い生き物――先史時代を支配していた野生馬だった。

セクシーで駻性が強く、挑むような前掻きをして、蹄を打ち鳴らし、己れを堂々と主張する――なんと力強い姿だろうか。弟のハインツは戦後、ふたりが絶滅動物の戻し交配を企てたのは、好奇心からだったと説明している[2]。けれどもその一方で、「人類が自分自身も動物たちも狂ったように破壊していくのをやめられないのなら、絶滅動物の一部でも復元できるというのは、せめてもの慰め」とも語っている。しかし、ターパンが復元できても、それに乗って狩りをするのに値する獲物がいなければ意味がなかろう――。

ルーツ・ヘックはまもなく、ワルシャワ動物園から盗んだ分と合わせて数頭のヨーロッパバイソンを管理下に置く。彼はその群れを、昔のように精霊のすむ森ビアロウィーザで増殖させることを考えていた。樹高百フィートのオークの木もれ日を受けて、オオカミ、オオヤマネコ、イノシシその他の狩猟獣や、やがて加えるつもりの古代の馬の群れが脈動する森を、昔のようにバイソンが駆け回る——そんな光景を彼は思い描いていたのである。

ヘックは伝説の野牛オーロックスの復元にも手をつけた。これはヨーロッパバイソンよりも一段と大きい、かつてのヨーロッパ最大の陸上動物で、荒々しい野性で知られた野牛である。約一万二千年の昔、氷河期が終わって氷が溶けだすと、それまで栄えていた大型哺乳類は大半が死に絶えてしまったが、ヨーロッパ北部の寒冷な森ではいくらかのオーロックスが生き残った。八千年前のオーロックスを飼い馴らすのは到底容易ではなかったろうけれど、家畜として飼われている現代の牛は、すべてそれらの子孫と言われている。オーロックスの絶滅は一六〇〇年代で、進化の長い歴史のなかではつい最近の出来事にすぎないことから、ヘックは、本種を復元して、「民族の劣化」から救うことに自信を持っていた。彼には、オーロックスの雄牛を鉤十字と並ぶナチズムのシンボルにしたいという夢があった。この頃の絵には、オーロックスと鉤十字、口あたりのよいイデオロギーと残忍な力を組み合わせた紋章を描いたものがある。

オーロックス崇拝は古代文化によく見られたもので、なかでもエジプト、キプロス、サルディニア、クレタ（王は聖なる雄牛の子孫とされ、人間を超越した存在だった）ではその風習が強かった。ギリシャ神話のゼウスは、人間をかどわかして超人的な能力を備えた子孫を残すために、都合のよい雄牛の姿を借りる。エウロパをさらったときのゼウスは、短いあごひげと、ロングホーン種の牛や『ニーベルンゲン』*に出てくる戦士の兜についているような、前方に突き出した角のある黒い巨牛オーロックスの姿に変わっていた。第三帝国がトーテムとして崇めるのにこれほどふさわしい動物があるだろうか？　復元計画の背後にある情熱がナチ上層部と同じものだった以上、ヘックの事業がただの絶滅動物の再生計画だったとはいえないだろう。ヒトラーが政権を握ると、ナチが掲げた生物学上の目標(3)は、民族純化のための数多くの事業を生み出すこととなり、強制断種や安楽死、そしてついには大量殺戮までが正当化された。第三帝国でいちばんの要職にあった科学者のひとりに、ヘックの同僚で親友でもあったオイゲン・フィッシャーがいるが、彼が創設した「人類学・遺伝学・優生学研究所」は、強制収容所の囚人をモルモットのように切り刻んだヨーゼフ・メンゲレ(4)や、それに劣らずサディスティックな親衛隊の医師たちの行為を支持していたのである。

オイゲン・フィッシャーは、暴力や赤い血潮のたぎるような男らしさ——勇猛、果敢、苛烈、忍耐、強靱、好色、不屈といった性質に憧れを抱いていた。そして、人間の突然変異は、家畜のそれと同じように破壊的な結果を招き、動物の近親交配が「美しく、優良で、英雄的な」野生動物を変質させて、遺伝子を撹乱したあげく元々の力強さを失わせてしまうように、人種を衰退させてしまうと考えた。ナチズムのルーツを涵養したオカルト思想は、アーリア人は神人であるが、他の人種は劣等であるからただちに滅ぼすべきだ、と主張したトゥーレ協会やゲルマン教団、フェルキッシャー（民族）運動、汎ゲルマン主義などの国家主義的結社《カルト》を育てた。彼らが祖先と崇める超人は、古代世界で秘教的な治世を行い、先史時代のアーリア人に知恵と力と繁栄を授けたものの、やがて、異人種と敵対文化（ユダヤ、カトリック、フリーメーソン）に地位を奪われてしまった。けれども、救済につながる知識を暗号として（ルーン文字、神話、伝統といった形で）残しており、彼らの霊的な継承者だけが、それを最後に解読できるのだと考えられていた。

民族の純潔という理念を現実の政策に結びつけたのが、ナチに大変尊敬されていたノーベル賞科学者コンラート・ローレンツだ。オスヴァルト・シュペングラーが『西洋の没落』（一九二〇年）で書いた、文化は必ず衰退するというテーゼを、ローレンツも共有していた。けれども彼は、シュペングラーのように悲観的にはならない。かわりに、文化衰退の例として動物の家畜化を引き合いに出し、丈夫で平凡な家畜もでたらめに繁殖すれば劣化するとして、この問題の生物学的解決、すなわち人種（民族）衛生を唱えたのである。つまり、「計画的で科学的根拠をもった人種政策[5]」を行い「退化（退廃）した」タイプを取り除いてしまえば、破滅は避けられるという考えである。《種、人種、民族》という用語を互いに置き換えられるものとして使いながら、ローレンツは「健全な民族集団は衰退（退廃）的な要素が浸透しているのに〈気がつかない〉ことがある」と警告する。さらに、この衰退（退廃）を醜いガンにたとえ、どんな動物も種の生存を目的にしているとして、彼によれば聖書にも裏づけのある道徳律――「何よりも汝の民族の未来を愛せ」――を呼び起こす。そして「十分に価値がある」人間と「価値が乏しい」人間（人種まるごと、あるいは先天的に心身障害をもつ個人）をより分け、人間だろうと動物だろうと、弱いものは排除するよう訴えたのである。

これに賛同したヘックがめざしたのは、まさしく、ドイツの自然を鋳型にはめ直し、浄化し、磨き、

*ドイツの国民的叙事詩。これを原作とする一九二〇年代のドイツの無声映画はヒトラーも気に入っていたといわれる。同じ題材によるワーグナーの楽劇『ニーベルンゲンの指輪』も有名。

完全な姿に戻すことだった。ナチズムの台頭以来、その熱心な信奉者だったヘックは、親衛隊に取り入って、人種の純潔についてのフィッシャーとローレンツの信条を受け入れ、ヒトラーに気に入られ、理想的なパトロン、ヘルマン・ゲーリング[7]にかわいがられるようになる。そしてゲーリングは、この衛生思想のユートピアで自然を創造し直そうとするヘックに惜しみない資金を提供した。その見返りにヘックが差し出そうとしたのが、ポーランド最大の自然の宝庫、ベラルーシとの国境をまたぐ、手つかずの美しい森林保護区ビアロウィーザだった。ヘックが思ったように、それはゲーリングのような男——持ち物のほとんどに自分の紋章を押し、「だぶだぶの絹シャツ、皮の胴衣に長靴という中世まがいのいでたちで、槍を抱えて屋敷のまわりを歩く」趣味があった——には、最高のプレゼントだった。ナチ党内ではたくさんの貴族が要職についていて、高官の多くは専用の狩猟小屋や狩り場をもっていた。そのため最高の保護区を手に入れ、斬新なやり方でそこに獲物を増やすのも、ヘックの大事な仕事だったのだ。ポーランド侵攻前、ベルリンの東北にある贅をこらした狩猟用別荘で、ゲーリングを撮影した写真が残っているが、彼の狩り場はバルト海まで一万六千エーカーもあり、ゲーリングはそこにヘラジカ、シカ、イノシシ、レイヨウをはじめたくさんの獲物を放していた。しかし、中世の城が点々と残り、ヨーロッパでたったひとつ生き延びた原生林を受け継ぐポーランドには、ヨーロッパ大陸でも最高の狩り場があったのである。

　ナチの人間は総じて熱烈な動物愛好家、環境保護論者だった。彼らは体操をして健康的な生活を送り、定期的に田舎を旅することを奨励し、政権を握ってからは動物の権利を擁護するための幅広い施策を実施している。ゲーリングは、余暇と生態系保全というふたつの目的を同時にかなえられる野生動物保護区（「緑の肺」と言われた）のスポンサーになれたことを誇り、美しい自然景観のなかを抜ける道路も切り開いた。これに心を動かされたのはルーツ・ヘックばかりではなく、物理学者のヴェルナー・ハイゼンベルク、生物学者のカール・フォン・フリッシュ、ロケット工学者のヴェルナー・フォン・ブラウンをはじめ大勢の一流科学者たちも同じだった。第三帝国において、動物は高貴で、神話的で、天使のように見られていた。そこには当然、人間も含まれるはずなのに、スラブ人、ロマ（ジプシー）、カトリック教徒やユダヤ人は違うのだった。メンゲレが行った人体実験では、鎮痛薬をまったく使わずに手術しても許されたのに、ある高名な生物学者はミミズに十分麻酔をかけなかったかどで罰せられている。ナチの異常な動物愛《ズーフィリア》がどのようなものであったかを如実に物語る例である。

第九章

ふたりの園長

灯火管制がしかれ、動物も減った今、一日の始まりはもう以前のように、寝室に朝日がこぼれるとともに、この世ならぬ大合唱が聞こえてきて……などというものではなかった。しんと静まり返った暗闇で目覚めてみれば、窓はベニヤ板でふさがれ、動物の声は聞こえたとしてもか細い声だけ。あんまり静かなので、体のなかを血液が流れる音や肺に空気が送られる音まで聞こえてしまう。あんまり暗いので、瞳のなかをホタルのようにチラチラと舞う光が見える。アントニーナには、テラスに出るドアの横で服を着るヤンの姿も見えなかっただろうし、ベッドの隣に手を伸ばして、枕のまわりを探ってみたとしても、そこにはもう何もいない。そんなときは、いなくなった動物たちとの思い出に、しばらく浸っていたかっただろう——今はもう、子供向けに書いた本のなかの色鮮やかな夢でしかない思い出に。けれども、その日はやるべきことがいっぱいあった。まだ生き残っている動物たちに餌をやり、息子に服を着せて学校に送り出し、ヘックを迎える支度を整えなければ。

アントニーナはヘックのことを「いかにもドイツのロマンチスト」で、政治的には幼稚だし、たぶんにうぬぼれ屋ではあるけれど、礼儀正しく押し出しの強い男性だと書いている。彼に注目されてまんざらでもなかったアントニーナは、ふたりの共通の友人から、彼女はヘックが前に大恋愛をした女性、少なくとも自分でそう言っている初恋の人に似ているのだと聞かされたことがあった。彼女がヘックと顔を会わせるのは、ヤンと一緒にたまにベルリン動物園へ行くときぐらいだったが、ヘックからは旅先で撮った写真が、夫妻の仕事を賞賛する慇懃《いんぎん》な手紙とともによく送られてきたものだ。

アントニーナは水玉模様のドレスを一着選んで、袖を通した。人前に出るときは、何着ももっていたこの柄の服を着ることが多かった（レースやフリルの襟《えり》のついたものもあった）。記念写真はたいてい、オオヤマネコのような形をした細かい模様のついた服か、水玉の服を着て、明るい髪が引き立つように黒っぽい背景の前で撮影されている。

ヘックの車が正門から入って来るのが、玄関先から見えた——ヤンとアントニーナは、車が着くまでに精いっぱいの笑顔をつくったことだろう。

「やあ、ご友人！」そう言って車から降りてきたヘックは、長身で筋肉がもり上がり、黒い髪を後ろになでつけ、口ひげもきれいに手入れされていた。しかし、予想していたとはいえ、本当にナチの将校の制服に身を包んだ彼を見るのはショックだった。それまで、ふつうの服か、動物園の作業着か、狩猟服姿の彼しか知らなかったからである。

ヘックはヤンと心のこもった握手を交わし、アントニーナには、その手を取ってキスをした。ポーランドではハンドキスはふつうの習慣で、「ドイツのロマンチスト」が女性の手にするようなキスとは違う。それでも、さりげなくするか、大げさにするか、唇をふれるか、わずかに手前で止めるかで印象は変わる。握手もそうだが、ハンドキスも微妙な心の動きを映し出し、女性らしさへの敬意、震える心、しぶしぶの服従から、ひそかな献身の誓いまでを一瞬のうちに伝えてしまう。

ヘックはこの日、希少動物、なかでも自分が特別に関心をもっていた動物たちの飼育について、ヤンと話し合ったようである。純潔な馬に乗り、純潔な獲物を狩るというナチの願望に見事に重なる自分のライフワーク——執念と言う人もいるだろう——のために。一方のヤンも、ヘックと同じように、希少動物のなかでもポーランド産の動物に愛着があり、なかでもヨーロッパバイソンには思い入れが深かった。これは、北米のバッファロー（学名*Bison bison*）と近縁で、大型であごひげがあり、全身毛むくじゃらの、現存するヨーロッパ産の陸上野生動物のなかでは体重が最大である。ヤンは、このヨーロッパバイソンの専門家としても知られ、ベルリンで一九二三年に設立された国際ヨーロッパバイソン保存協会では中心的な役割を担っていた。この協会が真っ先に取り組んだ事業が、動物園や個人コレクションのなかで生き延びている個体の目録づくり。その結果、五四頭がピックアップされ、ほとんどはもう繁殖年齢を過ぎていたけれども、これをもとにハインツ・ヘックが一九三二年、『ヨーロッパバイソン血統登録書』[1]の初版を発行していた。

アントニーナは後に、このときのヘックが、ふたりの共通の関心事や、できたばかりの動物園でヤンと彼女がしてきた努力を褒め上げるのを聞いているうちに、希望がわいてきたと書いている。しかしやがて話は本題に入り、こんなやりとりが続けられたという。

「約束しましょう」とヘックが真顔で言った。「信用して下さい。最高司令部を動かすような力は、実際、私にはないですけれど、それでも、あなた方の動物園に寛大な処置をとってもらえるよう話してみますから。さしあたって、いちばん大事な動物たちをドイツに連れて行きますが、誓って、きちんと世話します。ご友人方、この動物たちは、私どもに《貸与》するのだとお考え下さい。戦争が終わり次第、お返しします」。それからアントニーナのほうを向き、安心させるようににっこり笑って言った。「あなたのお気に入りのオオヤマネコは私が責任をもってお世話しますからね、ジャビンスカさん。ショルフハイデ*の私の動物園はきっと居心地がいいですよ」

それから先は、政治的に微妙な問題に広がり、焼け野原となったワルシャワの今後の運命についても言葉が交わされた。

「ひとつだけ喜ばしいことをあげるとすれば」とヘックは言った。「九月の悪夢はもう終わったもので、ドイツの国防軍は二度とワルシャワを爆撃するつもりはないということです」

「もしドイツが戦場になったら、希少動物をどうなさいます?」

「実はさんざん言われております。『危険動物をどうするんだ？　空襲を受けたら脱走するのではないか？』とかね。考えるだに恐ろしい。ベルリンの街や私の動物園がイギリス軍に爆撃されるというのは、私にとっては悪夢です。ヨーロッパのよその動物園が爆撃されるという事態も、考えたくもない。だから、ここの被害を見てこんなに悲しいんですよ、ご友人方。ひどいものだ。できるだけのことはさせてもらいますよ」[2]

「ドイツはロシアに反旗を翻しましたね……」

「それは当然ですが」とヘックは言った。「ロシアに勝つにはイギリスの援護がなければね。イギリスを敵に回した以上、我々が勝利する可能性はほとんどありませんな」

危いところに踏み込んだヘックの顔を、アントニーナはまじまじと見た。人は嘘をつくとき、ふっと忍び寄る感情に負けて、ついつい恐怖や罪悪感を顔に出しやすいもの。こんどの戦争で頑なになっていた彼女だが、ワルシャワの街や動物園の惨状を目の当たりにしたヘックは明らかに狼狽している、と思った。ヒトラーの決断に対するこの投げやりな態度はどうだ。「第三帝国の将校からこんな言葉を聞こうとは、まさに驚きだ」と彼女は書いている。なにしろ、彼女が知っていた戦前のヘックは、政治的な意見などほとんど口にしたことがなく、ただ「ドイツの無《む》謬性《びゅうせい》」をくどくど繰り返すばかりだったのだから。ヘックは、オオヤマネコもほかの希少動物と一緒にドイツに送るつもりだ。《世話をします》と彼は言う。これは《貸与》だと。疑いをもっていても、とても彼の申し出を断れるような立場ではないアントニーナは、慇懃な態度を崩さずに、悪い結果にならないことを祈るばかり

＊ベルリンのやや北東にある森。

だった。

第一〇章 裏切り

著作や行動から浮かび上がるルーツ・ヘックの人物像は、風見鶏のように一定しない。そのときどきで、愛想よくもなれば冷血にもなり、恐い奴かと思うと親しみやすく、目的に応じて態度を変える。それにしても驚くのは、動物学者でありながら、雑種強勢、つまり生物は交雑させたほうが強い系統が育つという当時の常識を、彼が無視していたことだ。雑種は免疫上有利であって遺伝的な小技もきくこと、遺伝的に似通った個体ばかりの種は、「完璧」なように見えても、ひとつの個体を殺す病気で集団全体が全滅する危険[1]をはらんでいることを、彼も知っていただろうに。各国の動物園がチーターやヨーロッパバイソンなど絶滅の危機に瀕した動物の血統をしっかり管理し、有利な配合をしようと努めているのも、そういうことがあるからだ。誰がアーリア人かなどわからなかった遠い昔の私たちの先祖も、いろいろなタイプの原人同士が交雑したからこそ、より頑丈で、より小ずるい子孫を繁栄させることができた。今日の人類はすべて、この丈夫でおしゃべりな雑種を先祖とするばかりか、たった百人からつくる遺伝的な隘路《あいろ》を経ているらしい。アシュケナージ・ユダヤ人*（一九三一年の時点で、全世界のユダヤ人の約九二パーセントを占めていた）のミトコンドリアDNAを二〇〇六年に調査した[2]ところ、彼らはすべて、二、三世紀に近東からイタリアに移住した四人の女性のいずれかにさかのぼれることがわかった。さらに、すべての人類はたったひとりの、ある者は男性といい、ある者は女性という、**その人間の遺伝子プールにさかのぼれることを示した研究[3]もある。人類がそんな危なっかしい綱渡りをしてきたとは、ちょっと想像しがたいけれど、要は《私たち》人類自体が、自然の生んだ驚異だということである。

ヘックはたぶん、何十年も野生動物を観察しているうちに、動物界で繰り広げられているドラマのように、ある系統をより生存に適した系統に置き替える民族純化は、民族衛生に不可欠な、改革の原動力と思ったのだろう。よく引き合いに出される話に、ライオンを例にとったものがある――近くの群れを侵略したライオンの雄は、リーダーの雄とその子供たちを皆殺しにし、雌ライオンを押さえつけて無理やり交尾して、自分の血を残すとともに、もといた雄のなわばりを手に入れる。同じようなことを人間もするけれど、人間はライオンよりも言い訳や否定の才にたけ、それでいて道徳を気にするので、《自衛、必然、忠誠、集団的福祉》等々の言葉で煙に巻こうとする。第一次世界大戦中の一九一五年にトルコで起きたアルメニア人の虐殺も、一九九〇年代半ばにボスニアで起こったセルビア正教徒によるイスラム教徒の粛正も、一九九四年にルワンダで何十万人もが虐殺（女性はレイプも）

*ドイツ・東欧のユダヤ人とその子孫。
**男性はY染色体アダム、女性はミトコンドリア・イブと呼ばれることがある。

されたフツ族とツチ族の抗争も、このようなケースだった。

ナチのホロコーストは、しかし、これらよりもはるかに確信的に、高度な技術を駆使し、綿密に、なおかつ野蛮に行われたのであり、それは生物学者ルコント・ド・ニュイが『人間の運命』(一九四四年)でこう述べたとおりであった。「ドイツの犯した罪がなぜ史上最悪かというと、それはこの犯罪が《歴史のスケール》を超えた《進化のスケール》で行われたものだからである」[4]。それまでの人類も、進化に干渉しなかったわけではない――私たちは、自分たち人間がたくさんの動物を絶滅に追いやったことを知っているし、違う系統の人間たちにも同じことをしたのだろう。それでも私たちは、やみくもに本能にしたがうばかりではなく、ときには野放図な本能にくつわをはめることも知っており、自然の掟のままに行動するとは限らない。他民族の領土を強奪しつつ、血統を純化せよ、というヒトラーの一対の命令は、ヘックのようなタイプの人間が保存してきた太古の脳にこそ《ぴったりはまった》に違いなく、こうした人々には、悪魔的な必然とすら思えたのかもしれない。

一方で、ヘックには現実主義者の顔もある。ポーランドの国土は遠からずドイツの手で改造され、動物園もその例外ではない。焼け野原のワルシャワ動物園を訪れた彼の隠れた狙いは、残っているいちばんいい動物を、ドイツの動物園や動物保護区に、かけがえのない繁殖記録ごと持ち出すための口実づくりだった。ヒトラーが人類の再活性化を望んだように、ヘックは弟とともに、新生ドイツのため、自然環境の失われた活力を取り戻させたいと考えていたからだ。

ヘックは、ジャビンスキ夫妻の前では、自分は動物園の閉鎖に何のかかわりもないし、以前ほどの影響力もないので最高司令部を動かすこともできないと何度も言い張ったが、アントニーナは、彼は嘘をついていて、本当は上層部を巧みに操り、自分たちの運命すら決められる立場なのだろうと感づいていた。この動物園はもうお終いなのか。ここが取り壊され、掘り返され、別の物につくり変えられ、戦争で失われた財産のひとつに加えられることを思うと、二人は胸が引き裂かれそうだった。しかし、動物園がどうなるにしても、地下活動に加わっているヤンには、是が非でもここにとどまらなければいけない理由があった。それはこのプラガ地区が、一時は九〇の小隊、六千人の兵士を擁する、ワルシャワ最大の工作部隊の拠点だったからである。(5)

ポーランド軍の秘密部隊である国内軍は、ロンドンの亡命政府からの指示のもとに、あちこちに散らばった下部組織のネットワークと、たくさんの武器庫、手榴弾工場、学校、隠れ家、伝令、さらに武器弾薬やラジオの製造所まである強力なピラミッド型の組織をつくり上げていた。国内軍の軍曹だったヤンはこう考えた。いっそこの動物園を、第三帝国がそのまま残しておきたいと思うような何かに偽装できないか？　ドイツ軍には養うべき兵隊がいる。彼らの好物は豚肉だ――ヤンはヘックに、ぼろぼろになった動物園の施設を利用して大きな養豚場をつくることをもちかけてみた。厳しい気候のなかで豚を飼うにはちゃんとした施設と地面が必要だ。以前からのスタッフも何人か雇ってやれる。それだけでなく、後にワルシャワのユダヤ歴史研究所の求めで彼が証言した内容によると、豚にやる残飯を集めるふりをして、ゲットー内に「メモやベーコン、バター、友人へのメッセージを運ぶこともできる」と思った。アントニーナもこう書いている。

「ヘックは」嘘をついており、動物園はどのみち助からないことを私たちは深い悲しみとともに悟った。そこでヤンは、ヘックに次なる策を持ち出した。動物園の施設を使って大きな養豚場を作りたいと……。しかし、動物園に残っている野生動物についてはもう絶望だ。ドイツ人は彼らを生かしておこうとは思っていなかった。

彼女の予想どおり、ヘックは養豚場の設置は了解したものの、自分たちの繁殖実験にとって「重要性」の薄い動物のことは別問題だった。最初の何日間か、何台ものトラックが騒々しく出入りした。みなし子になった子象のツジンカはケーニヒスベルクへ連行され、ラクダとラマはハノーバー、カバはニュルンベルクへ輸送。モウコノウマはハインツがいるミュンヘンへ送られ、オオヤマネコ、シマウマ、バイソンはベルリン動物園へ。アントニーナは、積み出しが動物たちをどんなに混乱させるこかと心配した。旅を終えたあとも、彼らを待っているのは初めての飼育舎、初めての飼育係、彼らがなだめすかす言葉も初めて聞くものばかりで、日課も、気象も、給餌時間も変わってしまう。どれをとってもなじむまでには時間がかかるし、新しい同居仲間や飼育係とうまくやり、これまでの仲間や家族が突然いなくなったことにも慣れなければいけない。空襲でまる焦げにされる危機をやっとの思いで乗りきったのに、またこんな目にあわされるなんて。彼らの友であり、自分自身も戦災者であったアントニーナは、深い苦悩に落ち込んだ。

繁殖させたい動物たちをごっそりさらったヘックは、その年の大みそか、ヨーロッパ北部に伝わる悪霊を追い払う行事を主催した。これはキリスト教以前から伝わる風習で、若者たちが銃を撃ち鳴らしながら農場から農場へ馬を駆って、悪魔を追い払うというものだ。それが終わるとその若者たちは家に招き入れられ酒をふるまわれる。ときには少年たちも、ライフルを撃ったり、ベルを鳴らしたり、なべを叩いたりしながら木のまわりをぐるぐる回り、木々には果実を、大地には作物を実らせるために自然を眠りから覚ます、時代を超えたこの儀式に加わる。

ところがヘックはこの伝統をねじまげて、親衛隊の友人たちをもてなす余興に変えてしまった。そしてこともあろうに動物園の敷地に入り込み、素人や酔っ払いでもしとめられる、うろたえる異国の動物たちを撃ちまくったのである。ナチュラリストと大型獣ハンターというふたつの面をあわせもつヘックは、有力な友に取り入るためなら、他の動物園にいる動物ぐらい平気で殺してしまう動物園長でもあった。あの晴れた日、動物園に繰り出したヘックと仲間の狩猟隊は、酒をしこたま飲んで、軍の勝利に大得意で、笑いながら園内を浮かれ歩いて、囲いやオリのなかの動物たちを撃ちまくった。中世のイノシシ狩りの槍を持ったゲーリングをそこに加えたら、さぞかし見物だったろう。

アントニーナは日記にこう書いている。「こんなに美しい冬の日に、無慈悲に、意図的に、動物たちが殺されるのを見て、私たちは熱がぶり返したような苦痛に襲われた」。銃をもって酔っ払った状態でやって来た一行をひとめ見たときから、アントニーナは最悪の事態を予感して、息子を家に閉じ込めた。

「ラマのいる丘で、そり遊びをしたいよう」とリスは駄々をこねる。その日はずっとむずかったままだった。「つまんないよう。友だちがいないいんだもん」

「それじゃ、お部屋で『ロビンソン・クルーソー』でも読みましょうか?」こう誘うと、しぶしぶ一緒に階段を上る。そして息子のベッドにふたりで身を寄せあって座り、ランプの明かりでお気に入りの本のひとつを読み始めたのだが、母親の重苦しい気分を感じとったリスは、そわそわと落ち着かず、いちばん面白いところにきても集中できない。そのとき突然、何発もの銃声が冬の静寂を引き裂き、続いて同じ数のこだまが聞こえた。それは遠くのほうで発射されるライフルの音で、ぴったり閉めた窓を通して、部屋のなかまで聞こえてきた。

「ママ、あれなあに?」脅えた息子が母の袖を引っ張る。「誰がやってるの?」

アントニーナはそれには答えられず、身じろぎもせずに黙って頁を見つめていた。固く握りしめた本の文字が揺れている。目のくらむほど異常な出来事の連鎖を、これまでの何か月かはどうにか耐え抜いてきた。しかし今度ばかりは、この「政治とも戦争とも無縁の不当な虐殺」が彼女の心をかき乱した。飢えや困窮を救うためではない。政治的な計略の一部でもない。増えすぎた動物を間引くのとも違う。絶望の淵に追い詰められた動物たちへの無意味な残忍行為。独自の個性をもつ生き物としての彼らの価値を顧みないばかりか、動物にも備わっている恐怖や痛みを、親衛隊の連中はまったく意に介さない。ここまでくると、これはもう一種の猟奇趣味《ポルノグラフィ》で、動物の命より殺戮の瞬間の快感のほうが大事ということか。「これから先、どれほどたくさんの人がこんなふうに殺されていくのだろう?」そう思った。殺戮の現場を見、血の匂いを嗅がずにすんだのはまだしもだが、銃声がするたびに、脅えて逃げ惑う動物たち、撃たれて地上に落ちてくる鳥たちの姿が浮かぶ。その胸をえぐる痛み、ヘックの裏切り、絶望的な状況を前に、アントニーナは、リスに袖を引っ張らせたまま、その場に凍りついた。世話をしている動物も守れない自分に、息子が守れるのだろうか? 幼い子供の心を砕いてしまうほど恐ろしい真実を、説明することもできないでいる自分に。散発的な銃声はその日の夕方遅くまで続いた。終わったと思うとまた突然、銃声が響いて身をすくめることの繰り返しは、なおのこと神経をすり減らした。

「茜色の夕焼けが、明日は風が強くなると告げていた」と彼女は後に書いている。「歩道にも、通りにも、霜の降りた広場にも、無秩序な形をした雪片がどんどん降り積もる。青く冷たい宵闇の迫るなか、今しがた埋められた私たちの動物のために、沈む夕陽が弔いの鐘を鳴らした。動物園のタカが二羽とワシが一羽、この庭の上空を舞っているのが見えた。銃弾が開けたオリの穴から逃げ出したまではよかったが、ほかに帰る場所がないのでここを離れられなかったのだろう。やがて馬肉でも欲しくなったか、地上に舞い戻って来て、館の玄関先に降り立った。この鳥たちまでもが、ゲシュタポ将校たちの新年狩猟大会の餌食となり、トロフィーに変えられてしまった」。

第一一章　地下生活

動物園の暮らしはそのあと何週間かぴたりと静止したままで、懐かしい鼻息やおしゃべりでいっぱいだった飼育舎は死の残響に包まれた。しかしアントニーナの脳は悲しい現実を受け入れようとせず、どこもかしこも葬式のように静まり返っているのに「これは死の眠りではない、ちょっと冬眠しているだけ」と自分に言い聞かせようとするのだった。コウモリやホッキョクグマは、冬の間は静かに眠るけれども、春になれば起き出して、みすぼらしくなった四肢を伸ばして食べ物や交配相手を探しに行く。氷をバリバリ轟かす氷震と凍傷の季節である冬は、餌も乏しくなるから、夏の間に貯えておいた脂肪にくるまって巣穴で寝ているほうがいい。そうしてゆっくり体を休めるのだが、冬ごもりをしているクマは、眠っているばかりとも限らなくて、雌グマはこの間に子グマを産んで、外に出ても暮らしていける春が来るまで穴のなかで乳を与えながら添い寝をする。戦時下の人間たちもこれと同じように「精神の冬眠をしているようなもので、着想も知識も科学も、仕事への情熱も、理解も愛も、みんな一緒に、誰にも奪われる心配のない穴にしまっておく」とは思えないだろうか。

もちろん、一家の「地下生活」は、鋭気を養うまどろみどころか、危機管理にあけくれていたし、「地下生活」をしている人の心は、共通して一種の精神的な「脳死反応」を起こすらしいということにも、アントニーナは気がついていた。そうならざるをえないではないか。来る日も来る日も市民が通りで殴られ、逮捕され、ドイツへ強制移送され、ゲシュタポの監獄やパヴィアク刑務所*に投げ込まれ、大量処刑される。その恐怖と悲しみで心が麻痺しないようにするには、そうすることも必要だった。しかし、「恐怖、反抗、極度の悲しみ」といった心の底流にさらわれないよう、逃避、超越、解離――呼び方はいろいろあるが――といった作用で自分を守ることは、アントニーナにはできなかった。

ドイツはポーランドの都市を計画どおり接収していき、公の場でポーランド語を話すことを禁止、グダニスクではそれは死罪と定められた。とくにポーランドに照準を合わせたドイツ民族の「生存圏」**拡大というナチの目標のもと、ヒトラーは、配下の軍隊に「ポーランド人の血筋を引くかポーランド語を母語とする者は、男も女も子供も情け容赦なく殺せ。それが、我らにとって必要な生活圏を手に入れる唯一の方法だ」(1)という指令を下していた。ただし、北欧系の特徴(したがって、その遺伝子)を色濃く示していると思われる子供は、ドイツに送り、改名した後にドイツ人として育てられた。ヘック兄弟がそうだったように、ナチの生物学者たちは外観に信を置いており、目標とする種によく似た外観をもつ人間は、戻し交配により純粋な祖先にいき着くと考えたのである。

彼らの人種の論理はこんなふうに展開されていく。生物学的に優れたアーリア人種は世界に拡散しており、いにしえの帝国が崩壊したあとも、アーリア人の痕跡は各地の貴族階級に伝えられた。アイスランド、チベット、アマゾンその他の地域にいるアーリア人の子孫からは、アーリア人の特徴が認められるし、それを収穫することもできる――このような理論をもとに、親衛隊全国指導者であるヒムラーは、アーリア人種発祥の地を探そうとして、二六歳のナチュラリストでハンター、探検家でもあったエルンスト・シェーファーの率いるチベット探検隊を派遣したのである。

「ヒムラーは、エルンスト・シェーファーと少なくともひとつの情熱を共有していた」と英国の作家クリストファー・ヘールは『ヒムラーの十字軍』(*Himmler's Crusade*)で書く。彼は「東洋や東洋

*ワルシャワに古くからあった政治犯用の刑務所だが、ドイツによる占領中は、地下組織の活動家がつぎつぎと投獄され、多くが射殺されたり、強制収容所送りになった。
**レーベンスラウム。国家が生存するために必要な地域。生活圏とも訳される。

の宗教に憧れ」、そののめり込みぶりは「ヒンドゥー教のバガヴァッドギータ（神の歌）を書き写したノートをもち歩くほどだった。ナチ親衛隊という毒グモの巣に居を構える貧相な小男ヒムラーにとって、エルンスト・シェーファーは神秘と戦慄に満ちた別世界からの使者であった」。ヒムラーはその上、キリスト教を深く憎んでおり、ポーランド人は大半が敬虔なカトリック教徒だったために、まとめて処罰されることになった(2)。

アントニーナは、自分のいる世界が、はらわたを抜かれ、スローモーションで崩れ去っていくのを感じ、ドイツの電撃戦はあらゆる面で「長く尾を引くものになった」と書いている。闇で売られる高い食べ物に加え、食料配給券が配られるようになったが、幸いアントニーナは、秋のうちに義理の姉妹から買っておいた小麦でパンを焼くことができた。

冬が終わる頃に、彼女とヤンのもとに雌豚が届き始め、一九四〇年三月にはいよいよ養豚場の経営が始まった。餌は、おもにレストランや病院からもらう残飯だったが、ヤンは、あえてゲットーからも台所ごみを調達することにした。世話をするのは、豚飼いには十分すぎる資格をもった動物園の元飼育係たちである。おかげで豚は順調に繁殖し、夏になると何百頭もの子豚が生まれてきたので、一家もその肉を食べられたし、動物園の施設を地下組織の倉庫として利用するという、ヤンの主目的も叶えられた。

ある春の日、ヤンは、母豚を屠殺したあとに残った、生まれてまもない子豚を一匹、リスが気に入るかもしれないと思って家に連れて来た。アントニーナが世話をした子豚は、ごわごわの毛の生えたエネルギーのかたまりで、哺乳のときもじっとしていないし、体重が増えてくるとなかなか手を焼かせた。しかし、モリスと名づけられた子豚が生後二週間半まで育ったとき、彼女は「まるでクマのプーさんに出てくるピグレット……ピンク色のマジパン*みたいにきれいな肌」と褒めている（ポーランドでは、イースターにマジパンでつくったピンクの豚を子供にやる風習がある）。

モリスは、二階の寝室の並びにあって同じようにテラスに通じ、夫妻が屋根裏と呼んでいた、細長い衣装部屋で暮らすようになった。毎朝、アントニーナが見ていると、リスの寝室のドアまで行って、彼が出て来るのを待っている。そこでドアを開けてやると、モリスは「だっと部屋に駆け込んで、ブイブイ鳴きながら、リスの手足を彼が起きるまでグイグイと押す。目を覚ましたリスが手を伸ばしてモリスの背中を掻いてやると、こんどはちょうど猫がやるように背中を丸め、満足そうな喉声をもらす」。それは鼻を鳴らす音と、ドアのきしむ音の中間のような声だった。

たまに危なっかしい足取りで階段を下りて来て、いろいろな匂いや声がごった煮になった、人の足と家具の脚からできている不思議な迷路に入り込む。食卓で食器がカチャカチャ鳴る音を聞きつけると、まず、階段のてっぺんまでやって来て、「白く長いまつげのある青い眼をパチパチさせて、下を覗き込み、耳をそばだてる」とアントニーナは書いている。そのとき、誰かが下から呼ぶと、ツルツルした木の階段を少しずつ慎重に、それでもときどき蹄を滑らせながら下りて来て、食堂に走り込み、食べ残しはほとんど出ないのに、それでも何か恵んではもらえないかと、テーブルのまわりをぐるぐる回るのだった。

毎日、夕食がすむと、息子とモリスは連れ立って、元のキジ舎で飼っているウサギの草をとるため

*アーモンドと砂糖をいろいろな形や色に固めたお菓子。マルチパン。豚は幸運の印。

に庭に出る。モリスにとっては、このときが青物を食べるチャンス。ラベンダー色のたそがれのなかで小さな男の子と子豚が遊ぶ、宗教画のような光景は、アントニーナの記憶のなかでいつまでも光り輝いていた。「緑の野に遊ぶ息子とモリスの姿には誰もが心を奪われた。ふたりを眺めていると、戦争がもたらした悲劇もしばらくは忘れていられた」。幼い息子は、あまりにたくさんの時間、あまりにたくさんのペットたち――犬たち、ハイエナの子供たち、ポニー、チンパンジー、それにアナグマのボルスニオ――を失っていた。だからアントニーナはなおのこと、ふたりが毎日、このちっぽけなエデンの園にいそいそと通う姿をいとおしまずにはいられなかった。

館の暮らしにはひとつの課題があった。どうしたら、この狂った、人殺しだらけの、先の見えない世の中で、愛とユーモアをなくさずに日々を送れるだろう？　人殺しは毎日、動物園の敷地をうろつき、死が家庭生活にも地下組織の活動にも影を落とし、通りを歩く市民に無差別に忍び寄る。安心感はどんどん縮んでいって、ばらばらの小さな粒になってしまった――ほんのひとときの安らぎ、しばらく間を置いて、つぎのそんなひととき。その合間に、脳のなかでは不安のフーガが奏でられ、悲劇と勝利をふんだんに盛り込んだドラマが予行演習のように演じられるのだが、それというのも、死の恐怖には、人の精神を極度に集中させて、創造性を引き出し、感覚を鋭敏にするところがあるからだ。そんな感覚に頼るなんてギャンブルと同じと思うのは、そう《思う》ゆとりがあるからで、ゆとりのないときの脳は自動操縦に切り替わり、精密な分析を中断し、これまでの危機のファイルと古い知恵袋のなかから最速で浮かんだ直感にしたがうのである。

第一二章　ゲットー

「二〇世紀にもなって、どうしてこんなに野蛮なことが起こるのだろう⁉」

アントニーナは、この独白に六つも感嘆符をつけている。「つい最近まで、中世の暗黒時代を野蛮と蔑んでいたこの世界に、宗教や文明の魅力によって洗練される以前の剥きだしのサディズムが、いきなり復活してしまった」

台所のテーブルの前に座り、アントニーナは、ゲットーにいる友だちに渡す小さな包みをこしらえた。ワイマール共和国の養豚場のために台所ごみを集めて回るヤンの服や手桶が、誰からも調べられずにすんでいることに感謝しながら。養豚場《から》ゲットー《へ》、ドイツ人の裏をかいて食べ物を持ち込むこの行為を、ヤンは間違いなく楽しんでいた。ユダヤ人にとっては禁忌（タブー）にあたる豚肉を差し入れることについては、眉をひそめる向きもあるかもしれないが、食事の戒律はもうとっくに免除されていたし、壁の向こうからのささやかなタンパク質の贈り物は、皆にありがたがられた。

初めの頃は、ユダヤ人もポーランド人も、ナチがつくった苛酷な人種法の恐ろしさを十分わかっていなかったし、ユダヤ人が駆り集められて殺されているという恐ろしい噂も、話半分に聞いていた。「自分たちの目で見たわけでも、肌で感じていたわけでもなかったから」とアントニーナは後に回想している。「世迷い言、怪談めいたゴシップ、悪質な冗談として聞き流してしまっていたのだ。ドイツの民族純化省が、ワルシャワに居住するユダヤ人の丹念な人口調査を始めたときも、体系的、組織的にことを進めることで名高いドイツ的な偏執」、意味のないお役所仕事ということで、すませてきた。ところが、パンを受けとるにもドイツ人、ポーランド人、ユダヤ人が別々の列に並ばされるようになり、配給は一日の所要量きっかり、しかもその「所要量」たるや、ドイツ人が二、六一三キロカロリーなのに対し、ポーランド人は六六九キロカロリー、ユダヤ人はわずか一八四キロカロリーだったのである。その意味がわからない者のために、ドイツ人の総督フランクはこう言ってのけたものである。「ユダヤ人など消えてくれて結構なのだ」

《フェアボーテン！》（禁止）というドイツ語の命令が、市民を締めつけるようになった。兵士がこう叫ぶこともあれば、ポスターや『デア・シュテュルマー（突撃）』などの反ユダヤ新聞に、大文字の感嘆符つきで書かれることもあった。この三音節を無視した者は処刑だ。大声で叫ばれるこの言葉が《フ》という擦過音から《ボ》という破裂音に進むとともに、侮蔑の込もった酷薄な唇から毒が吐かれた。

警告や侮辱は日に日に苛酷なものになり、ユダヤ人はレストラン、公園、公衆便所、市街のベンチさえ利用を禁じられた。全員、ダビデの青い星を書いた白い腕章をつけさせられて、鉄道や市電からも締め出され、公然と汚名を着せられ、残忍な仕打ちを受け、中傷され、強姦され、殺戮されていった。ユダヤ人の音楽家が非ユダヤ人の曲を演奏したり歌ったりすることを禁じる布告が出され、ユダヤ人の弁護士は資格を剥奪され、ユダヤ人の役人は予告も恩給もなしに解雇され、ユダヤ人の教師や旅行業者も首を切られた。ユダヤ人とアーリア人の結婚や性交渉は違法となり、ユダヤ人は芸術作品を創作したり文化的催しに参加することも禁止、ユダヤ人の医師には廃業命令が出された（ゲットー内の少数の医師を除く）。ユダヤ的な通りの名前はキリスト教的な名称に変えられ、アーリア人風の響きをもつファーストネームは「イスラエル」「サラ」などに改名させられた。ポーランド人の結婚は「結婚適格」証明がなければ許可が下りなくなった。ユダヤ人がアーリア人の使用人を雇うこともならない。雌牛までも、ユダヤ人所有の雄牛とは配合してはならず、また、ユダヤ人は伝書バトを飼育してもいけなかった。そして、ナチのイデオロギーと反ユダヤの思想を盛り込んだ戯画を広めるため、『毒キノコ』などの児童書が続々と出版された。

ドイツ兵は、自分たちの気慰みに、正統派ユダヤ教[*]の信者であるユダヤ人を樽の上に座らせ、彼らが宗教的な理由で伸ばしているひげをはさみで切ったり、老人たちを愚弄して、踊れ、さもないと撃ち殺すと脅すこともあった。当時のフィルムには、見ず知らずの男女がぎこちなく抱きあい、恐怖で凍りついた顔でワルツを踊るのを、手拍子をし、笑いながら見物しているナチの兵士たちの映像が記録されている。ドイツ人の前を、おじぎせず、帽子を脱がずに通り過ぎたユダヤ人は、こっぴどく殴

*ユダヤ教のなかでも伝統的な教義を信じる宗派。後に出てくるハシディズムや、特徴ある服装をする超正当派もこのなかに含まれる。改革派、再建派はこれよりリベラルで、両者の中間に保守派がある。

られた。ナチは現金、預金をそっくり差し押さえ、家具、宝石、書籍、ピアノ、玩具、衣類、医療用品、ラジオ、その他、値打ちのあるものをすべてユダヤ人から奪い取った。一〇万人を超えるユダヤ人が家を追われ、長期におよぶ無償の肉体労働を強いられ、その上に女性は、自分の下着を床や便所掃除の雑巾として使わされるという屈辱を受けた。

そして一九四〇年一〇月一二日、ナチはついにワルシャワの全ユダヤ人を住まいから追い出し、市の北部に定めた地区のなかに閉じ込める命令を下す。そこはサクソン・ガーデンという大きな駅とグダニスク鉄道ターミナルにはさまれた便利な位置にあった。移住はほとんどの場合、ドイツ兵がユダヤ人の住むあるブロックを取り囲み、半時間のうちに、わずかな身の回り品だけをもち、家財道具は一切を置いてアパートを立ち退くよう命じる、というやり方がとられた。郊外に住んでいたユダヤ人まで移住させたため、実に四〇万人が、ワルシャワの全面積のたった五パーセント、一五から二〇ブロック四方、ニューヨークのセントラル・パークぐらいの面積しかないゲットーに閉じ込められた。当然、なかは大混乱で、ある住人が言った「絶え間ない喧騒」[1]だけでも正気が奪われた。混乱のさなかのアパートは全部で二万七千戸しかなく、二部屋半の狭いスペースに平均一五人が住まわせられた。志気をくじき、体を弱らせ、屈辱を与えて、抵抗する気力をそぐ――そんなナチのもくろみに適う環境だったのである。

ヨーロッパでは、古くからユダヤ人のゲットーが繁栄していた。街外れに追いやられ、蔑まれながらも、ゲットーは活気のある風通しのよい場所で、外の世界と旅人、商人、文化を通じた行き来もあった。ところが、ナチがつくったワルシャワ・ゲットーは、それとは劇的に異なるものだった、と生き残りのひとりミハエル・マゾールが証言する。「ワルシャワでは、もはやゲットーとは組織化された死以外の何ものでもなかった[2]——ドイツの歩哨のひとりがゲットーの門に張った紙に書いてあったとおり、あれは《小さな棺》……ドイツ人は、あの区画全体を墓場と考えていたのだ」。生き延びられるのは、慎重で抜け目がない者だけ。危険を見定めてからでないと誰も戸外へは出られない。外を歩く者たちは情報を交換し合い、「ちょっとでも危険なそぶりがあれば、何千人という群衆がサーッと建物のなかに引いていき、通りは空っぽになった[3]」。

そんななかでも、あらゆる手段をこらし、あらゆる間隙をついて、雑草のようにたくましい生命が息づいていた。ノーマン・デイヴィスは、初期の頃のワルシャワ・ゲットーの躍動感をこう寸描する。「二、三年は、歩行者に輪タク、ダビデの青い星をつけた市街電車で賑わっていた。カフェやレストランもあって、四〇番地には《作家のための無料食堂》があり、娯楽の場もあった。レシュノ通り二七番地の立体写真館にはエジプト、中国、カリフォルニアといった異国の写真がたくさんあり、それを見て、外の世界を窺い知ることもできた。その前の石畳の道には赤鼻のピエロが立っていて、六グロシュで入場券を売っていた。レシュノ通り二番地のアーツ・カフェ・ハウスでは連日ショーがあり、ヴェラ・Gや《ゲットーのナイチンゲール》ことマリストハ・Aといった歌手や、ラディスラス・S、アーサー・Gなどのミュージシャンがたえずコンサートを開いた。もっと野心的だったのがレシュノ通り三五番地のフェミナというミュージック・ホールで、オペレッタ《チャールダーシュの王女》*のレビューや、まさに時宜を得た題名の喜劇《愛はアパートを探す》のようなポーランド語による幅広

*ユダヤ系のハンガリーの作曲家エメリッヒ・カールマンによる喜歌劇。

い演目を上演していた。しかし、すべては絶望的な現実逃避だ。誰かが言ったように『ユーモアだけがゲットーの防衛』だったから」。ゲットーの有名な通りには、楽園、豊穣、冒険をイメージさせるこんな名前がつけられた――庭園通り、クジャク通り、ひんやり通り、野生通り、新菩提樹通り、ドラゴン通り、お塩通り、ガチョウ通り、勇敢通り、ぽかぽか通り、誠実通り、快適通り。

まだゲットーの風通しがよかった初めのうちは、ジャビンスキ夫妻の友人であるユダヤ人たちも、これは、つまはじき者をとりあえず入れておく一時的なコロニーだろうとか、ヒトラー政権は遠からず崩壊して正義が回復するから、この大渦巻きもきっと乗り切れるとか、ドイツ人の言う「最終的解決」というのは、ドイツとポーランドのユダヤ人を追放――絶滅ではなく――することだろう、といった楽観論をもっていた。

暴力的な現在よりも未知の未来を選択した大半のユダヤ人は、命令どおりにゲットーへ移った。ところが一部の人たちは、そうはしないで、駆り集めを逃れてアーリア地区に隠れ住むという危うい道を選択していた。アントニーナにも、ユダヤ人と混血だったり、夫婦どちらかがユダヤ人という友だちがいたが、彼女によれば、こうした人たちの間では、一九三五年九月一五日の「ニュルンベルグ法*」のことが深刻な懸念になっていた。この法律は、ユダヤの血がどの程度までなら血が汚れていないと見なせるかを、こと細かに定めたものだった。シルクロード探検で名高く、ナチの擁護者でもあったスウェーデン人スヴェン・ヘディンは、一九三六年のベルリン・オリンピックではヒトラーと並んで演台に立つほど彼に気に入られていたのだが、実は曽祖父がユダヤ教のラビ**だった。そのことは、ヒトラーの側近たちも知っていたはずだが、不問に付されている。

この人種差別法が彼らの生死を分かつ法律であることを、当初から予見していた者はほとんどいなかった。それでも一部のユダヤ人は、あわててキリスト教に改宗したり、偽造文書をお金で手に入れた。アントニーナの友人、ヴァンダ・エングラートと夫のアダムが偽装離婚し、「ヴァンダの失踪」を自演したのも、ヴァンダがユダヤ人の血筋を受け継いでいることを、もしドイツ人に知られたらと恐れたからだった。ヴァンダは、姿をくらます前に家族と親友だけのお別れ会をしようと思い、夏至の前夜、市街にあった昔の武器庫でパーティーを開いた。

洗礼者ヨハネの祭の前夜でもあるこの日、倉庫のなかはきっと、紫色の茎と灰緑色の葉をもつ丈の高い草で、黄色い小花をつけるマグワート（オウシュウヨモギ）の枝で飾られていただろう。大昔から伝わるこの薬草は、呪《のろ》いを解いて魔女や魔物を追い払うために使われ、とくに洗礼者ヨハネの祭に飾られてきた（首をはねられたヨハネの頭がマグワートの草むらに転がったと伝えられる）。迷信深いポーランドの農民は、夜中に雌牛の乳を搾る魔女を追い払うため、牛小屋のひさしにマグワートの枝を吊るし、ワルシャワの娘たちは髪にマグワートの花飾りをつけ、主婦はマグワートの小枝を戸口や窓枠に結びつけて、災いを振り払った。目に見える悪魔に占領された街で、夏至の前夜にこのパーティーが開かれたのは、決して偶然とは思えない。

六月二二日、パーティーのため家を出たヤンとアントニーナのふたりは、晴れた日には徒歩でも市電でも気持ちのよいキエルベツ橋を渡るつもりだった。古い写真で見ると、この橋はホチキスの針の

＊正式名称は「ドイツ人の血と尊厳の保護のための法律」。
＊＊ユダヤ教の宗教指導者。導師。

ような金属の橋げたで囲まれていて、その格子を抜ける日射しが、橋の上にたくさんの細かい四角をつくっている。このようなトラス構造をもつ橋は、吹き抜ける風の速度に応じて、調子外れのフルートのような音色や、しゃべっているゾウのそばに立つ飼育係が感じるような、人の耳には聞こえなくても骨まで響くような低周波の体感音楽を奏でる。

いつもなら、ふたりが市街へ行くときは、プラスキ公園、かつてはナポレオン要塞を越えて七四エーカーも広がっていた都会のオアシスを抜ける近道を通る。一九二七年に新設された動物園は、この公園の半分を取り込んだのだが、古い立ち木をなるべくそのまま残したので、市電で動物園を訪れる人たちは、公園を抜けるときに目にしたアメリカサイカチ、プラタナス、イチョウ、クリなどの大木が、まるでこれまでは序章で、ここからが物語の本編とでもいうように、動物園のなかで再び枝を広げているのに出会う。この日の午後、遠回りの道を選んだのは、タバコを切らしているのに気づいたからで、ふたりはウカシンスキ通りに出て、公園を迂回し、ポーランドタバコに特有の甘い匂いの立ち込める小さなタバコ屋に寄った。その店を出て、ふたりがタバコに火をつけようとしたまさにそのとき。突然、ものすごい衝撃波で塀に叩きつけられ、砂塵の上から石がばらばらと降ってきた。たちまち空に黒い雲が巻き上がり、一瞬後に飛行機のエンジン音が聞こえ、上空に薄いピンクの筋が見えた。立ち上がろうともがくふたりは、相手の唇が動いているのは見えるのだけれど、何を言っているのかわからない。爆風で耳がおかしくなり頭は混乱していた。やがて、狼の遠ぼえのような警報解除のサイレンが聞こえてきたので、今の飛行機はキエルベツ橋を破壊しようとした単独の爆撃機で、たくさんの敵機が来襲したわけではないことがわかった。橋は無傷で、プラスキ公園も無事だ。けれども、爆破された一台の市電から黒煙が続けざまに吹き上がるのが見えた。

「近道していたら、俺たちもあれに乗ってたかもしれんな」とヤンが怒りを込めて言った。

そのとき、時刻に気づいたアントニーナを二度目の恐怖が襲った。「でもあれは、リスが学校から帰るのにときどき乗る市電だわ！」

ふたりはあわてて、通りの先で火花を散らしている瀕死の市電めざして駆けた。それは線路から投げ出され、カトリック教会の前に湯気を立てたマンモスのように横たわり、金属の車体はぐちゃぐちゃにつぶれ、ケーブルはたるみ、車内とその周囲に五〇人あまりの死傷者が倒れていた。「涙をぽろぽろこぼしながら、死んで倒れているのがもしやリスではないかと、顔を確かめて回った」と、アントニーナはこのときのことを回想する。噴煙と焼け跡のなかに息子の姿が見つからなかったので、ふたりはそこから学校へ走って行ったが、生徒はもう下校したあとだった。そこでまた引き返して、市電と群がる人々を尻目にプラスキ公園を突っ切って、動物園のオリの間を抜けて館に向かい、裏口の階段から台所に駆け込むと、リスの名を大声で呼びながら家じゅう探し回った。

「ここにもいない」とヤンが椅子にへたりこんだ。ところがまもなく、裏口の階段からリスの足音が聞こえてきた。

「座りなさい」。厳しいけれど静かな口調で、ヤンが息子を椅子に掛けさせた。「どこへ行ってたんだ、この悪い子は？　お前のいちばん大事な仕事は、学校が終わったらまっすぐおうちに帰ることだろ？忘れちゃったのか？」

するとリスは、爆弾が落ちたあと、学校はすぐ終わりになったけど、どこかの知らない人が心配して、警報解除のサイレンが鳴るまで子供たちを家に入れてくれてたんだ、と説明した。言うまでもなく、アントニーナとヤンはこの日、友だちのパーティーには行けなかった。けれども、それきり彼女と会えなくなったわけではない。なぜならヴァンダはそのあとすぐ、計画どおりに、リスの非ユダヤ人の家庭教師という名目で、動物園に「失踪」したからだ。

第一三章　隠れ家

ヤンとアントニーナにとって、ナチの人種差別は説明のつかない悪魔の所業で、唾棄すべきものだった。ふたりは、これまでもゲットーにいる友人を助けてきたけれど、今後は危険を冒してでも、もっとたくさんのユダヤ人を助けようと心に誓った。ヤンの子供の頃の思い出や友情のなかでも、彼らは大きな重みを占めていた。

「私はユダヤ人に報いたかったんです」。ヤンはあるとき記者にこう語っている。「父は頑固な無神論者でしたので、一九〇五年、私をクレチュモルト校に入れました。当時のワルシャワで唯一、キリスト教を必修にしていなかったからで、敬虔なカトリックの母の強い反対を押し切ったのです。ここは生徒の八〇パーセントがユダヤ人で、私がそこで親しくなった友人たちは、その後、科学や芸術の分野で頭角を現していきました……。高校を卒業した私は、ロジカー校で教師の仕事に就いたのです」。そこでもユダヤ人は多数を占めていた。そんなわけで、彼にはユダヤ人の知識人に親しい友が多く、学友の多くがゲットーの壁の向こうにいた。ヤンは父親のことはあまり公に語らなかったが、あるジャーナリストに、自分が動物学を修めたのは「動物が嫌いでそのよさがわからず、許可もなしに勝手に入ってくる蛾とハエ以外は、絶対に家に入れなかった父への反発」だったと話したことがある。

しかし、ユダヤ人への友情という点では父子には共通点があった。

> 父も私もユダヤ人に囲まれて育っているんです。父は弁護士で、母もかなり裕福な家の出――地主の娘でした――ではあったんですが、自力で中産階級の地位を得た人です。私たちは、たまたまワルシャワの貧しいユダヤ人に囲まれて育ち、父は子供の頃からユダヤ人の子供とよく通りで遊び、対等に接していました。私はそんな父の影響を受けました。

動物園は、隠れ家としてはとても理想的とは言えなかった。館はラツショヴァ通りから近く、まわりには動物のオリや囲いしかないので、灯台のように目につく。従業員宿舎と管理棟は動物園のなかの五〇〇メートル先で、館の周囲は建物がなく、周囲のスペースの大半は小さく仕切った市民農園のある公園になっている。南側は動物園の塀で、すぐ外を鉄道の線路がヴィスワ川沿いに走っている。北側は軍用地で、小さな木造施設をドイツ兵が厳重に警備している。さらに動物園の中心にあるライオン島には、ワルシャワの降伏後にドイツがポーランド軍から押収した武器庫が建っていた。それ以外にも、園内の緑と静けさを求めてちょくちょくドイツ兵がやって来るが、その人数は予測がつかず、時間もばらばらで、いつ何時現れるか見当がつかなかった。ただ、そうしてぶらっと訪れる兵士は、パトロールではなく息抜きが目的だったし、動物園ほどは被害のなかった隣のプラスキ公園のほうが、散歩するには魅力があった。

驚かされるのは、ヤンが秘密の活動のひとつとして、国内軍の武器をゾウ舎の堀ぎわの地中に隠していたのを、アントニーナが最後まで気づかなかったことである（戦後、板で囲った小さな穴ぐらが見つかった）。動物園のどまんなかの、しかもドイツの武器庫の目と鼻の先に銃を隠すのが、どんなに危険で、無謀とも言えることか、ヤンは承知していた。そんなことをアントニーナにどうして言えよう？　言えばきっと、彼女は脅えてやめてくれと言っただろう。幸いにもヤンの予想どおり、ポーランド人にそんな根性があるはずがないとたかをくくっていたドイツ人は、気づかなかった。彼らの考えでは、ポーランド人を含めたスラブ民族は憶病で愚鈍な人種であって、肉体労働にしか向かないのだ。

「ドイツ人の心理的な傾向からすれば」と彼は後に説明した。「あんな人目につくところで地下活動がされているなんて、考えもおよばないはずなんです」

ヤンは自分の武勇伝をひけらかしたりはしなかったが、過度に控え目になることもなかった。「なぜ大騒ぎするんでしょう。危ない目にあっているものがいれば、それが人間だろうが、動物だろうが、助けてやるものです」。インタビューや彼自身の著作、それにアントニーナの説明から浮かび上がるヤンの人柄は、引っ込み思案でいながら社交性があり、自制心がきわめて強く、自分にも身内にも厳しい、俗に言う「クール・カスタマー」(冷静で手ごわい奴)である。自分のしていることや感じていることを隠すのが上手で、ポーランド語で言う《ハルト・ドゥハ》(意志や精神の力)が並外れて強い。アクロバットのように大胆な偉業が日々繰り広げられていたポーランドの地下組織でのヤンのコードネームは、動物の守護聖人アッシジの聖フランシスコにちなんで、「フランシス」だ。

何の変哲もない風景のなか、しかもナチの駐屯地のどまんなかに武器やユダヤ人を隠すという彼の選択は、結果として、心理的な有効性が証明されたわけだが、私は、ヤンがひそかに、してやったりとほくそ笑んでいたような気もするのである。もちろん、発覚すれば、自分と家族はもちろんのこと、どれだけ多くの人がその場で無慈悲に殺されていたかわからなかった。「ゲットーから逃げ出した人が、行き先が決まり、隠れ家を用意してもらうまで一時的に滞在する」中継ぎの家を提供しながら、ヤンはきっと、無神論者であっても、強い運命に導かれることはあるし、自身の宿命からは逃れられないことに気づいていたのだろう。

第一四章

いかれた星の下で

一九四〇年の夏、地下組織からひそかに割り当てられる「ゲスト」を受け入れ始めたジャビンスキ夫妻は、一本の電話、一枚のメモ、かすかなささやきにも用心を怠らなくなった。潜伏中や移動中のユダヤ人、定住地をもたない遊牧民《ノマド》たちが、ちょっとの間立ち寄って、ひと息ついて燃料を補給すると、またいずこともなく旅立って行く。ドイツ語を話せ、見た目もアーリア人のようなユダヤ人は、身分証明書を偽造してもらえば難なく船出できたのだが、それができないために動物園で何年も過ごした人もいる。一部は館に身を潜めたが、動物のいないオリに、最大で五〇人ものユダヤ人が隠れていた時期もあった。「ゲスト」の多くは、ヴァンダ・エングラートがそうだったように、夫妻の長年の友人や知り合いで、アントニーナは彼らを全員、水陸両生の家族と思うことにした。隠すのはひと苦労だったが、動物園長夫妻は誰にも勝るカモフラージュの達人だった。

野生の世界で生きる動物たちは、周囲の環境に溶け込む技を先祖代々受け継いでいる。たとえば頭のてっぺんが黒、腹の下が白いペンギンは、頭上を飛ぶトウゾクカモメからは波のうねりのように見え、海中のヒョウアザラシは雲と間違えやすい。人間にとって最高のカモフラージュは、大勢のなかにまぎれ込んでしまうことだ。そこでジャビンスキ夫妻は、法に抵触しない訪問客も絶やさないようにした。おじ、おば、いとこ、それに友人たちが、ある者は短く、ある者は長く滞在する――そうして、いつも違う顔、違う姿、違うアクセントが入り交じって、誰がいるやら見当がつかない状態を、館のふだんの姿にしてしまったのである。なかでも頻繁に訪れたのは、ヤンの母親だった。

「ヤンのお母さんは誰からも愛される人だった」とアントニーナは回想録に書いている。「親切で優しい人柄で、とても賢くて頭の回転が早く、記憶力も抜群、大変礼儀正しく感受性の強い女性だった。笑うときはおなかの底から笑い、ユーモアのセンスも相当なものだった」。しかし、アントニーナは彼女のことを心配もしていて、「お義母さんは温室の花のようにデリケートな人だから、よけいな恐怖や不安で心を傷つけ、ふさぎこませないように気を配ってあげないと」と考えていた。

ヤンは、この種の微妙な問題は、「扱いにくい動物」の世話に馴れ、人を楽しませ、感動させ、救うことが性に合っているアントニーナにまかせ切っていた。彼のほうは、将校、スパイ、戦術家の役割が気に入っていて、敵を欺いて面目を失わせることができれば、なおさら満足だった。

ユダヤ人を匿っていることが発覚したら、ドイツ占領下の他の国々では刑務所送りだが、ここポーランドでは、ユダヤ人を救った当人だけでなく、その家族や隣人までが即刻、死罪だった。「集団責任」で皆殺しである。それにもかかわらず、ポーランドの病院では大勢のスタッフが、大人は看護婦に変装させて逃がし、子供は薬で静かにさせた上で、ナップザックに入れてこっそり運び出した。葬式用馬車に積まれた死体の陰にユダヤ人を潜り込ませることもあった。キリスト教徒のポーランド人が、戦時中ずっとユダヤ人の友を匿い続けた例も少なくない。そのぶん食事は減り、片時も警戒をゆるめず工夫を凝らさなければいけなかった。人数分より多い食料が家に持ち込まれたり、見たことのない人影が窓に映ったり、天井裏や箪笥からヒソヒソ声が漏れでもしたら、たちまち訪問者に感づかれ、警察に通報されるか、そこまでされなくても、悪どい連中にゆすりの種を与えかねない。だから、ユダヤ人の客人たちが、暗がりのなかに何年も、ほとんど身じろぎもできずに潜んでいたケースも多く、そうした人たちは、ようやく外に出られたときは、足はすっかり萎え、筋肉は弱り、腹話術の人形みたいに抱きかかえてもらわなければ動けなくなっていた。

動物園で匿った人たちは、とくにゲットーからの脱走者の場合は、直行して来るのではなく、街中にあるエヴァ・ブジュスカの家で一、二泊してから来ることもよくあった。エヴァはまわりの人たちから「バプチャ」（おばあちゃん）と呼ばれていた六〇代の女性で、背が低く、赤ら顔で、四角張った体型をしていた。センジョフスケ通りに小さな八百屋（一六フィート×三フィート）を開いていて、歩道まで広げた店先にはトマトや青物、ザウアークラウトやピクルスがどっさり並べられ、真向かいはドイツの軍用車両の整備工場だというのに、近所の人たちがよく買い物に来て、井戸端会議にふけっていた。整備工場には、連日、ゲットーからユダヤ人男性の労働者が集団で連れて来られるのだが、おばあちゃんは、彼らからこっそり手紙を預かってポストに入れたり、誰かが家族と会っている間、見張りをしてあげていた。ジャガイモの大袋が店のまわりに並べられていたのも、ゲットーから来る年若い密売人を隠すためだった。一九四二年、この店の奥の部屋が、地下活動の下部組織の事務所になると、おばあちゃんは、キュウリのピクルスやザウアークラウトの樽の下に身分証明書、出生証明書の写し、現金、パンの配給券を隠したり、地下出版物を忍ばせたりしたばかりでなく、逃亡中のユダヤ人をひと晩匿うことまでするようになった。そうした人の一部が、そのあと動物園へ来たわけだ。

「ゲスト」がいつ、どこから来るのか、アントニーナが前もって知らされることは滅多になく、筋書きをつくり、地下組織と連絡をとる仕事はヤンが一手に引き受けていた。彼がしていた地下活動の全貌は、館に隠れているユダヤ人たちも誰ひとり知らなかった。たとえば、ときどき台所のラディエイターの上の棚に、ネスレやオバルチン（麦芽飲料）の箱が載っていたけれど、そこに何が入っているか誰にもわからなかったのである。

ヤンがある日、こんなことを言っているのを、アントニーナは小耳に挟んだ。「この箱には研究用の小さなスプリングを入れてるんです。触ったり動かしたりしないで下さいよ。いつ何どき必要になるかわかりませんからね」

皆はそれを素直に受け止めた。というのも、ヤンには日頃から、ネジやワッシャから小さな機械まで、金物を集める癖があったからだ――ふだんはそうした金物類は作業場に置かれていたのだが。ヤンを知る人間は、彼のマニアックな金物収集癖には今さら驚かない。だからアントニーナも、それが爆弾につけるヒューズだとは夢にも思わなかった。

またあるときは、動物学研究所の若手研究者が肥料の大樽をもってきた。ヤンはそれを館の隣にあった動物診療所にしまい、ときどき、誰それが庭にやる肥料を取りに来るなどと言っては、そこに出入りしていた。その樽の中身は実はC13Fという水溶性爆薬で、ヤンはなんと、ドイツ軍の列車に破壊工作をしかけることに特化した下部組織のリーダーもつとめていたのであるが、そのことをアントニーナが知ったのは戦争が終わったあとのことだった。ヤンたちは、車輪のベアリングに爆薬を詰め、列車が動き始めると着火するように細工をしていたのである（一九四三年には、ある月だけで一七本の列車を脱線させ、一〇〇体の蒸気機関車を破壊した）。戦後になるまでアントニーナが気づかなかった彼の地下活動には、ほかにも、豚の一部をわざと寄生虫に感染させた上で屠殺して、汚染肉をだんごにし、ドイツ軍食堂で働く一八歳の若者の協力で、サンドイッチにこっそり入れるというものがあった。

ヤンは《バンカー》、地下の避難壕づくりも手伝った。戦時下のポーランドで《バンカー》と呼ばれていたのは、よくあるような、溝を掘っただけの塹壕とは違う。これらは地下につくられた避難部屋で、外からわからないように縦穴や換気筒を取りつけ、たいていは庭の隅っこや公園のなかにつくられていた。たとえば、グルイェツカ通り八一番地の花屋の温室の地下につくられたエマヌエル・リンゲルブルムの地下壕は、面積が九二フィート四方もあったが、一四台のベッドの上に三八人がぎゅうづめになっていた。やはり地下壕をもっていたオルナ・ヤグルは、終戦まで隠れていたリンゲルブルムと違い、一九四四年に壕が発見されたときは脱出したあとだったが、初めて地下壕の空気を吸ったときの印象を、こんなふうに回想している。

胸の詰まるような熱気がどっと寄せて来た。汗と、すえた衣類と、残飯と白カビを混ぜたような悪臭が下からわき起こり……。

寝床にじっと横たわり、暗闇に沈んでいる人もいたが、他の人たちはテーブルに腰掛けていた。暑さのために、男たちは半裸でパジャマズボンしか身につけていない。顔は青白く憔悴していた。目には恐怖と不安が浮かび、声は緊張で引きつっていた。

それでもここはよくできた地下壕と考えられ、まともな食べ物を差し入れてくれる親切な一家もいる、きわめて良質の潜伏場所だった。

こういった場所と比べたら、動物園の生活はのんびり牧歌的で、滑稽なところすらあったので、地下組織は動物園のことを「いかれた星の下の家」という符牒で呼んでいた。館というよりは、面白いものがいっぱい詰まった巨大な箪笥のようなこの家に来た幸運な逃亡者は、風変わりな人や動物の渦に巻き込まれた。都会で暮らして来た人たちには、広々とした公園に囲まれた未来派的でモダンな館はそれだけでも魅力があった。四〇エーカーほどもある緑に包まれていると、戦争のことなど忘れてしまい、田舎で夏休みを過ごしているような気分に浸れる。楽園というのは相対的なものだから、ゲットーから逃げてきた「ゲスト」にとっては、庭があり、動物がいて、母親みたいなパン焼き人（パン生地《ドウ》は天国《パラダイス》と同じ語源をもつ）のいるこの館は小さなエデンの園だった。

占領府の命令にしたがい、この館でも日が暮れてからは窓に黒い紙が垂らされたが、昼の間は、二階建てに一世帯しかいないはずのガラス窓のなかは蜂の巣のように賑やかだった。法にふれない訪問者——家政婦、乳母、家庭教師、親戚、友人——やペットでいっぱいの家では、変わった人影や物音も不自然に思われない。館のまわりはぽつぽつ植えられた背の低い灌木、何本かの育った樹木があるだけ。およそ目隠しというものがない室内はショーウィンドウのように明るくて、大きな窓のなかは丸見えだ。しかし、それこそヤンの狙い。ガラス張りの室内にさかんに人を出入りさせる策略は、《目立つほど疑われない》という格言を地でいくものだった。

それにしても、なぜこんなにガラスが多いのか？　この館は「インターナショナル・スタイル」と呼ばれる建築様式で設計されている。歴史も文化も地理も、気候さえも無視して、機械の時代を指向した未来派建築で、ラジカルな簡素さを追求し、装飾的要素を排して、ガラス、鉄、コンクリートの無機的な外観をもつ。当時の建築界の第一人者たち――ヴァルター・グロピウス、ルートヴィッヒ・ミース・ファン・デル・ローエ、マルセル・ブロイヤー、ル・コルビュジエ、フィリップ・ジョンソン――は、何も隠さない、あけっぴろげの建築により正直さ、直接性、統合性を表現しようと考えていた。「装飾は罪」「形は機能にしたがう」「機械は生活のためにある」などの運動スローガンには、そんな彼らの理想がよく現れている。ナチの美学（古典建築を崇拝していた）とは正反対のモダニズムの家を建て、そこに住むということ自体が、国家社会主義*とは対極をなしている。しかも、ヤンとアントニーナは、透明性、正直さ、簡素さというこの建築の特徴をそっくりそのまま、ナチをだしぬくために最大限利用したのである。

どこの誰ともわからない人が、忽然《こつぜん》と現れては消えていく日常のなかでは、「ゲスト」は見つかりにくいし、誰かが、あるとき、ここには絶対いないと言い切るのはもっと難しい。しかし、こんなふうに偽りの潔白を装う暮らしは、どんな物音の意味も考え、どんな影もひそかにあとを追いかける緊迫した生活でもあった。誰がどこにいるかが、たえず移り変わる館の生活のなかで、あの物音は不自然でないかどうかを考える。たえず危機のなかにいる人たちに被害妄想が広がるのは当然で、自然な反応だった。その一方で、「ゲスト」たちは否応無しに、身を隠すテクニック――忍び足で歩く、じっとして動かない、変装する、注意をそらす、パントマイムをするなど――をマスターしていった。他の「ゲスト」が姿を現す昼間はものかげに隠れたままで、暗くなってから室内を自由にうろつく人たちもいた。

大勢の人々を迎え入れたことでアントニーナの仕事も増え、いまや彼女は「大所帯」をきりもりする主婦だった。家畜、家禽、ウサギを世話し、トマトや豆をせっせと育て、パンを焼いては、プリザーブ、野菜のピクルス、コンポートのびん詰めをつくる毎日だった。

ポーランドの人々は、占領下でいつなんどき恐ろしい目にあうかわからない環境にしだいに順応していき、戦争を境に体の代謝までリセットされてしまい、静かな脈が突然トクトク速く打ったり、とくに休んでいるときの反応が鋭敏になった。毎朝、真っ暗闇で目覚める人たちには、その日どんな運命が待ち受けているかまるでわからない。悲しいことがあるかもしれないし、自分が逮捕されてしまうかもしれない。ドイツ兵が侮辱行為への仕返しか、そんな行為があったという妄想から、たまたま目についた市電や教会を封鎖して、なかの人を皆殺しにするとき、そこに居合わせるだけで自分も消えてなくなってしまうのかもしれないのだ。

家事は確かに単調な繰り返しではあったけれど、慣れ親しんでいて、危険もないし、自動的にこな

＊ナチの正式名称は、国家社会主義ドイツ労働者党（NAZI）。前身は一九一九年結成のドイツ労働者党で、二〇年改称。二一年、ヒトラーが党首となり、一九三三年、独裁政権を樹立した。

していけるから、心は慰められる。一時も警戒を怠れない生活は、アントニーナを消耗させ始めていた。張り詰めた感覚が完全にゆるむことはなく、いつも脳のなかの見張り番を働かせて、影に脅え、物音に脅えているうちに、心が自縄自縛に陥った。死刑宣告をされ、夜明けの光も、星降る夜空も、固く閉ざされた窓に阻まれて見ることのできない国では、時間までが姿を変え、硬直化し、毎日がますますはかなく、「しゃぼん玉のようにもろく」なっていく。

まもなく、フィンランドとルーマニアがドイツ側に参戦、ユーゴスラビア、ギリシャが降伏。さらにドイツが、この間まで同盟を結んでいたソ連に攻撃を加えると、様々な噂や予測が飛び交うようになった。アントニーナを何よりがっかりさせたのはレニングラード攻防戦だった。終息に向かってほしいのに戦火はますます燃え広がっていく。ときどき、ベルリンが爆撃されたとか、カルパチア旅団*がドイツ軍を制圧したとか、ドイツ軍が降伏したといった噂も流れてきたが、彼女とヤンはもっぱら、地下の闘士たちに情報を届ける日刊紙や週刊紙、一枚刷りの新聞から戦況を把握した。これらは占領中、ずっと秘密裏に発行され、ゲシュタポ司令部にも「そちらの調査が進むように、［そして］我々がそちらをどう思っているか教えるため……(1)」届けられた。

ドイツ兵が、ねぐら入りのために大群で飛んで来るカラスを撃ちに、動物園に来ることもよくあった。アントニーナは、兵士が去ると撃ち落とされたカラスをこっそり拾い集め、きれいに洗って調理し、ポーランドのご馳走であるキジのパテのまがいものをつくって夕食に出した。女性たちからおいしいパテだと褒められると、「鳥の名前は言わぬが花ね」と心のなかでそっと笑うのだった。

館のなかの気分は激しく変動し、安らぎの波が寄せたあとに不安の泡が残り、たわいない冗談を言ったつぎの瞬間、気落ちする知らせが届くというふうに揺れ動く。おしゃべりやピアノで活気づいているときは、つかの間、戦争の現実から逃れられたし、とくに川向こうの市街が霧にすっぽり包まれているような朝は、ここだけ別世界、別の時代にいるような空想にふけることもできた。カプツィンスカ通りのランプシェード店に身を寄せていた頃は悲しみの連続だったことを思えば、感謝しなければならないとアントニーナは日記に書いている。

地下組織のメンバーは頻繁に出入りして、一二歳から一七歳のボーイスカウトやガールスカウトの団員が来ることもある。これらは戦前からよく知られた青少年団体で、占領下では非合法にされていたものの、国内軍の指導のもとで、兵士、伝令、ソーシャルワーカー、消防士、救急車運転手、破壊工作員としてレジスタンスを助けた。年下のスカウトは、壁に「ポーランドは勝つ!!」とか「ヒトラーはヒトでなし！**」と落書きするなど、簡単なようでも見つかれば射殺されてしまうような工作をしたり、機密文書の配達係をしていたし、年長の子たちは、ナチ将校の暗殺やゲシュタポに捕まった人の救出にも手を貸していた。スカウトたちは、館まわりで薪を割ったり、石炭を運んだりして、暖炉に火を絶やさないように気を配っていた。何人かは、菜園からジャガイモやいろいろな野菜を収穫して輪タクで地下組織の隠れ家へもっていく。輪タクは、タクシーが消え、自動車がすべてドイツに接収されていた占領中にさかんになったものである。

子供たちがひそひそ秘密めいた話をしていると、息子リスの耳には嫌でも届いてしまう。皆がゾク

＊ポーランド降伏後の一九四〇年春、フランス軍のなかに亡命ポーランド軍将校が編成した独立部隊。正式名称は第一カルパチア山岳旅団。
＊＊原語はヒトラーの名前をからかった言葉。

ゾクするような陰謀に加わっているのに、自分だけ仲間外れは面白くない。リスはもう、身のまわりに満ち満ちている危険、ごっこ遊びでもおとぎ話でもない本物の危険について、十分教えられていた。「ゲスト」の秘密をひと言も漏らしてはいけないということも。相手が誰だろうと、もし、うっかり口をすべらせてしまったら、自分も、パパとママも、家のなかにいる人たちも、みんなが殺されてしまうのだと。幼い子供にとって何という重荷だろう！　自分のいる世界がこんなにわくわくすることだらけで、変わった人たちやドラマでいっぱいなのに、そのことを誰にもしゃべれないのだ。日を追うごとに、リスが悩み深げになっていったのも当然で、アントニーナもそのことを回想録で嘆いている。けれども、大人たちも深い悩みのなかでもがいていたあの状況で、どうすればよかったのだろう？　リスにとって最大の恐怖は自分自身だった。誰かと遊んでいるとき、もし、「ゲスト」の名前や地下組織の秘密をぽろっと漏らしてしまったら、ママもパパも撃たれて死んでしまい、たとえ自分ひとりだけ助かったとしても、ひとりぼっちになってしまう。それもみんな《自分の》せいで。絶対にしゃべらないでいられる自信のなかったリスは、知らない人、とくに子供と接するのを避けるということで、それに対処した。アントニーナは、息子が学校でちっとも友だちをつくろうとせず、まっすぐ家に帰って来て、豚のモリスとばかり遊んでいるのに気がついた。モリスなら何だって好きなことをしゃべれるし、絶対に裏切ったりしない。

モリスは、皆が「びっくりごっこ」と名前をつけた遊びをするのが好きだった。何かちょっとした物音――リスが本をパタンと閉じたり、テーブルで何かを動かした音――が聞こえると、大げさに驚いたふりをして、板張りの床で蹄を滑らせながら、あわてて逃げて行く。ところが、すぐに戻って来て、リスの座っている椅子の隣で満足そうに喉を鳴らし、つぎのびっくりに備えてスタンバイする。

アントニーナは、どんなにかリスに子供らしい生活を送らせてやりたかったことだろうに、そんな淡い期待を打ち砕くようなことばかり起こり、日々の暮らしがじわじわ蝕まれていくのだった。ある日の夕方、ドイツ兵が庭で遊んでいるリスとモリスに気づき、ぶらぶらと調べに近づいた。すると、人を恐れないモリスは、背中を掻いてもらおうとトコトコとそっちへ駆けて行った。ところが、脅えて見つめるリスの目の前で、ドイツ兵はキイキイ悲鳴を上げるモリスを、屠殺するために引きずって行ってしまったのである。心を打ち砕かれたリスは、それから何日も泣き続け、何か月も菜園に入ろうとせず、ウサギや鶏や七面鳥にやる青物を摘むのもやめてしまった。しばらくたって恐る恐る足を踏み入れたときには、もう、以前のように無邪気な歓びに浸ることはできなくなっていた。

第一五章　一九四一年

養豚場は、ひと冬すら越すことができなかった。豚の飼育施設は、以前はゾウとカバが入っていたところで、セントラル・ヒーティングで暖房されていたのだが、それでも真冬になれば保温のために寝ワラが必要だった。ワラが欲しいというヤンの訴えを、動物園に出資している「屠殺場の所長」は愛想よく聞いていたが、ワラを買うお金を出すことは頑として拒んだのである。どこか意地になっている感じだった。

「まったく筋が通らん」と、そのあとでヤンはアントニーナにこぼした。「信じ難いばかだ！」アントニーナも驚いた。食料難で豚肉がこんなに高騰しているときに、ワラ代ぐらい何だと言うの？

「気持ちを変えさせられないか、いろいろ言ってはみたんだがね」とヤン。「わからんもんだ。ずっと友だちだったのに」

「あの人は怠け者で、頑固な愚か者ね！」アントニーナも憤りを抑えきれなかった。

ひどく冷える夜が続き、窓ガラスに羽毛のような霜が張りつくようになると、木造の豚舎には鋭いすきま風がナイフのように差し込み、子豚たちの命をつぎつぎ奪った。それに続いて豚赤痢が蔓延し、残った豚も大半が死んでしまったところで、屠殺場の所長は養豚場の閉鎖を決めた。腹立たしい出来事だったのはもちろん、館の住人は肉を食べられなくなるし、残飯集めを口実にヤンがゲットーに出入りすることもできなくなる。ところが、それから何か月かたったとき、ヤンはことの真相を知った。所長が別の下士官とグルになって、動物園をドイツの薬草会社に貸してしまおうと企んでいたのだ。

三月のある日、作業員の一団がノコギリと斧をもって動物園に乗り込み、樹木をバラバラに切断し、花壇の草花や庭を飾っていた灌木、正門脇にあった大切なバラの植え込みを叩き切り始めた。夫妻は、悲鳴を上げ、懇願し、賄賂をやるか脅迫してでもそれを止めさせたかったが、どうせ無駄なことだった。彼らは動物園の植物を、花といわず木といわず根こそぎにするつもりらしく、それというのも、ナチにとっては、こんなスラブの植物など、ドイツの健康な植物のこやしにする以外に使い道がないからだ。新天地にたどり着いた移民はとかく、故郷の一部（とくに料理）を再現したがるものだが、ドイツのいう「生存圏」拡大には、人間以外の動植物の生存圏も入っていることに、アントニーナは気がついた。しかもナチはそのために優生学を駆使し、ポーランドの遺伝子を地上から抹殺し、根こそぎにし、バラも球根も一掃し、種までドイツの植物に置き換えようとしている。去年、ワルシャワが降伏したあと彼女が恐れていたとおりになった。ドイツ人は、優秀な兵士には優秀な食料が必要と思っているのだろうが、ナチの生物学によればそれは「純潔な」種からしかつくれない。ナチズムが、自分たちのための神学、独自の植物学や生物学を渇望していて、そのために、アジアや中東の血で薄められる前の古代の系統を受け継ぐ動植物を必要としているのなら、まず最初に、ポーランドのたくさんの農民、そのつぎは、ポーランドやユダヤの作物と家畜を、優秀なドイツ産のものに置き換えなければいけないことになる。

その週末、ドイツ人のワルシャワ長官[1]で、動物園が大好きなダングルー・ライストが、夫人と娘を連れてぶらっとやって来て、元園長のヤンに、敷地のなかを案内して、戦前の動物園がどんなだったか教えてほしいと言った。園内を歩きながら、ここの気象が、ベルリン、モナハイム、ハンブルク、ハーゲンベックといったドイツの都市動物園とどう微妙に違うか説明すると、ライストは大いに喜んだ。それからヤンは、彼らを正門のそばの破壊されたバラ園へ案内した。見事に成長したバラの木が乱暴に引き抜かれ、へし折られて、戦争の犠牲者のように積み上げられているのを見て、夫人と娘は、美しいものを粗末にしていると言ってヤンを責め、それがライストの怒りにも火をつけた。

「これは一体どういうことかね？」

「私がやったわけではありません」。穏やかに、しかし、声に苦悩と憤慨をにじませてヤンが答えた。そして養豚場の破綻と、屠殺場長がドイツの薬草会社に動物園を貸している話をした。

「君は何だってそんなことをさせるんだ⁉」ライストは激怒した。

「なんてひどい」と夫人が嘆く。「私、バラが大好きなのよ！」

「《私は》誰からも話を聞かされていなかったのですよ」。これは私の罪ではなくて、あなたの夫がしっかりしてないせいなんです、というニュアンスを込めて、ヤンは夫人に静かにわびた。

夫人にすごい目でにらみつけられたライストは、「俺はそんなこと何も聞いとらん！」といまいましそうに弁解した。

帰り際、彼は、明日の朝一〇時に自分の執務室に来て、ポーランド人のワルシャワ副長官ユリアン・クルスキと面会し、この不祥事の説明をするようにと言い残した。翌朝、三人が顔をそろえてみると、クルスキも所長たちの企みについては何も聞いていないという。長官は、ただちに貸与契約を廃棄し、悪事を働いた者たちを処罰することを約束し、クルスキに、動物園をこのまま壊さずに利用するにはどうするのがいちばんよいと思うか、意見を求めた。ライストと違い、クルスキが地下組織とつながっていることを知っていたヤンは、彼が、小さな区画に分けた市民農園にしてはどうですか、と提案するのを聞いてにんまりした。市民を食べさせる安上がりな方法であると同時に、ナチを思いやりのある支配者に見せかける効果もある。動物園の心臓部まで壊さずにすみ、しかもクルスキの影響力は高められる。ライストはその案を採用し、ヤンはまた肩書きを変えることになった——動物園長から養豚場の支配人へ、そしてこんどは市民農園の管理人へ。所属もワルシャワ市の公園庭園局に変わり、植物や庭園の点検という名目でゲットーに入る許可証ももらえることになった。本当は、ゲットーには見るべき植物はほとんどなく、レシュノ通りの教会にわずかな立ち木がある程度だし、公園も庭園もなかったのだが、彼は何かと理由をつけて、友人たちを「励まし、食べ物と知らせを届ける」ためにゲットーに出入りするようになった(2)。

アントニーナは以前、ヤンと一緒に有名な昆虫学者シモン・テネンバウムとその妻で歯科医のロニア、娘のイレーナを何度か訪問したことがあった。ヤンとシモンは子供の頃からの学友で、ふたりとも溝を這いずり回ったり、石の下を覗いたりするのが大好きだった。当時からシモンは昆虫に目がなかったが、とくにスカラベ*の仲間を太陽神のように崇めるようになり、それを専門とするようになり、やがて甲虫マニアとなった。大人になってからは、ひまをみては世界を旅し、スペインのバレアレス諸島の甲虫について五巻の研究書をまとめ上げ、一流昆虫学者の列に加わっている。ユダヤ人高等学校の校長が本職だったが、夏休みにはビアロウィーザで珍しい昆虫を追いかけた。この季節は虫がたくさん群がり、意外な倒木の隙間に古代のポンペイのような昆虫集落が見つかることがある。ヤンも甲虫は好きで、独自に大型のゴキブリの研究をしたこともあった。

ゲットーに移ってからも、シモンは論文を書き続け、虫を採ってはガラスを張った樹液色の木箱にピンで止めていた。ユダヤ人にゲットーへの移動命令が出されたとき、大量の貴重な標本箱をどうやって守ろうかと悩んだ彼は、このコレクションをヤンの館で保管してほしいと頼んだ。一九三九年、

*フンコロガシ。丸い玉を転がすことからエジプトで太陽神の使いとされた。

動物園に突然、親衛隊が乗り込んで、貴重な書物二〇〇〇冊と多数の顕微鏡や装置を奪って行ったことがあったが、預かっていたテネンバウムの五〇万点のコレクションは運よく見逃された。

　ジャビンスキ夫妻がテネンバウム夫妻と交友を深めたのは、こんどの戦争がきっかけで、破綻した日常が彼らの距離をくっつけたのである。戦争は人と人の間をただ引き裂くばかりではない、とアントニーナは回想録に思いを述べている。それは友情を強めもすれば、男女の恋を燃え上がらせることもある。ひとつひとつの握手が新たな扉を開き、運命の舵を切る。テネンバウムとのこの友情が、偶然、さらにひとりの男との出会いをもたらすことになり、その男は、自分ではそうと気づかないうちに、ヤンのゲットーとの絆を一層強固なものにしたのである。

　一九四一年夏のある日曜の朝、館の前に一台のリムジンが停まった。車から降り立ったのは大柄ででっぷりしたドイツの文官。ドアの呼び鈴が鳴るより早く、アントニーナは居間のピアノまで駆けて行き、鍵盤で威勢のいい和音を力いっぱい叩き始めた。曲はオッフェンバッハの喜歌劇《美しきエレーヌ》のなかの一曲、《クレタ島へ行け*》。「ゲスト」は大至急、隠れ場に戻って、物音を立てないように、という合図だった。あえてオッフェンバッハを選んだところに、彼女の人柄や館の雰囲気がよく現れている。

　ドイツ生まれで後にフランスに住んだユダヤ人、ジャック・ホフマンは、聖歌隊の指揮者アイザック・ユダ・エーベルストの七番目の子供だったが、どういうわけか、あるときから、生まれた土地の名前オッフェンバッハを名乗るようになった。アイザックには六人の娘とふたりの息子がいて、いつも音楽の絶えない生活を送っていた。ジャックは、やがてチェロの名演奏者兼作曲家になり、カフェや洒落たサロンで演奏するようになる。滑稽なことや風刺が好きだったジャックは、ふだんの生活でも曲のなかでもいたずらばかり考えていて、暇つぶしに権威を茶化しては喜んでいた——厳粛なパリ音楽院ではしょっちゅう悪ふざけをして罰金をくらい、何週間か給料を止められたことがあった。ポピュラーなダンス音楽を作曲するのも大好きで、ユダヤ教の聖歌の旋律をワルツに編曲して父親を憤慨させた。一八八五年、彼は自分の劇場を開設したが、それは「誰も自分の作品を上演してくれなくなったから」だと苦々しげに語り、「底抜けに陽気で、快活で、機知にあふれる音楽——要するに、命のある音楽というものが、だんだん忘れられていった」とつけ加えている。

彼の風刺のきいた喜歌劇、オペレッタは大好評で、エリートたちの心をつかみパリの街中で口ずさまれた。小粋で、陽気に浮かれた彼の音楽は、偽りの外観や権威、古代を理想化する風潮を茶化すものでもあった。本人も鼻眼鏡、頬ヒゲ、けばけばしい装束で注目を集めた。オッフェンバッハの音楽にあれほど多くの人が熱狂した理由のひとつは、音楽評論家ミルトン・クロスが述べるように、「当時の社会には政治的抑圧や検閲、私的自由の侵害が重くのしかかっていた(3)」ことだろう。「秘密警察が市民の私生活にまで入り込んでくる」につれて「劇場は面白おかしく、ふざけられる場所になったのである」。

《美しきエレーヌ》は、ウィットと活気に満ち、滑稽さと美しい旋律がわき立つような喜歌劇で、美女エレーヌ(ヘレネ)の退屈な夫メネラオス(スパルタ王)が、妻を誘拐され、その復讐のためにトロイに戦争をしかけるギリシャ神話が下敷きになっている。ところがこの劇では、戦に夢中の王たち

*ギリシャ神話の物語を下敷きにした喜歌劇『美しきエレーヌ』第一部のクライマックスで歌われる、盛大な合唱曲。

が戯画化され、道徳に疑問が投げかけられ、もっと素敵な世界へ逃亡しようとするエレーヌとパリスの愛が讃えられる。第一幕の終わりで、メネラオスはクレタ島へ行けというアポロンの神託を告げられる。* するとエレーヌ、パリスをはじめ登場人物のほとんどが集まって、「行け、行け、クレタへ！」としだいに調子を上げる合唱で王をせき立てる。つまり《クレタ島へ行け》には、政治体制に逆らい、支配者をあざけり、平和と愛を擁護するメッセージが込められていたから、館に隠れるエレーヌたちやパリスたちにうってつけの合図と言えたし、しかも、公に演奏すれば処罰されるユダヤ人の作った曲だった。

ヤンが玄関口に出た。

「動物園長をされていた方は、こちらにおられますか？」見知らぬ男がこう言うのが聞こえた。

やがて男がなかに入ってきた。

「私はツィーグラーという者です」と男は名乗り、ワルシャワ・ゲットーの労働局長[4]をしていると言った。肩書きだけ聞くと、ゲットー内外で失業者に仕事を紹介するところのようだが、その実態は強制労働の手配師で、ドイツ本国のエッセンにあるクルップス製鋼所などの武器工場に、技能の優れたユダヤ人を送り込むのが役目。ナチ支配下で大量に生み出された、飢えて、ろくな仕事にありつけず、病気がちの人たちの助けには、ほとんどなっていなかった。

「シモン・テネンバウム博士がこの動物園に寄贈された素晴らしい昆虫コレクションを見せてほしいのです」とツィーグラーは言った。アントニーナの弾むようなピアノ演奏を聞くと、彼はにっこり笑って「ずいぶん楽しそうですね！」と言った。

「ええ、わが家は音楽好きなもので」と、彼を居間に案内しながらヤンが答えた。「私たちはオッフェンバッハが《とっても》好きなんです」

ツィーグラーはしぶしぶという感じで話を合わせた。「ほお、それは。オッフェンバッハは深みのある作曲家じゃあなかったですがね。でも、ユダヤ人というのは概して才がある。これは認めんといかんですな」

ヤンとアントニーナは不安そうに目配せを交わした。ツィーグラーはなんだって昆虫標本のことを知っているんだ？　ヤンはこのときの心境を後にこんなふうに回想している。「まあいいさ、そのときがきたんだろう。運命の日が」。

動揺するふたりを見て、ツィーグラーが言った。「驚いていますね。実を言うと、私はテネンバウム博士から、あなたがたがここに保管しているらしい昆虫標本を見てよいと言われたのです」

ヤンとアントニーナは、注意深く彼の言うことを吟味した。目の前の危険を評価するのは、爆弾の起爆装置を外すぐらい難しいものになっていた――ひとことでも震える声を出したら、ひとつでも判断ミスをしたら、世界は吹っ飛ぶ。ツィーグラーは何を企んでいる？　その気があれば、昆虫標本をそっくり持ち去ることもでき、誰もそれを止められないわけだから、シモンの標本がここにあることを隠しても仕方ない。余計な疑念をもたれないうちに、早く返事をしなければ。

「ええ、ここにありますよ」とヤンがさりげなさを装って言った。「テネンバウム博士が、ゲットーに移る前に標本をここに置いていったんです。ここなら空気が乾燥していて、ご存知でしょうが、セ

＊実はメネラオスを追い払おうという周囲の謀略。

ントラル・ヒーティングもありますから。じめじめした寒い部屋ではたちまち傷んでしまいますからね」

ツィーグラーは、よくわかります、というふうにうなずいて「そうですとも」と言った。そして、実は自分も昆虫の研究家で、アマチュアだけれども、虫の魅力に取り憑かれているのだと言う。彼がテネンバウム博士に近づいたのはそんなわけがあったのだが、たまたま博士の夫人がかかりつけの歯科医でもあった。

「シモン・テネンバウムとはちょくちょく会っているのです」とツィーグラーは面白そうに続ける。「ときどき私の車で一緒にワルシャワ郊外まで出かけるのですが、そうすると、彼は排水溝やどぶのなかにまで入って虫を探します。素晴らしい科学者ですな」

夫妻はツィーグラーを管理棟の地下室に案内した。棚の上に、ちょうど古いそろいの書物のように、浅い長方形の標本箱が垂直に並んでいる。蟻継ぎで組まれてニスを塗られた茶色い木箱は、ガラスのカバーと小さな止め金があり、本の背表紙にあたる面には、タイトルがわりに数字がふられている。

ツィーグラーは箱をひとつずつ棚から取り出し、光にかざした。それは世界の甲虫のパノラマだった。宝石のような玉虫色をしたパレスチナの甲虫、脚に房毛のある金属的な青色のハンミョウ、サテンのリボンのように光沢のある赤と緑のウガンダのオオツノカナブン、ほっそりして豹紋のあるハンガリーの甲虫、ホタルより強く発光する茶色く小さなホタルコメツキ（学名*Pyrophorus noctilucus*）。南米の原住民は、このホタルコメツキを何匹かつかまえて小屋の明りにしたり、夜道を歩くとき、足のかかとにつけたりする。世界最小のムクゲキノコムシ科の甲虫は、微小な毛の生えた羽毛のような後翅《うしろばね》があるだけだ。オリーブグリーンのヘラクレスオオカブトの雄は全長八インチ、アマゾン産（原住民はこの虫を飾りにする）。このカブトムシの雄は、中世の馬上槍試合で使われるような、前方に長く突き出し軽く下向きにカーブした角と、それを受けるように上向きにカーブして、切れ込みのある短い角をもつ。雌も体は巨大だが角はなく、赤い毛に覆われた前翅《まえばね》はビーズで飾ったようだ。エジプトの墓石に彫られるスカラベのようなフンコロガシ、重たそうな枝角を持つクワガタムシ、長い触覚を市電のケーブルか投げ縄のように丸めた虫もいる。濃紺で、甲殻があばただらけのパルメット・ビートルは、足（符節）の裏に六千本もの短い黄色の剛毛があり、そこに油を分泌することで、蝋のように滑りやすい葉にぴったり粘着し、ちょっとやそっとのことでは剥がれなくなる。幼虫は、肛門の小さな筒から細長いヒモ状の金色の糞を搾り出し、それをまとめて麦ワラ帽子のように体に被る。ベニボタルの一種、アリゾナ産のネットーウィングド・ビートルは、オレンジ色で先が黒い鞘翅《さやばね》をもち、そのレースのような筋を通る管から、毒性の体液を滴らせて敵を撃退する。つかまりにくい楕円形のミズスマシは、表面張力を利用して水面を動き回り、不快な乳液を分泌して敵から身を守る。ツチハンミョウ科の「ブリスター（水疱）・ビートル」と総称される甲虫の仲間のメロイド・ビートルは、光沢ある茶色。「スパニッシュ・フライ」とも呼ばれるこの仲間が粉薬の原料にされたわけは、カンタリジンという有毒物質を豊富に含むためだ。カンタリジンは毒性が強く、微量では勃起を誘発するが、わずかに量を増やすだけでも致死的な作用をおよぼしてしまう（ローマの詩人ルクレティウスはカンタリジン中毒で死んだと言われている）。メキシコ産の茶色いテントウ虫インゲンテントウは、アルカロイドを含む体液を膝関節から滲出させて、外敵を阻む。触覚の先に、小さな櫛、ドアノブ、ブラシ、蹄、房、ハニーディッパーのようなものをつけた甲虫たち、歯をむきだしたハロウィーンのカボチャのような顔の甲虫、オランダの陶芸デルフトブルーのミニチュアのように色鮮やかな甲虫もいる。

大型の甲虫は一匹ずつ、頭の丸いピンで止められ、小さな甲虫は二、三匹重ねて一本のピンで固定されていた。ピンの根元の白ラベルには、優雅に渦を巻いた筆跡で、天使の羽のような《f》や《d》で飾られた虫たちの系譜が、細かいけれども読みやすい文字で丁寧に記入されている。テネンバウムが夢中になっていたのは虫採りだけではなかった。顕微鏡やペン、ラベル、標本、ピンセットを操って、博物館の引き出しに入れたり応接間の壁に掛けたりする標本をつくるのも、大事なことだったに違いない――ちょうど、同時代のシュールレアリスムの芸術家ジョゼフ・コーネルが、箱のコラージュに熱中したように。小さな虫の上に屈みこんで、脚や触覚、口器を丁寧に配置する繊細で敬虔な行為に、どんなに長い時間が費やされたのだろう? ルーツ・ヘックと同じように、テネンバウムも狩りの旅に出て、鹿の頭ならぬガラスケースに入れた甲虫を持ち帰ったけれど、彼のトロフィーは、豪華な別荘や博物館の壁ではなくて、膝に乗るほどちっぽけな木箱のなかに飾られていた。目録をつくり、虫を標本用に処理し、ピンで止める作業にかかった膨大な時間を思うと、見る者は自然と慎ましい気持ちにさせられる。

ガラス張りの飛行場のひとつには、ホソクビゴミムシが何列も並べられていた。いわゆるへっぴり虫の一種で、腹の先端にある発射塔から化学兵器を噴射して敵を撃退する、防衛と兵器のスペシャリストだ。別々に貯めている間は無害な液が、特殊な腺のなかで混ざると揮発性の神経ガスの元ができる。発射筒をぐるぐる回して狙いをすましておいてから、この混合液を時速二六マイルの高速で、砲火を浴びせるように一気に噴射し、相手に火傷を負わせるのである。テネンバウムが、ホソクビゴミムシが出す液体にふれれば火傷すると知っていたのは、チャールズ・ダーウィンという犠牲者がいたおかげだ（愚かにもダーウィンは、この虫を一匹口にくわえておいて、もう二匹をつかまえようとしたのである）。しかし、この虫がもつ秘密の化学兵器工場が発見されたのは第二次大戦後のことで、それを突き止めたのは、化学者の父（海水から金を取り出せとヒトラーに命じられていたという）と、表現主義の画家でユダヤ人の母の間に生まれたトーマス・アイスナーだった。彼の一家は、スペイン、ウルグアイ経由で米国へ逃亡する。やがて昆虫学者になったトーマスは、ホソクビゴミムシのパルスジェットが、ドイツのヴェルナー・フォン・ブラウンとヴァルター・ドルンベルガーが開発した二万九千基のＶ１飛行爆弾（パルスジェット・エンジンを搭載した巡航ミサイルの始祖で、ぶんぶん爆弾と呼ばれた）の推進装置と妙に似ていることに気づく。ホソクビゴミムシの噴射音は静かだが、Ｖ１飛行爆弾は、時速三五〇マイルでぶんぶん大きなうなりを上げて約三千フィート上空を飛び、地上の人間を震え上がらせた。標的に達するとエンジンをぴたっと止め、一八七〇ポンドもある弾頭を真っ逆さまに落とすので、ぶんぶんという警告音が突然途絶えたら、それは死を意味した。イギリス人はこの飛行爆弾に、昆虫兵器を暗示するような「アリジゴク」というあだ名をつけた。

我を忘れて、つぎからつぎへと標本箱のなかを凝視するツィーグラーの顔に、驚嘆の色が広がるのを見ているうちに、初めは彼の動機をいぶかしく思ったアントニーナの疑念は消えた。「美しい昆虫に見とれる彼は、この世の一切のことを忘れているようだった」[5]から、と彼女は書いている。何列にも並んだ標本箱をひとつずつ手に取り、居並ぶ武装軍団、装甲軍団を目を細めて閲兵し、「ブンダーバー！　ブンダーバー！（すごい！　すごい！）」とつぶやいては、感極まったようにその場に立ち尽くすツィーグラー。

「見事なコレクションです！　大変な労作だ！」

やがて彼は、現在に、ジャビンスキ夫妻に、本題に立ち返った。顔を赤らめ、話しにくそうにこう切り出した。

「それで、実は博士が、あなたがたに来てほしいと言うのですよ。私が手を貸せたらいいのですが……」

ツィーグラーの言葉はしだいに小声になり、危険な、誘うような沈黙が残った。最後まで言い切る危険は冒さなかったけれども、アントニーナとヤンは、彼が、口にするのがはばかられることをもちかけているのを察した。ヤンは間髪を入れずに、ゲットーまで車に同乗させていただき、テネンバウム博士に会うことができれば私も大変助かります、と言った。そして、「彼に至急相談したいことがあるもので」と、そのわけをいかにも専門家らしく説明した。「標本箱をカビから守る方法を聞きたいのです」

疑いを抱かれないよう、ヤンはツィーグラーに、公園局でもらったゲットーへの正式な通行証も見せた――非合法なことを頼んでいるのではありません、車に乗せてほしいだけです、と暗に伝えるために。精巧な標本にうっとりした状態で、これは後世に残すべきだと確信していたツィーグラーは了承し、ヤンを車に乗せてゲットーへ向かった。

ヤンがなぜツィーグラーの車に乗りたがるのか、アントニーナには察しがついた。ゲットーの門はほとんどが外側をドイツの歩哨、内側はユダヤ警察により厳重に警備されている。たまに公務で来る者を通すことはあるが、一般の人間はコネか賄賂でも使わなければ、まず通行証が手に入らない。ツィーグラーの労働局事務所のある建物は、レシュノ通りとゼラスナ通りの出合う角にあり、建物自体が、悪名高いゲットーの壁の一部になっていた。

上の縁に砕いたガラスを埋め、鉄条網を張り、ユダヤ人の無賃労働で築かれたゲットーの壁は、高さおよそ二〇フィート、全長一〇マイル。ゲットーの形にそってジグザグに折れ曲がり、通りを突っ切り、長い距離にわたって二等分したり、あちこちに袋小路を作り出した。「ゲットーの設置、存在、解体は邪悪な都市計画によるものだった[6]」とフィリップ・ベームは『後世に伝える言葉：ワルシャワ・ゲットー目撃者は語る』（*Words to Outlive Us: Eyewitness Accounts from the Warsaw Ghetto*）にこう書く。

絶滅の青写真が、学校や運動場、教会、シナゴーグ、病院、レストラン、ホテル、劇場、カフェ、バス停のある現実世界に重ねられた。都市生活の拠点である住宅街は処刑場、病院は処分場に姿を変え、墓地のほうが生命維持の抜け道になった。ドイツ占領下では、ワルシャワ市民の誰もが土地の形状に精通するようになり、なかでもユダヤ人——ゲットーのなかと外とを問わず——は、どこが「平穏」で、どこが駆り集め地点になっているか、どんなふうに下水道をたどればアーリア地区に抜けられるのかを知らねばならなかった。

壁の割れ目からかいま見る外の世界では、子供らが遊び、買い物帰りの主婦が家路をたどる。活気あふれる世界を鍵穴から覗くのはゲットーの人間にとっては拷問である。ワルシャワ蜂起博物館（二〇〇五年開設）にはこれを逆向きにした展示があって、レンガの壁にあけた穴から、ゲットーの《内側の》日常を当時のフィルムで見られるようにしている。

はじめ、ゲットーの門は二二か所あったが、やがて一三か所に減らされ、最後はたった四か所になった――どれも家畜を閉じ込めているように威圧的で、ワルシャワに古くからある繊細な装飾を施された鋳鉄の門とは対照的だった。アーリア地区の通りが走る場所では、川をまたぐように通りをまたぐ歩道橋が架けられた。境界をパトロールする一部のドイツ兵は、壁の隙間をくぐってアーリア地区へ行き、物乞いやお金で食べ物を手に入れて来る子供を狩ることで恐れられていた。隙間は狭く、大人は通れないので、小さな子供が徒党を組んで、家族を養うための命がけの運び屋をしていたのである。いかさまと運び屋をしながらたくましく生き抜いたゲットーの子供、ジャック・クライマンは、子供たちがフランケンシュタインと名づけた悪らつなドイツ軍少佐のことをこう回想している。

フランケンシュタインはちびで、がに股で、下卑た顔の奴だった。狩りが大好きだったが、動物を撃つのに飽き、ユダヤ人の子供をしとめるほうが面白いひまつぶしになると思ったらしい。小さな子供ほど楽しそうに撃った。

あいつは、ジープに機関銃を積んでゲットーを監視している。そうして、子供たちが壁に上ったところを見計らって、ドイツ人の助手を連れてふいに現れて、殺人兵器の照準を合わせる。フランケンシュタインがすぐ機関銃を構えられるよう、車はいつも助手が運転している。

壁に獲物がいない場合は、運悪く、奴の目についたゲットーの子供を――壁からは遠いところにいて、抜け出すことなんか全然考えていない子供たちだ――を呼び集める。それでおしまいだ。あいつは引き金に指を掛け、後ろから子供たちの頭を撃つ。


子供たちが開けた壁の穴はたちまち塞がれてしまうけれど、すぐに新しい穴が開け直される。穴をくぐるのではなく、ゲットーの外へ勤めに出る労働者や司祭の足元に隠れて、まんまと門をすり抜ける子供もまれにいた。ゲットーのなかにただひとつ取り残されていたカトリック教会、オールセインツ教会のゴドレフスキ神父は、地下組織に協力して、死亡した教区民の出生証明の横流しをするだけではなく、長いローブの裾にときどき子供を隠して門を出た。

壁の外に友人がいて宿泊代や賄賂にするお金があり、勇気ももち合わせている人には逃げ道も開けてはいたが、うまく逃げたとしても、ジャビンスキ夫妻のような外部の受け入れ先、保護者はどうしても必要だった。隠れ家、食料、偽造文書の手配に加え、「表」で生きるか「水面下」に潜むかに応じたつじつま合わせが欠かせないからだ。表で暮らしていれば、警察に呼び止められて近所の人や家族、友人の名前を聞かれ、名前を上げた相手に警察が電話したり、直接訪問したりして確認をとることもあった。

ゲットーのなかは五本の市電が突っ切っていて、両側の門の外でちょっと停車するだけでなかはノンストップなのだが、スピードの落ちる急カーブで飛び降りたり、地上から乗客に何か手渡したりするぐらいはできた。ただ、それをやるには、車掌と市電に乗り込んでいるポーランド警察の両方に賄賂——相場は二ズロティ*——を渡す必要があったし、ポーランド人乗客が違法行為を黙認してくれるかどうかは、運を天にまかせるしかなかった。密売人は、ゲットーの内側にあるユダヤ人墓地の隅っこのフェンスを剥がし、隣接するふたつのキリスト教徒墓地に潜り込んだ。毎日ゲットーの外へ働きに出る労働者に志願しておいて、守衛に賄賂を渡し、人数をわざと数え間違えてもらう者もいた。ドイツ人の守衛のなかにも、ポーランド警察のなかにも、賄賂を渡せば協力してくれる者が少なからずいたし、数は少ないながら、まったくの善意から、賄賂も取らずに壁の外へ逃してやる人たちもいたのである。

一方、ゲットーの下には文字どおりの地下——避難所と通路、なかにはトイレ、電気器具までついている場所もあった——がつくられ、建物を結び、くぐる通路が縦横に張り巡らされていた。通路をたどって行くと別の脱走路につながり、壁の穴からゲットーの外に抜けられたり、迷路のような下水道をくぐってアーリア地区のマンホールに出られた（ただし、下水道は高さが三、四フィートしかなく、有毒ガスが発生した）。ゲットーに定期的に回って来るごみ集めの馬車の底にしがみついて脱出する人もいて、こうした馬車の御者が食べ物をこっそり持ち込んだり、老いぼれた馬を食料用に残して帰ることもあった。金のある者は、トラックや馬車を調べられないよう守衛に賄賂を渡し、民間の救急車や、ユダヤ教から改宗した死者の遺体をキリスト教墓地に運ぶ霊柩車に隠れて抜け出していた。こうした逃亡者ひとりにつき必要な書類は六つ以上、隠れ家の変更は平均七・五回で、一九四二年から一九四三年にかけて地下組織が偽造した書類は五万枚におよんだ。

壁が曲がりくねっているために、ツィーグラーの事務所のある建物は、正面はアーリア地区に面していて、出入りに使われていたが、裏側の滅多に使われない出入り口はゲットーに通じていた。建物のすぐ隣はチフス患者の隔離施設、通りをはさんで反対側にある陰気なレンガづくりの三階建ては、元は学校で、今は子供病院になっていた。ゲットーへの通路でもあるこの建物には、ふつうの門と違ってドイツの国防軍も、ゲシュタポも、ポーランド警察さえも張りついていない。職員が通るとき門を開ける係がひとりいるだけである。ヤンにしてみれば、これほど監視の甘い出入り口もない。もっとも、アーリア地区とゲットーの両側に出入り口があって、ユダヤ人とポーランド人がなかで出会える建物はここだけではなかった。そのひとつがレシュノ通りにある地方裁判所で、裏口がアーリア地区のミロフスキ広場に通じる路地に面していた。何かの裁判に来たふりをして廊下に群がっては密談を交わし、宝石の取引をし、友人と会い、食べ物を密売し、メッセージをささやく。一九四二年八月に区画が再編されたとき、この裁判所もついにゲットーから切り離されるが、その直前まで、賄賂を受けた守衛や警官たちは、一部のユダヤ人、とくに子供が脱走するのを見逃していた。

ドルガ通りの薬局も、ゲットーの内と外に出入り口のある建物のひとつだった。ここでは人のよい「薬剤師が、もっともな理由を言える者は誰でも通してくれた」。市の建物にもそうしたものがいくつかあり、二、三ズロティ*で守衛が脱走に目をつぶってくれることがあった。

ツィーグラーのリムジンが、レシュノ通り八〇番地の労働局に到着した。運転手が警笛を鳴らすと、門番がさっと門を開ける。車は中庭に入り、一行はそこに降り立った。何の変哲もないこの建物のな

＊ポーランドの通貨単位。

かでされている仕事は、人の命をつなぐものでもあった。というのは、当時のゲットー住人で強制移住を免れたのは、国防軍の工場で働く労働証をもつ者だけだったからである。

入り口近くに立ったまま、ヤンが不自然なほどの大声で丁重にお礼を言い始めると、ツィーグラーは、突然のかしこまった態度に驚いたようだったが、礼儀正しくそれを聞き、そんなふたりを門番がじっと見ていた。ポーランド語の単語を混ぜたたどたどしいドイツ語で時間稼ぎをしたヤンは、ツィーグラーがさすがにじりじりしてきた頃を見計らって、本題を切り出した。今後も、もし何か昆虫標本のことで問題が生じたら、ここを通らせていただいてよろしいでしょうか？　すると、ツィーグラーは門番に向かって、この人が望むときはいつでも通してやるように、と言った。それからふたりは建物に入り、ツィーグラーはヤンに二階の事務所への行き方を教え、さらに建物を案内しながら、ゲットーへの出口に通じる別の階段を指で示してくれた。しかし、ここであわててゲットーに行ってテネンバウムに会うより、今回は、労働局のほこりっぽい事務所や狭苦しい廊下で、ちょっと雑談していくほうが得策だろう――そう考えたヤンは、できるだけ大勢の職員に挨拶し、顔を売っておいてから一階に戻り、門番に向かって大声で、表口を開けてくれと求めた。やたらと声のでかい威張った役人、という印象を植えつけて、自分を覚えさせようという魂胆だった。

その二日後、出直したヤンが、前と同じ偉そうな声で門を開けるよう求めると、門番は歓迎の仕草をして素直にしたがった。建物に入ったヤンは、こんどは、後ろの階段からゲットーへの出口に直行し、建物をあとにすると、テネンバウムと何人かの友人を訪ねて回り、テネンバウムにはツィーグラーとの奇妙な出会いのことを話した。

テネンバウムの説明では、ツィーグラーは歯が厄介な状態になっていて、ずっとロニア夫人が治療しているのだが、夫人は腕もいいし、複雑で、本来なら高額になるはずの治療を、全部無料にしてやっているのだという（選択の余地がなかったのかもしれないし、彼の好感を買うためだったのかもしれない）。ヤンとテネンバウムは、この際、ツィーグラーの昆虫熱を最大限に利用しようということで一致し、それから地下活動の相談を始めた。テネンバウムはいまでは秘密のユダヤ人高等学校の校長をしていて、ヤンは脱出をもちかけたが、自分たち一家は、ゲットーにいたほうが生き延びられる可能性が高いと思うからと、それを断った。

そんなわけで、ヤンはツィーグラーとの親交を深め、事務所に彼を訪ねたり、たまには一緒にテネンバウムのところへ行って昆虫談義にふけった。やがてヤンは、あいつはツィーグラーとつるみ、労働局とよろしくやっている人間だと思われるようになり、おかげで門もすんなり通れるようになって、あちこちの友人に食べ物を運ぶため、ひとりで来ることが増えた。門番には、たまにわずかなチップを渡すことがあったけれども、あくまで習慣的な範囲で、疑いをもたれるような多額ではなく、それもそうたびたびは渡さないようにした。

そのうちに、ついに最初から狙っていたこと——上品な身なりをさせ、あらかじめよく言い含めておいたユダヤ人男性を連れて門をくぐる——を決行できそうな日がやってきた。いつものように門番に門を開けろと言うと、ヤンと「同僚」は、すんなり自由世界へ足を踏み出すことができた。

この成功に味をしめたヤンは、門番が疑いを抱くようになるまでに、さらに五人を脱出させた。アントニーナによれば、門番との間では、こんなやりとりがあったという。

「《あなた》のことは承知していますが、こちらはどなたなんですか?」

するとヤンは無礼を働かれたかのように「目を怒りで燃え上がらせて」どなりつけた。「この人は《私の連れ》だと言っとるだろうが!」

門番はおじけづき、消え入りそうな声で再び言った。

「《あなた》が出入り自由なのは承知していますが、《この方》は存じ上げないものですから」

ここで声の調子に気をつけないと、微妙にトーンが変わるだけでも、相手に怪しまれ、それが危険を招き寄せる。ちょっとでもやましい素振りを見せたり、不適切な言葉を選んだり、相手を叱責しすぎれば、門番は、ヤンが怒っているのは自尊心を傷つけられたためだけではないと勘づき、ゲットーとアーリア地区を結んでいる、このかけがえのない運河を封鎖しかねない。ヤンはすばやくポケットに手を突っ込んで、くだけた調子で言った。

「ああ、《これ》か。この人も許可をもらってる、当然だ」

ヤンはそう言って、公園局からもらった自分の通行証を見せた。ドイツ人、ドイツ系住民、非ユダヤ系ポーランド人だけがもらうことのできる、黄色い許可証である。ヤン本人は、信用に足る人物であることをいまさら確認するまでもないので、もう一枚の通行証は見せる必要がなかった。守衛は驚いて、ばつが悪そうに沈黙した。ヤンは門番の手を機嫌よく握って、笑いかけた。「大丈夫。法を犯すようなことはせんよ」

その後は、アーリア人風な外観をしたユダヤ人を連れて来ても、門番はとがめなくなったが、油断はできなかった。ヤンが「同僚」と一緒に門をくぐるとき、もし労働局員がたまたま居合わせたら、正体を暴かれるかもしれない。そのあと、動物園の敷地に駐屯するドイツ軍に見つからないよう連れてくるのも簡単ではなかった。

しかし幸い、ジャビンスキ夫妻が考えた二種類の隠れ場所——館のなかのあちこちの穴ぐらか、動物園のいろいろな動物舎のなか——に潜んだ「ゲスト」たちは、最後まで発見されることはなかった。

館の台所には、つやつやした白い板張りの壁に溶け込むように、地下への階段に通じる把手つきのドアがあった。地下には簡素なつくりの部屋が並んでいて、そのひとつの奥まったところに、ヤンが一九三九年のうちに非常用出口をつけ、一〇フィートの通路を抜けると、台所の庭から少し離れたところにあるキジ舎（オリで囲ったなかに小屋がある）に出られるようになっていた。いまではこれらのルートが、館に隠れる人たちの進入路になったり、こっそり食事を運ぶ通路になっている。ヤンは館の地下室に水道を引いてトイレもつくり、一階の暖炉から管を通して暖房もできるようにした。地下にいると、上階の物音が床板から響き、話し声もよく聞こえるが、そこに隠れる「ゲスト」たちは、声を潜めて暮らさなければいけなかった。

トンネルはもう一本、動物園のライオン舎にもあった。ライオンを出し入れする飼育係を守るためにつくったもので、屈まないと通れないほど低く、さびた鉄格子で囲われたトンネルで、まるでクジラの骨格のようだった。一部の「ゲスト」は、その奥にある小屋に身を潜めたが、その目と鼻の先にはドイツ軍の武器庫があった。

ツィーグラーは、あれから何度も動物園にやって来て、驚異の昆虫博物館にしげしげと見入っては、夫妻と語り合うのだった。何度かはテネンバウムを連れて来たことがあった。それはツィーグラーが、作者自身がときどきコレクションの状態をチェックする必要があると考えたからだが、テネンバウムはというと、自分のこしらえた天国で何時間も幸せなときを過ごしたかと思うと、館の庭に這いつくばって、また新たな昆虫を採集するのだった。

そんなある日、ツィーグラーが、テネンバウムの飼い犬でゴールデン・ダックスフントのジャルカを脇にかかえて現れた。

「かわいそうな犬なんです」と彼が言った。「ここのほうがずっといい暮らしができると思って」

「もちろんお引き受けします」とアントニーナが応じた。

ツィーグラーはポケットに手を突っ込み、小さなソーセージを何本か取りだしジャルカに与えると、ジャルカを床に下ろし、帰って行った。ジャルカはそのあとを追いかけて、ドアを引っ掻いていたが、やがて、自分の知っている人間の匂いがたった一か所残っている床の上に体を横たえた。

それから何日かの間、アントニーナは、ジャルカが同じ場所で、家族が現れ、懐かしい姿や匂いでいっぱいの小部屋に連れ帰ってくれるのを待つ姿をよく見かけた。この館はうるさいし、部屋が多すぎるのだろう、と彼女は思った。隅っこの暗がり、階段、入り組んだ迷路、せわしない動き――その短い曲がった足で、ジャルカはちょろちょろと休みなく歩き回り、いろいろな家具や知らない人間たちの森のなかを嗅いでいた。そのうちに館の生活になじんではきたものの、ちょっとのことでビクビクするのは直らない。誰かの足音が突然聞こえたり、ドアがバタンとしまったりするたびに、痩せた体にまとったつややかな毛皮が、まるで体からすり抜けようとするかのようにゾクゾクと震えた。

冬が襲来して、雪がうず高く積もり、犬に外界の出来事を知らせてくれる匂いもほとんど消えかけた頃、ツィーグラーがもう一度やってきた。以前と変わらないずんぐりした体、赤らんだ頬に、いつもの古眼鏡。ジャルカに優しく声をかけると、ジャルカはすぐ彼を思い出し、その膝に飛び乗り、ハムかソーセージはないかとポケットを鼻でまさぐった。ところがツィーグラーは、今回はおやつも出さなければ、遊んでもやろうとしない。心ここにあらずといった様子で、ただポンポンと愛撫するばかり。そして、悲しそうに口を開いた。

「テネンバウムが亡くなりました。なんてことでしょう。つい二日前に会って、話をしたばかりです。面白い話をたくさんしてくれたんですが、昨日、内出血して、そのまま亡くなったのです。重い胃潰瘍だったそうですが、ご存知でしたか?」

夫妻も知らなかった。ショッキングな知らせのあと、三人ともほとんど言葉を交わさず悲しみに沈んだ。やがてツィーグラーは、やり切れないという面持ちでいきなり席を立ったので、乗っていたジャルカは膝から滑り落ちてしまったが、彼はそのまま立ち去った。

シモン・テネンバウムの死を受けて、館は長いこと喪に服していたが、アントニーナは、未亡人になったロニアがこれからもゲットーで生きていけるかどうかが心配だった。ヤンが脱走プランを練った。しかしここへ連れて来たとしても、その先は、どこに隠れられるだろうか? 人間という積み荷を乗せて、戦争という荒海を渡り切ろうとしているこの館も、ほとんどの人にとって一時的な避難所でしかなく、同じ「ゲスト」をずっと乗せ続けることはできなかった。幼なじみの未亡人もそれは同じだった。

第一六章　脱出

動物の世界は化かし合いの世界でもある。カメレオンやミノカサゴは背景に溶け込んで姿を隠すし、哺乳類になるともっと露骨なだまし方をする。アカゲザルが、メロンを見つけたことを仲間に隠すのは、「心の理論*」とは関係なく、ただひとりじめしたいだけだ。しかし、だましたことがばれ、仲間にとっちめられでもすれば、それを教訓に利己的な行動はとらなくなるだろう。多くの動物では、仲間と食べ物を分かち合うのはほぼ選択の余地のないことで、食べ物を見つけると本能的に仲間に知らせている。ところが大型類人猿（人間もこれに含まれる）ときたら、一二〇〇万年以上も昔から、まるで運動か遊びでもしているように、手の込んだだましのテクニックを駆使して相手を出し抜いてきた。それに対抗するために、熟練した取り調べ官は、上ずった声、広がった瞳孔、視線を合わせようとしない態度、愚痴っぽい口調などを手がかりに相手の嘘を見抜くコツを会得する。

ヤンは動物学者として、動物たちの求愛、虚勢、威嚇、なだめ、示威といった行動や、恋や忠節や愛情を伝える様々なコトバについて長いこと研究を続けてきた。彼ほどに研究熱心な動物学者にとっては、動物たちの行動、とりわけ欺きの戦略を人間の行動にも応用してみるというのは、ごく自然なことだっただろう。人前で仮面を被り通すことのできるヤンの才覚は、地下組織の兵隊としての影の生活に役立ち、持ち前の気質に適った上に、自分の研究とも関係があったのである。

動物園という小さな領土のなかでは、ジャビンスキ夫妻はもちろんのこと、「ゲスト」や出入りする仲間たちも皆、虚構の世界に入り込み、そのなかの厳格なルールにしたがわねばならなかった。息子のリスも、ここへやって来る子供たちも、真実はひとつではないことを学んだ。子供たちは、言葉を覚えるのに加えて、うわべの繕い方、仲間への忠誠、自己犠牲、もっともらしい嘘のつき方や、創造的なだましのテクニックを身につけた。何ひとつやましいところがないように見せるにはどうすればいいか?　日課をまるごと偽装してでも、家のなかに不自然なことが何もないように見せなければならない。《平常を装え》。それは誰から見てのことか?　パトロールに来るドイツ兵から見たときに、戦争前まで動物園長だったポーランド人一家の日課として、不自然でないことが大切だ。ドイツ人は、ポーランド人は人づきあいが濃密で、家族が何世代もひとつ屋根の下で暮らすのが普通だということを知っている。だから、家のなかにいつもある程度の人数がいるのは不自然ではない。とはいえ、あまり泊まり客が多すぎても怪しまれるだろう。

ワルシャワ動物園の現園長ヤン・マチェイ・レンビシュチェフスキ氏は、子供の頃、当時の園長ヤンのもとでボランティア活動をしたことがある（そのときヤンに、僕も大人になったら飼育係になると言ったそうだ）。彼が記憶しているヤンは、配下の者に厳しい完全主義者。アントニーナも、ヤン

＊心理学の用語で、相手の心を推察する能力のこと。

はとても厳しい家長で、いい加減な仕事や、やりかけたことを途中で放り出すことを許さなかったと言う。彼女に言わせると、ヤンの信条はこうだった。「すぐれた戦略こそが正しい行為を決定する。どんな行為も衝動的であってはならず、起こりうる結果を《すべて》考慮に入れて分析されなければならない。次善の策や代替案を多数用意していなければ、それは堅実な計画とは言えない」。

シモン・テネンバウムが亡くなったあと、ヤンは未亡人ロニアを見舞い、脱走計画の詳細を伝え、地下組織の友人たちが、飛び石のようにいくつも隠れ家を用意しているから、動物園でちょっと過ごしたあとは、郊外の安全な場所に身を隠すことができるし、歯医者として仕事を再開する道だって開けるかもしれないと説明した。

ロニアを連れて労働局の入り口まで来たヤンは、いつものように、この女性は一緒にツィーグラーのところに来たアーリア人の「同僚」だと言うつもりだった。この頃は門番も、ヤンがあるときは単独で、あるときは連れと一緒に出入りするのに慣れっこになっていた。しかし、ロニアを連れて入ろうとしたそのとき、いつもの門番がいなくて、かわりに女性がひとり――門番の妻だった――立っているのに意表を突かれ、彼は立ち止まった。すぐ上の事務所はドイツ人だらけで、彼女がひと声でも叫べば異常に気づくだろう。妻は、近くにあるアパートの窓からでも見ていたのか、それとも夫からヤンの傲慢なふるまいを聞かされていたのか、どちらにしろ、ヤンのことは知っている様子だったが、ロニアを見て困ってしまい、うろたえ始めた。そして、例外を処理することに慣れていない彼女は、門を開けるのを拒んだのである。

「私たちはツィーグラーさんに会っていたんだ」とヤンがきっぱりと言った。

するとと彼女は「いいでしょう。ツィーグラーさんがここへ来て、あなた方が帰るのをじきじきに認めて下されば、門を開けてあげます」

夫のほうは怒鳴りつけると効果があったが、ヤンはそれは思いとどまった——どやしつけることが、彼女にも効くだろうか？　あまり効きそうもない、そうヤンは判断した。そこで夫にやっていたとおり、傲慢で大口を叩く人物を装って、こう言った。

「あんた、何を言っとるんだ？　私は毎日ここに来て、あんたの旦那も私のことはよく知っているんだ。なのにあんたは、もう一度二階に上がって、わざわざツィーグラーさんを煩らわせるようなことを言えと、《私に命令するのかね》！　こんなことをしたら、あとでどうなるか……」

動揺しながらも、態度を決めかねていた女性は、あとでひどい目にあわせてやるとばかりにまくし立てるヤンの顔がみるみる真っ赤に染まるのを見て、ついに折れて、門を開け、ふたりを通した。ところが、つぎの瞬間、彼らは再びぎくりとした。通りの真向かいにふたりのドイツ人警察官がいて、ヤンたちの行く手を見つめたまま、煙草を吸いながら立ち話をしているではないか。

「恐怖と焦り」に駆られたロニアは、あとでアントニーナにこう話したという。

「走りましょう」って言葉が喉まで出かかったわ。とにかくあの場から逃げたかった。呼び止められる前に。でも、ヤンには私のそんな気持ちは伝わらなくて、走るどころか、わざわざそこに立ち止まって、煙草の燃えさしを拾ったのよ。警官が歩道に落としたものだと思うわ。それから、おもむろに私の腕を取って、ヴォルスカ通りの方角に向かって歩き始めたの。ほんのちょっとの時間だ

けれど、私には一〇〇年にも感じられたわ！(1)

その夜、二階の自分の寝室に向かう途中、アントニーナは、枕に顔をうずめて泣いているロニアと、そんなご主人をいたわるように、湿った鼻を彼女の頬に押し当てているジャルカを見てしまった。ロニアは、シモンの最後を看取ったばかり。娘もクラクフでゲシュタポに見つかり射殺された。残された家族はもうこのダックスフントだけだった。

それから二、三週間たって、地下組織が彼女のために、郊外の安全な宿泊先を用意してくれた。お別れを言うロニアに、ジャルカが散歩用のひもをくわえて駆け寄る。しかしロニアはこう言ってさとすのだった。

「あなたは残るのよ。私たちにはまだおうちがないんだから」

アントニーナの回想録には、見ていられないほど悲しかったこの場面のこと、ロニアは戦争を生き抜いたけれど、ジャルカはその前に死んでしまったことが綴られている。ある日、ドイツ軍の倉庫をうろついていたジャルカは、殺鼠剤を食べてしまったのだ。そして息も絶え絶えに館に戻り、アントニーナの膝の上で息を引き取った。

シモンの昆虫標本は、一九四四年のワルシャワ蜂起の三週間前に、ヤンが自然史博物館に避難させた。戦後、それはロニアによって国立動物学博物館に寄贈され、分館のひとつに収められることになった。ワルシャワから北へ一時間のところにあるその施設には、いまも二五万点のオリジナル標本が残されている。

細い砂利道を進み、ペットホテル（アメリカから最近入ってきたもの）の前を過ぎ、クリスマス用のトウヒがすくすく育つ植木屋のさらに先へ行くと、木立に囲まれた行き止まりになり、そこにポーランド科学アカデミーの平屋の建物が二棟ある。小さいほうは事務所、大きいほうには本館からあふれた様々な所蔵品が収められ、テネンバウムの標本はそのなかだ。

だだっぴろい屋根裏は無数の標本が散乱する聖なる海のようで、ジャガー、オオヤマネコ、在来の鳥類から棚のガラスびんに詰めたヘビ、カエル、各種の爬虫類まで、たくさんの奇妙な生き物がここへ入った者の目を引きつける。部屋の一画に、長い木製戸棚や引き出しで狭い列に仕切ったところがあり、そこに宝物がしまわれている。テネンバウムの昆虫標本は二つのロッカーをまるまる占領している――ひとつのロッカーには五段の棚があり、それぞれの棚には標本が二〇箱ずつ、本のように立てて並べられている。ここにあるのは、彼のコレクションのほぼ半分で、ヤンがあるジャーナリストに語ったところによれば、箱は全部で四〇〇あり(2)、アントニーナの記憶では八〇〇箱だった。博物館の記録には「シモン・テネンバウムの妻より、戦後、約二五万点の標本が寄贈された」とあるのみである。本書執筆の時点では、これらの標本箱はまだ何も手をつけられていないが、博物館の計画では、箱のなかの虫をいったん全部取り出して、目、亜目、科、属、種といった分類別に他の標本と一緒に保存するらしい――ホソクビゴミムシはこちらのロッカー、ムクゲキノコムシはそちらのロッカーにという具合に整理するわけだ。標本をばらすのはさぞ悲しい作業になるだろう。そのほうが研究しやすいのは確かだが、標本の作り手、風変わりな霊長類の亜目《ホモ・サピエンス・サピエンス》（知恵があり、かつ、知恵があることを知る動物）に属するひとりが発揮した独特の視点、芸術性は消え去ってしまう。

　昆虫標本は、騒がしい社会のなかで、心を鎮め、現象を周囲から切り離して見つめる静謐なオアシスだ。その意味では、集められているのは虫それ自体ではなくて、それを採集した者の深い思いが凝集されている。それは希有な展示物、一種のギャラリーでもあり、見るものの心にしみ込んで、世事や雑事にもまれながらも感動を忘れさせずにいてくれるところに、真の値打ちがある。「コレクション」とはよくいったもので、あたかも雨水を集めるように好奇心を集め、しばし人々の足をとめる。ガラスで蓋をされた箱のひとつひとつが、世界にひとりしかいない採集者がそこに込めた深い敬意の表現であり、だからこそ、虫を細部まで知り尽くしているはずの人たちまでが、丹念に目を凝らすのだろう。

　箱がどこに置かれるかなどということは、だから、大した問題ではないし、シモンならきっと、こんなふうに人里離れた寂しい道のどん詰まり、至るところ虫だらけの畑や薮に囲まれた、小さな甲虫たちの天国をむしろ喜んだに違いない。金色の愛犬ジャルカも、ここならダックスフントの性質を発揮して、鳥やモグラを好きなだけ追いかけられる。人生では、偶然の巡り合わせや意外な物によって運命が一変したことに、あとで気づくことがよくある。熱意あふれるひとりの研究家がピンで止めた虫たちの大行進が、後にたくさんの人がゲットーから脱け出す扉を開くことになろうとは、当初、誰が予想できただろうか。

第一七章

血と土

ツィーグラーの甲虫熱とは対照的だったのが、ナチの害虫対策である。害虫駆除に執念を燃やした第三帝国は、戦前から戦中にかけて、殺虫剤、殺鼠剤、キクイムシや衣類につくイガやシロアリに効く防虫剤、その他の毒性化学物質に的を絞ったたくさんの研究事業に資金を出した。ミュンヘンで農学を修めたヒムラーは、モミハバチ類の昆虫防除を研究していたカール・フリーデリッヒスのような昆虫学者を引き立てる一方で、ナチの人種差別イデオロギーを《エコロジー》、すなわち「血と土の教義」[1]の一形態として正当化した。その観点からすれば、占領地の国民を殺してドイツ人に入れ替えることは、政治的目標であると同時に、生態学的な目標なのである。そしてそれは、ナチの生物学者オイゲン・フィッシャーが提唱していたように、占領地にまず森林を育て、気候まで変えてしまうことによりさらに徹底的に追求される。

電子顕微鏡（一九三九年にドイツで発明された）で見るシラミは、太った体に長い角、飛び出した眼がついていて、六本の触手で獲物をおびき寄せる悪魔のようだ。一八一二年、モスクワに進軍したナポレオンの大陸軍を打ち負かしたのはこの虫だったという言い伝えは、つい最近、科学者たちによって追認されている。マルセイユにある地中海大学のディディエ・ラウール博士は、リトアニアのヴィルニウス近郊の集団墓地で、二〇〇一年、土木作業員が見つけた兵士の遺骸の歯茎を分析した。その結果、『感染症雑誌』(*Journal of Infectious Diseases*) 二〇〇五年一月号に発表した論文で、博士は「ナポレオン軍兵士の死亡の多くは、シラミに媒介される病気によるものだった考えられる」と述べている。人に寄生するシラミは回帰熱、塹壕熱、チフスを媒介する。ナポレオンの大陸軍が五〇万人から三千人まで激減したのも、これらの疫病によるところが大きかった。一九一六年に出版されたフリードリッヒ・プリンツィング著『戦争が広げる伝染病』(*Epidemics Resulting from Wars*)(2)にもこれと同じ話が書かれている。さらに同書は、アメリカの南北戦争でも、シラミが媒介する伝染病による死者の数のほうが、戦場で死んだ者の数を上回っていたと指摘している。一九四四年のドイツでは、医学の力でチフスの症状を軽くすることはできるようになっていたが、信頼性のあるワクチンはまだなかった。それは米国も同じことで、免疫効果が数か月しかもたない予防接種を、繰り返し兵士に行うことでしのぐしかなかったのである。

　ゲットーのなかでも、過密状態のアパートは、たちまちのうちに結核、赤痢、飢餓の巣と化し、チフスにかかった人たちは高熱、悪寒、衰弱、疼痛、頭痛、幻覚に襲われた。チフスというのは《リケッチア》属の細菌が引き起こす同じタイプの病気の総称で、「煙った」とか「かすんだ」という意味のギリシャ語《タイフォス》からその名がとられている。これに感染した患者は意識が朦朧とし、数日後には発疹が現れ、それがしだいに全身に広がる。この病気はシラミによって広がるものだから、ゲットーに人間を詰め込めば流行は避けられず、チフスが流行り出すと、人々は通りを歩くにも、シラミがうつらないように他人と距離をとるようになった。薬も栄養もまったく足りないゲットーのなかでは、医師も患者を憐れみ、看護するぐらいしかできることがなく、回復するかどうかを決めるものは患者の年齢と全身の健康状態だけだった。

このような有り様は、恐ろしい伝染病をもつ、シラミだらけのユダヤ人というイメージも生み出すことになる。「反ユダヤとはシラミ退治にほかならぬ」[3]——一九四三年四月二四日、親衛隊将校を前にヒムラーはこう言ってのけた。「シラミを駆逐するのはイデオロギー以前の問題だ。これは清潔にかかわることであり、シラミはまもなく取り除かれる。残るは二万匹のみで、それさえ片づければドイツ全領土から一掃される」

それより前の一九四一年一月には、ワルシャワのドイツ人総督ルードヴィッヒ・フィッシャーが、三千枚の大判ポスター、七千枚の小判ポスター、五〇万部のパンフレットに刷り込むスローガンとして「ユダヤ人ーシラミーチフス」[4]という言葉を選んだことを報告し、「『ドイツの庇護下にある』ポーランドのメディア、ラジオも普及に協力した。さらにポーランド人の学校でも、子供たちに連日、その危険性が警告された」と付け加えている。

ユダヤ人、ロマ（ジプシー）、スラブ人を人間（ヒト）とは違う生き物に区分したナチは、自然な帰結として、自分たちにハンターのイメージを重ね合わせるようになり、田舎の別荘や山岳リゾートに狩猟隊を繰り出しては、エリートたちにまず動物で流血スポーツを経験させ、もっと壮大な狩りに備えさせた。彼らは騎士とか医師とか、違ったモデルも選ぶことはできたはずだが、釣り上げ、追いかけ、いたぶり、わなにかけ、はらわたを抜き、捕獲するといった行為を男らしく見せるにはハンターになぞらえるのが都合がよかった。

そしてナチは、明らかに伝染病に《感染》する不安に脅えていた。ポスターのユダヤ人はネズミ（ペストを主に媒介するのはネズミのノミであるから）のような顔つきに戯画化されることが多かった。そしてこのイメージは、ゲットー蜂起の指導者マレク・エーデルマンのような一部のユダヤ人の心のなかにまで浸透した。地下組織の会合へ向かう途中、「顔さえなければ(5)」ユダヤ人と気づかれることも、告発されることもないと思ったという彼は、回想録で、自分の顔をこんなふうにイメージしている。

嫌らしい、邪悪な顔。「ユダヤ人－シラミ－チフス」のポスターの顔。僕ら以外は皆、端正な顔をしている。彼らは美男子で、余裕がある。自分の顔がきれいで美しいと思っているからこそ生まれる余裕だ。

ゲットー社会というガラス容器《ベルジャー》のなかの政治的駆け引きは、ユダヤ人のなかでも明暗をくっきり分けた。飢える者を尻目に、犯罪人やドイツに協力した者たちは羽振りがよく、賄賂やゆすりの横行する闇社会ができ上がった。ドイツ人は、日常的に暴力を振るい、人々の物を盗み、過酷で屈辱的な仕事を強制し、ついには、ひとりのゲットー住人が書いたように「侵略者どもは、自分たちが呼び出した黙示録の三人の騎士*(6)——疫病、飢餓、寒さ——すら、ワルシャワ・ゲットーのユダヤ人を滅ぼせないと見て取るや、親衛隊の騎士たちを呼んで最後の仕上げをさせた」。ドイツ側の数字によると、一九四二年初頭から一九四三年一月までに、ワルシャワから強制収容所に送られたユダヤ人の数は三一万六八二二名。このほかにも、ゲットーのなかで射殺された人たちが大勢いたので、死者の実数はこの数字をはるかに上回るはずだ。

アーリア地区の友人に助けられ、戦争終結までにゲットーから逃げ出せたユダヤ人も数万人にのぼるが、よく知られているように、あえてゲットーのなかにとどまった人たちもいる。ハシディーム派のラビ、カロニムス・カルマン・シャピラ**もそのひとり。地中に隠されていたシャピラの説話と日記が戦後、掘り出されたが、それを読むと、自分の説く宗教と歴史との板挟みになった人間が、信仰と格闘する壮絶な姿が浮かび上がってくる。あのホロコーストの業苦を、愛と喜びと讃美を説く踊る宗教ハシディズムと、どうして折り合いがつけられよう? それでもシャピラにとって、コミュニティのなかの苦しめる者を癒すことは、宗教的な義務のひとつだった(あれほどの苦しみのなかで、しかも、神を敬う行為がことごとく非合法とされた環境のなかでは容易ならぬことだった)。一部のユダヤ教の学者たちは、靴直しの店で働き、皮を裁断したりクギを打ったりしながら教典を巡る議論を交わし、ゲットーにおける《キドゥーシュ・ハーシェム》、すなわち神に仕える原理は、「破滅に直面してもなお生を保つために闘うこと」だと定義した。これに対応するドイツ語は「イーバーレーベン」

*新約聖書『ヨハネの黙示録』に記されている四騎士になぞらえたものと思われる。

**Kalonymus Kalman Shapira。一八八九年グダニスクで生まれた、ユダヤ教のなかでも厳格な教義を守るハシディーム派のラビで、多くの著作を残した。一九四三年のゲットー蜂起後、トラヴニキ強制収容所に移送され、一一月、他のユダヤ人とともに射殺される。

――「免れて生き延びる」だが、自動詞であるところに覚悟が伺える。

シャピラのハシディズムには、イマジネーションを鍛え、感情を導いて神秘的ビジョンに至る「超越瞑想」が含まれていた。シャピラが理想として教えたのは、「悪い習慣や性格を直すために、自分の思考をはっきり見る」ことであった。思考、とりわけ悪しき思考は観察することによって弱められるので、そのような思考のなかに没入するかわり、冷静に吟味するようにしなさい、と生徒に教えたのである。目の前を流れる思考の流れにさらわれず、川辺に座って観察すれば、《ハシュカター》、意識を沈黙させる瞑想の一形態に到達できる。シャピロは、「聖性に敏感になる」ということも説いていたが、これは、自分のなかに聖性を見い出すプロセスを言う。日常生活に深い注意を払うこともハシディズムの伝統である。一八世紀の導師アレクサンダー・ジュスキントは、こんなふうに教えている。「飲食をするとき、あなたがたは食べ物や飲み物から楽しみと喜びを得る。どんな瞬間にも自分を目覚めさせ、驚嘆の心をもってこう問いなさい。『この喜びや楽しみは何であるか？』『私が味わっているこのものは何であるか？』と(7)」。

ハシディーム神秘主義のラビのなかでも、ひときわ雄弁な著述家エイブラハム・ジョシュア・ヘッセル*は、一九三九年にワルシャワを去り、ニューヨークのユダヤ神学校で重要な教授職についた（一九六〇年代は人種差別撤廃の活動家として活躍）。禅の公案のような逆説、警句、並列に満ちた言葉――（「人間とはメッセージを忘れたメッセンジャーである」「異教徒は聖なる物を祀り、預言者は聖なる行いを讃える」「理由の探索は既知の岸辺で終わる」「石は割れるが言葉は生きる」「人間になるとは問題になることであり、その問題は苦悩のなかで姿を現す」など――を残した彼は、「平凡なもののなかにある究極に信を置き」、「〔我々は〕有限な行為のなかでこそ無限を捉えられる」と考えた。「私にはひとつ才能がある」と彼は書く。「それは、驚嘆する能力、人生に、理念に、驚く能力だ。私にとってハシディームの最高規範は『老け込むなかれ。古びるなかれ』である」。

全世界のユダヤ人の三〇パーセントから四〇パーセントが、第二次世界大戦中に殺されたことは、多くの人の知るところだが、この時期、正統派ユダヤ教徒のコミュニティも八〇パーセントから九〇パーセントが消滅し、旧約聖書の預言者の世界にまでさかのぼる神秘主義や瞑想法を継承していたコミュニティの多くも消えたことは、あまり知られていない。ヘッセルは、ワルシャワで過ごした幼年時代を振り返って、こう書く。「私が育ったユダヤ文化は、『高揚感』に満ちていた。素晴らしくない瞬間など存在しないと教えられた。どんな瞬間も、またとない一瞬なのだと」

ヘブライ語で預言者をさす《*navi*》は、語源的に《*navaho*》(叫ぶ)、《*nava*》(わき出る、流れる)、《*navuv*》(空になる)という三つのプロセスを結びつけたものである。瞑想によって「心を開き、悠久なるものと死すべきものを結ぶ水路の詰まりを除いた」者は、《*mochin gadlut*》(大いなる心)と言われる円熟の境地に昇りつめる。「神はひとつだ」と書くのはハシディーム派の導師、エイヴラム・デイヴィス**である。

「大いなる心」とは、あらゆる範疇をそのなかに包含する「広がり」である。この「広がり」は、

*Abraham Joshua Heschel(一九〇七〜一九七二)。
**Avram Davis。米国のユダヤ神秘主義と瞑想法の指導者で、多くの著作がある。

現実という海とそのなかで泳ぐ、十戒の第一戒*にしたがう一切のものを言う。《zot》はひとつである。《zot》はヘブライ語で《これ》の女性形であるが、神——かくあるもの——の呼び名のひとつでもある。

弱き者、病んだ者、疲れた者、飢えた者、責め苦にあった者、正気を失った者たちは、こぞって、シャピロ師から霊的な栄養を得ようとし、ラビ・シャピロはそんな彼らを指導し、無料で食べ物を与えた。彼はどうして、正気も創造力も失わず、そこまで慈愛に満ちた行動がとれたのだろうか？ それは、心を鎮め、自然と交流することによってであった。

鳥のさえずりのなかにも、牛の鳴き声のなかにも、人の話し声や騒ぎ声のなかにも、世界がひとつになって［教えを説く］(8)声を聞くことができる。すべては神の声を伝えている。

人間の脳はあらゆる感覚を食べることで生きている。残酷さや苦悩ばかりの食事をしている者は、脳の健康を保つにはどうしたらいいか？ それには、食事の中身を変え、心の焦点を調節する訓練をすることだ。そうすれば脳に栄養を送り続けることができる。シャピロは、僧侶でも神学者でもラビでもない、ゲットーにいるごくふつうの人間も、そのようにすれば苦悩を鎮めることができる、と説いた。なかでも胸を打つのは、シャピロが瞑想の対象に自然美を選んでいたことだ。というのは、ほとんどのゲットーの住人にとって、自然はもう想い出の世界にしかなかった——公園も、鳥も、緑も、ゲットーには存在しなかった——のに、彼らはなおも、切断された足の痛みに呻《うめ》く患者のように、自然との断絶を苦しんでいたからである。それは、体のリズムを狂わせ、感覚を枯渇させ、子供たちから基本的な世界像を奪った。ゲットーのある住人(9)がこう書き残している。

ゲットーに住む母親が、子供に「遠く」とは何かを説明しようとする。「遠く」っていうのはね、と母は言う。「あのレシュノ通りより向こうを言うの。そこには原っぱがあってね、原っぱっていうのは、広いところに草が生えていたり、トウモロコシが実っていたりして、まんなかに立つと、どこが始まりでどこが終わりかわからないほどなの。「遠く」っていうのはね、とっても大きくて、広くて、何にもなくって、空と地面が出合うところ……。「遠くっていうのは」何時間も、何日も、汽車や車、ひょっとしたら飛行機にも乗って、旅に出るところなの……。汽車っていうのはね、あなたの本の絵にあるみたいに、息を吸ってシュッポシュッポって煙を吐いて、石炭をたくさん食べるの。本当にあるものなのよ。海というのは、とっても大きくて、波が寄せたり引いたり、いつまでも追いかけっこしているところで、本当にある水浴び場なの。それから、この森っていうのは木がいっぱいあるところでね、カルメリッカ通りやノヴォリピエにあるみたいな木がね、あんまりいっぱいで数えきれないぐらいあるの。強くて、まっすぐで、てっぺんに緑の葉っぱが繁っている、そういう木がいっぱい集まったところが森。見渡すかぎり木が生えていて、葉っぱや薮がいっぱいで、鳥が歌を歌っているの」

*旧約聖書『出エジプト記』第二〇章三節に「あなたには、わたしをおいてほかに神があってはならない」とある。

絶滅に先立って、「自然」からの追放があった。もはや、ゲットーのラビが説いたような驚嘆や超越をもってするしか、過酷な日常のなかで余儀なくされる精神の解体を食い止める手だてがなかったのである。

第一八章

多彩な「ゲスト」たち

夏が過ぎて、秋が訪れると、シベリアや北ヨーロッパからやって来るウソやイスカ、レンジャクの群れが、V字編隊を組んで、シルクロードよりも古い空の回廊を南へと渡って行った。ポーランドはちょうど、シベリアからは南へ、アフリカからは北へ、中国からは西へ向かう、大規模な飛行ルートがぶつかるところにあるため、その秋空は、渡って行く鳴禽《めいきん》類の群れに縫い取りされ、高く叫ぶガンの群れの山形模様で飾られる。昆虫を食べる小鳥の仲間はアフリカの奥地を目指し、たとえばハイイロヒタキは、サハラ砂漠を越える何千マイルというルートを、ノンストップで、ほぼ六〇時間で渡り切ってしまう。もう少し短い距離の渡りをするオオアオサギなどの渉禽《しょうきん》類は、地中海、大西洋、カスピ海からナイル川を目指す。しかし、渡りをする鳥たちは、いつも厳密に同じルートばかりをたどるわけではない。戦時中は、空襲の匂いの残るワルシャワを避けて、西や東に飛行ルートをそらす群れが見られた。もっとも、当時のヨーロッパは結局、どこを通ってもそう大きな違いはなかったのだけれども。

アントニーナの館でも、秋が深まるにつれ、「ゲスト」や訪問客がより暖かい部屋、よりしのぎやすい隠れ場へと移動を始めた。戦争が始まってから、これがジャビンスキ夫妻の迎える三度目の冬となり、石炭の備蓄もいよいよ乏しくなって、もう食堂しか暖房するゆとりがなく、それもあらかじめラディエイターの水を抜き、階段や二階を封鎖して、熱気を逃さないようにしてからだった。こうすることで、館のなかには三種類の気候が生まれた――地下室の湿潤、一階の温暖、そして寝室の極寒である。ライオン舎から持ち込んだ旧式の米国製薪ストーブは、嫌な煙を出したけれど、皆はそのまわりに身を寄せ合い、小さなガラス扉の向こうで、赤や青の炎が石炭の塊をちょろちょろと舐め、ときどきぱっと燃え上がるのを見つめていた。そうして暖まった煙突が、聖歌を奏で始め、魔法のように家を暖めるひとときを楽しむのだった。ヤンとリスは、フリースやフランネルを重ね着し、何枚も毛布や羽毛布団を掛けて夜をしのぎ、朝はベッドから飛び起きると、ぬくもりがさめないうちに服を着替え、仕事や学校に出かけて行った。台所はまるで食肉貯蔵庫のようで、窓の両面にびっしりと霜の刺繍が施された。料理も食器洗いも――水を使う家事すべてが――アントニーナには拷問のようだったが、なかでも辛いのは洗濯で、あかぎれから血がにじんだ。「皮膚がつるつるした人間は、厳しい寒さにまるで適応してないわ」と彼女は思った――人間にできるのはせいぜい、動物の皮をまとうか、煙たい火を閉じ込めておくのに知恵を絞るぐらいだった。

アントニーナは毎朝、ヤンとリスを送り出すと、ソリを出して、屠殺場からもらった残り屑をニワトリ小屋へ運び、つぎにウサギに干し草と庭でとれたニンジンをやる。リスが、何ブロックか先の地下組織の学校に行っている間、ヤンは市街にある小さな検査機関で、建物の検査や消毒の仕事をする。地味な仕事だが、得られる特典は大きかった――食料配給券、肉とスープの昼食、労働許可証、わずかながら給料ももらえた上に、地下組織にとって、お金には換算できないほど価値のあるもの――市内のどこにでも合法的に立ち入る権限があった。

動物園は燃料不足で、オリや小屋、館の三つの階をまんべんなく暖房できなかったので、「ゲスト」はまもなく全員が、ワルシャワ市内や近郊の別の隠れ家で冬越しをするため、神隠しにでもあったように姿を消した。地下組織では、一部のユダヤ人を田舎の農園に匿っていた。土地を接収されないかわり、ドイツ軍に供出する食料をつくらされた農家では、非合法ながら、女は住み込みの家庭教師やメイド、乳母、調理人、仕立屋として働くことができたし、男には畑仕事や粉ひきの仕事があった。小作農の家に住み込んだまま地元で教師をつとめる者もいた。ワルシャワ市内から西へたった五マイルほどのところにあった、マウリツィ・ヘルリング・グルジンスキの農園もそうした場所のひとつで、あるときには、逃亡して来たユダヤ人を五〇〇人も匿っていたことがあるという。

「ゲスト」も親戚もいなくなって閑散とした館だが、ふたりの変わり者が住みついた。最初にやって来たヴィチェック（ヴィンセント）は、アントニーナによると、貴族の家系で申し分のない出自をもっていた。ヴィチェックの母親は、ホッキョクウサギと呼ばれる「有名な銀色ウサギの血筋」。この種類のウサギの毛は、生まれてすぐは光沢のある黒なのだが、成長するにつれて銀色に変わる。台所の裏にあるウサギ小屋で、一〇月の湿気を含んだ寒風に震えていたヴィチェックを、アントニーナが家に入れてやり、昼間はわりあい暖かな食堂、夜には厚く毛布をかけたリスのベッドで過ごさせることにしたのである。毎朝、リスが学校に行くために服を着替えると、ヴィチェックもベッドカバーの下から這い出て、廊下をピョンピョン跳ねて行き、慎重に狭い階段を下り、仕切り板を鼻で押し開け、食堂に走り込む。そうして、ストーブのガラス扉の前で暖をとるのだ。長い耳をぴったり背中に伏せて熱を逃がさないようにし、一本の後ろ脚をまっすぐ後ろに伸ばし、他の三本は縮こめる。生まれながらに、エジプトの象形文字のように黒く縁どられた琥珀色の瞳と、三層もある毛皮、大きな雪ぐつのような足、コケや地衣類を噛むのに適した長い門歯に恵まれているヴィチェックは、たちまちのうちに、それまでのウサギの文化にはなかったような習慣と嗜好を身につけ、まるで怪獣グリフィン*のように奇怪な個性を発揮し始めた。

最初のうちは、リスが夕食の席につくと、ヴィチェックは彼の足元にフカフカの毛皮のスリッパのようにまとわりつき、北極の嵐を本能的に避けるときのように、うずくまっていた。ところが、体が大きくたくましくなってくると、家じゅうを硬質ゴムのようにポンポン跳ね回り、食事どきはリスの膝にひとっ飛びで乗っかると、前脚を食卓に伸ばし、食べ物を横取りするようになった。本来が菜食のホッキョクウサギは、たまに樹皮や松ぼっくり程度を食べることはあるけれど、ヴィチェックは馬肉のカツレツや牛肉の切れ端を好んでかすめとり、隅っこの暗がりに駆け込んでむさぼり食ってしまう。アントニーナによれば、ヴィチェックは、彼女が肉をハンマーで叩いて軟らかくしている音を聞

*ギリシャ神話に出てくる空想上の怪物で、鷲の頭と翼をもち、体はライオン。

きつけると、決まって台所に現れて、椅子に飛び乗り、そこからテーブルに移って生肉を一切れひったくり、そのまま獲物をくわえて走り去ると、小さなヒョウみたいに平らげたという。

ある休みの日、友人からソーセージが送られたときなどは、鋭い牙を剥いた野獣に変身し、ソーセージを食べている人を見つけては、おこぼれをねだるか、強引に奪い取るのだった。そのうち、台所に隣接するヤンの書斎のピアノの上に置いてあった冷やし肉も見つけ出した。つるつるしたピアノの脚なら飢えたネズミも登れまいと思って、そこに置いたのだ——ところが飢えたウサギは防げなかった。狼藉の限りを尽し、みるみる太って、毛皮を着たヤクザのようになったヴィチェックは、家人が留守にするときは部屋の隅っこの戸棚に監禁されるようになった。衣類も齧るようになったからだ。ある日、寝室にあったヤンの上着の襟を齧ったと思うと、別の日にはフエルト帽を薄切りにし、来客のコートの裾にまで穴を空けてしまった。人間たちはこの暴力ウサギを面白がって話のタネにしていたが、アントニーナはもう少しまじめに、人間であれ動物であれ、それぞれの世界によく目を凝らしてみれば、必ず「考えもつかなかった衝撃的な行動が見つかるものだ」と感想を書き残している。

アントニーナは、ヴィチェックは「横柄」で、異常にずる賢く、ときに恐ろしいことすらある、と評した。人にキスをし、獲物を奪い、肉を食らうウサギ——おとぎ話のような彼の行動は、彼女が子供向けに書いた本の格好の題材でもあった。いたずらしないかと彼女が見張っていると、彼はうずくまって待機しているときも、耳だけはレーダーみたいにピンと張って、どんな音も追跡し、懸命に解読しようとした。

あとで病気の雄鶏のヒナも一羽、家族に加わって、アントニーナの看病で元気になると、リスの新しいペットとしてクーバ（ヤコブ）と名づけられた。戦争前、この館では陽気な二匹のカワウソの赤ちゃんをはじめ、たくさんの珍しい動物たちが暮らしていたけれど、ジャビンスキ夫妻は、こういう状況になったいまも、人と動物がひとつ屋根の下で暮らすという一家の伝統を守り、行き場のない動物を、それでなくても大変な家庭につぎつぎ受け入れた。たまたまそうなったというより、根っからの動物好きだった彼らは、食料にこと欠く戦時中でも、動物に囲まれていないとどうにも落ち着かなかったし、ヤンにとっては、動物心理学の研究を続けるためにも、それが必要だった。彼はこう語っている。「動物の個性の発達は、育て方、訓練の仕方、教育の仕方によって変わるものなんです――一般化はできません。犬や猫を飼っている人がよく言うように、一頭一頭が違うんですよ。人間にキスして、ドアを開け、夕食の時間を知らせることのできるウサギがいるなんて、誰も思っていなかったでしょう?」(1)

このような屋内動物園は、雑多な仕草と臭いと音のあふれるサーカスみたいで、そこで遊んだり笑ったりするうちに、家族みんな、とくにリスを元気にしてくれた。アントニーナも、動物が息子の心を戦争から遠ざけてくれることを願って、羽のあるものから四つ足にかぎ爪や蹄のついたものまで、ジャコウ臭のあるアナグマから無臭なシカの赤ちゃんまで、かつてのワルシャワ動物園のなかにマトリョーシカ（ロシアの入れ子人形）みたいに入れ子になった、このミニ動物園に連れて来た。

アントニーナの一家に迎えられ、館に住みついたもののなかには、テーブルの脚や椅子に尿をかけてマーキングしたり、家具をボロボロにしたり、齧ったり、上に飛び乗ってしまうものもいた。けれども彼女は、こういった動物たちを特別な子供か、保護監察の対象であるかのように大目に見てやった。小さな王国の小鬼たちの世話は、ミニ動物園長であるリスにまかされ、自分よりもっと気の毒なペットの面倒をみることが彼の仕事になった。こうしてリスは、大人たちの相談事から締め出されたときも、大事な役割に没頭できるようになった。

こんなに幼い子供に、秘密の連絡網とか、見返りとか、バーター取引とか、さらには互酬的利他主義とか、賄賂、闇市、口封じ金、戦時下のワルシャワにおける真の理想主義といった話が理解できるはずもなかった。「いかれた星の下の家」の住人たちは、感動と遊び、仕事におしゃべりという一連の流れをつくることで、もっといかれた外の世界を数分か、ときには数時間も忘れていられた。危機に直面したときや、見通しが立たない状況では、一時的な気分の高揚が生まれやすい。しかし、アントニーナは、自分や家族を逆境から救うために意識的にやっていた。彼女のとびきり非凡な点のひとつは、遊び、動物、驚き、好奇、感動、無垢なるもののまばゆいばかりの輝きを、周囲の危険や恐怖、不安から逃れる場である家庭に持ち込んだことだろう。戦時下ではめったに評価されることはないが、これも特異な勇気を必要とすることである。

ラビ・シャピロは、苦悩を超越して正気を保つために、美しいものや聖なるもの、自然について瞑想しなさいと説いていたが、アントニーナは、館のなかをマスクラットや雄鶏、ウサギ、犬、ワシ、ハムスター、猫、子ギツネたちが与えてくれる無邪気な気ばらしでいっぱいにして、時を超えた自然の世界に人々を誘った。館のなかのユニークな生態系に囲まれて、いろいろな動物の行動やリズムに触れることで、ほっとひと息つく。動物園の敷地にはまだ樹木もあれば鳥もいるし、庭園もある。菩提樹の垂れ下がった花穂は匂い玉のように甘い香りを漂わせている。そして日が落ちれば、一日を締めくくるピアノの音色。

　こうした官能の融合は、おぞましいナチの残虐行為を伝える話とともに、再び何十人もの「ゲスト」たちがやって来るようになると、なおさら欠かせないものになっていった。彼らを迎えるにあたり、ジャビンスキ夫妻は「秘密のグループ活動家」から支援を受けたと、イレーナ・センドラー（コードネーム「ヨランタ」）は述べている。キリスト教徒の医者の娘で、ユダヤ人の友人をたくさんもっていた彼女は、勤務先の社会福祉局でしていた仕事の合間に、一〇人の同志を募って、偽の署名入りの偽造文書をつくり始めた。さらに伝染病対策を口実にして、「衛生防疫所」経由でゲットーに合法的に入れる許可証もねつ造した。ソーシャルワーカーたちは、これを利用してゲットーに「食料、薬、衣類、金銭を運び込むとともに、ひとりでも多く、とくに子供を外に連れ出した」。それにはまず、子供の両親を説得して子供を託してもらう。それから、その子をこっそり――遺体搬送用の袋や大きな箱か棺桶に入れ、旧裁判所かオールセインツ教会を通って――連れ出す手はずを整える。無事に脱出したあとは、カトリックの家庭か孤児院に匿った。彼女は、そうした子供たちの本名を記したリストをびんに入れて庭に埋めたが、それは戦争が終わったら、家族が再会できるようにとの願いからだった。ワルシャワ市内や近郊の孤児院では、よく尼僧が子供たちを匿っていた。引き受け先を見つけにくい、いかにもユダヤ人らしい顔つきの男の子専門の場所もあり、こういう子は、頭と顔を包帯でぐるぐる巻きにし、怪我をしているように装わせるのだった。

　ジャビンスキ夫妻は、いつも電話や伝令により、「ゲスト」が短期間お世話になるという連絡を口頭で受け、イレーナも、よく彼らのところにやって来た。何か知らせをもって来ることもあれば、ただ話をしに来ることもあり、事務所が監視されていて、一時的な避難のために来ることもあった。彼女はその後、ゲシュタポに捕まり、パヴィアク刑務所で残酷な拷問を受けたが、地下組織の助けで脱走して動物園の「ゲスト」に加わり、人気者のひとりになった。

この間、ロンドンに拠点を置くポーランドの亡命政府は、ラジオ局に人を配置し、英国から飛行機や諜報員、資金を借りて作戦を実行した。現金を体につけたポーランドの諜報部員をパラシュートで降下させるというやり方で、本国への秘密の送金も行っている。このパラシュート部隊はベルトに一〇万ドルもの大金をつけて地上に降り、それを受け取る者の住所は暗号化されていた。チーコチェムニー、「暗く寡黙な者」と呼ばれたこの諜報部員たちは、武器とその製造用具、図面も身につけていた。あるチーコチェムニー体験者によると、目標とのズレを最小限にするため、三〇〇フィートの高さから「だだっぴろい空き地のまんなかの、これみよがしの紅白の花十字」めがけて飛び降りた。松の木立を抜け、地上に降り立つと、待ち受けていたヘルメットの男とただちに合言葉と握手を交わす。それから地元の若者たちが現れ、箱を受け取りパラシュートを回収。パラシュートは女たちの手でブラウスや下着に変えられるのだ。最高司令官からの暗号指令を無事、国内軍の司令官に届けた彼は、気つけがわりに規定量のカフェイン入りエキセドリン*を飲んで、ズボンの隠しポケットに青酸の錠剤を入れてから、案内された校舎に入った。するとそこにはグラマーな女校長がいて、ベーコンとトマトオムレツを食べさせてくれ、明け方、また彼を送り出した。パラシュート部隊の一部はそのままポーランドの地元の部隊に入り、その多くは一九四四年のワルシャワ蜂起の戦闘にも参加している。運び屋は全部で三六五名いて、うち一一名は死亡した。彼らを運んだ飛行機は六三機が撃墜され、のべ八五八回の降下のうち成功したのは約半分にすぎない。それでも彼らは、休むひまなく活動する地下組織に資金と資材を供給し続けたのである。ポーランドの地下組織は、同盟国からも敵国からも、ヨーロッパで最もよく組織されていると評判をとったが、第三帝国はポーランドをどこよりひどく痛めつけたから、そうならざるをえなかったのだ。

いまではヤンも、地下組織の活動に深くはまり込み、ワルシャワ「空飛ぶ大学」の薬学・歯科学部で一般生物学と寄生虫学を教えていた。ひとクラスの人数はわずかで、見つからないよういつも場所を変えて、ワルシャワのこちらの端からあちらの端へ、個人のアパートから技術専門学校、教会、事業所、修道院、そしてゲットーのなかから外へと漂流し続けた。図書館も実験室も専用の教室もなかったけれど、小学校から大学の修了証、医学をはじめとする学位も授与された。悲しい皮肉（あるいは楽観主義かもしれない）だったのは、ゲットーの医師たち、ほんの少しの食料と薬がありさえすれば助かる患者の死の床で、彼らを慰めることしかできなかった医師たちが、未来の世代のために最先端の医学を教える気持ちになったことである。戦争が勃発したとき、この国の指導層を一掃しようと考えたナチは、ポーランド人の知識人の大半を捕らえて射殺してしまい、それ以後、教育も報道も非合法にしたが、この戦略は結局、自分たちに跳ね返って来ることになった。というのは、地下に潜って学習することはかえって人々の意欲をそそったばかりでなく、生き残った知識人に、抵抗運動と妨害工作を成功させるため頭脳を注ぎ込むひまを与えたからである。秘密の新聞が広く読まれ、ゲットーの内外で回覧され、ユダヤ人用トイレ（ドイツ人が避ける場所）に山積みされていることも

＊市販の鎮痛解熱剤でカフェインを含んでいる。

あった。何もかも奪われたあの時代でも、図書館、大学、劇場、コンサートは活況を呈していたし、秘密のワルシャワ・サッカー選手権まで開かれた。

一九四二年の春を迎える頃から、再び「ゲスト」たちが続々と動物園にやって来るようになった。「ゲスト」たちは、オリや小屋、衣装箪笥に隠れ、恐怖を封じ込めた状態で暮らしながら、ここで起きていることを頭のなかで整理した。館の間取りがわかってくると、誰かのぎこちない足音だとか、子供がパタパタ駆け回る音、蹄や前脚の軽やかな足音、ドアの閉まる音、電話の鳴る音、たまにペットが喧嘩してバンシー（妖精）の悲鳴のような声が上がるのを聞いて、光景を思い描けるようになった。ラジオの時代の人々は、耳から聞いたニュースから映像を構成することには馴れていた。

アントニーナは、彫刻家のマグダレーナ・グロスのことが気がかりだった。動物園が爆撃されてから、彼女の人生も芸術もつまずいたままだ。動物園はグロスにとってたんなる野外アトリエではなく、インスピレーションの根源である想像の王国へと導いて、人生の進むべき方向も示してくれる、二重の意味での羅針盤だった。アントニーナは、グロスが動物たちの本来の姿に魅了され、何時間もうっとりと見入ったまま、常連客が黙って見つめているのにも気づかずにいる様子を日記に書いている。造形芸術を生涯愛したヤンも、彼女の作品を絶賛した。

小さな彫刻を専門に制作していたグロスは、二ダースほどの動物作品を残しているが、それらはまるで生きているようにウィットに富んでいて、それぞれに特有の動作をした瞬間とか、どことなく人間じみた表情がとらえられている。頭をこぶの上までそらし、脚を広げ、伸びをしている真っ最中のラクダ。耳をピンと立て、何か食べられる物はないかと探っているラマの子供。鋭い嘴《くちばし》を空に、視線はこちらに向けて、グロスの言葉を借りれば「きれいだけど頭が空っぽな女」のように流し目をしているマガン。チャップリンのような歩き方で、右の踵《かかと》を持ち上げたフラミンゴ。ハーレムの雌たちの前で気取っているマッチョな雄キジ。「ニシンを何本か買うことで頭がいっぱいの買い物客」みたいに、前のめりに急ぎ足で行く異国風の雌鶏、物音にびっくりして頭を反らしたシカ。明るい眼に長くて硬い嘴、曲線美の肩、大きく膨らんだ胸に顎をうずめる――マグダレーナが、これは私と言った――サギ。両肩の間に頭を深く沈めた、のっぽのハゲコウ。空中に漂う雌の匂いを嗅ぐヘラジカ。眼を剥いて気色ばむ雄鶏。

グロスは、それぞれの動物の体のつくりが意味するものを探求した。バランスをとるとき、ライバルを脅すとき、感情を表すとき、腰や肩の角度はどう変わるのか。わずかな屈曲もいとおしんで、モデルの筋肉と骨の構成《リギング》をよく知ろうと、自分の腕や脚を曲げてみる。グロスのアドバイザーをつとめたヤンも、動物の中心設計や、重心、幾何学中心といったものに強い興味を覚えていた――たとえば、鳥は小枝のような二本脚で、滑らかで平たい塊のバランスをとっており、複雑な形態や表面をした哺乳類の中心構造は、太い四本足で支えられている。大学で農業土木と動物学と美術とを学んだヤンは、ダーシー・ウェントワース・トムソンの魅力的な名著『生物のかたち』(*On Growth and Form* 一九一七年)から影響を受けた可能性がある。これは、胴体の負担を軽くするために翼状の骨が進化するといったような背骨や骨盤の構造を扱う生物工学の研究書である。グロスは、ひとつの作品をつくるのに何か月もかけた。その動物がもつ動きのレパートリーのなかから、ある動きをよく体現していると思うひとつのポーズを選ぶ――それには長い時間とある種の陶酔、彼女が愛した想像のエクスタシーが必要だ。そしてその歓喜が、彼女の彫刻には表現されていた。

マグダレーナの芸術性をよく讃えていたアントニーナは、旧石器時代の人類が、たいまつで照らした洞窟の壁に野牛や馬、トナカイ、レイヨウ、マンモスを描いて以来の、動物の芸術表現の歴史を、彼女も担っているのだとしみじみ思ったものである。厳密に言えば、当時の洞窟壁画は《描かれた》のではなく、絵の具が吹きつけられていた（完全に復元されたラスコー洞窟はその技法を使っている）。崇拝の対象か、聖なる洞窟での狩りの儀式に使ったのか、鹿角や石に彫られた動物像も、聖なる遺物として残されている。胸の鼓動を蹄の音と間違えそうな炎のゆらめく闇の世界を、自然のままの石灰岩から浮き上がった動物たちが駆け抜けて行ったのである。

二〇世紀の初め、二度の大戦のはざまに台頭したダダイズムとシュールレアリスム（どちらも主義《イズム》というより、生活のなかの芸術の役割や芸術としての生活を考えるもの）の絶頂期には、ポーランドでは盛んに動物彫刻がつくられ、その傾向は第二次世界大戦中から戦後にかけても続いた。アントニーナの眼に映ったグロスは、古代バビロニアからアッシリア、エジプト、極東、メキシコ、ペルー、インド、そしてポーランドの芸術に輝きを添えてきた動物の魔力の伝承者だった。

マグダレーナは、ブロンズ像のデザインを決める前に、まず粘土でひな形をつくり、まだ軟らかくて修正のきくこの段階で、ヤンに解剖学的な細部について意見を求めることがよくあった。しかし、ヤンがアントニーナに言ったところでは、滅多におかしなところはなかったという。ひとつの作品を仕上げるまでには数か月、ブロンズ像の場合には完成まで平均一年はかかった。それというのも、彼女はモデルの細部のひとつひとつ、線維の一本一本に至るまで研究し尽くし、それをデザインにどう反映させるか折り合いをつけていったからで、つくりかけの粘土像は休むひまなく手を加えられた。あるとき、完成した作品を気に入っていますかと聞かれた彼女は、こう答えている。「三年たったらお返事します」。希少動物には二種だけ——ヘラジカとヨーロッパバイソン——取り組んで、完成まで二年もかかったバイソンはヤンに特別に贈呈されている。もちろん、動物園の動物たちはじっとポーズをとってはくれない——飛び立ってしまったり、ちょろちょろ歩いて行ったり、どこかに隠れたりする。しかも、野生動物というのは、食らう、交尾する、闘うといった命がけの場面以外では相手とのアイコンタクトを避ける。しかし、彼女の心が集中して落ち着いてくると、それが動物の気持ちも穏やかにし、そのうち、彼らは長時間見つめられるのを受け入れるようになった。

有名な芸術家でありながら（グロスの《バイソン》と《ハチクイ》は、一九三七年のパリ国際博覧会で金賞に輝いている）、驚くほど控え目で、愛すべき楽天家で、動物と芸術にひた向きに傾倒している彼女は、モデルたちにも、その保護者たちにも気に入られた。「黒い瞳に笑みを湛え、優雅にそして楽しげに粘土をこねる、陽気で小さな〈マッジア夫人〉が姿を見せると、誰もが歓迎した」。

ユダヤ人がゲットーへの移動を命じられたとき、グロスは拒んだが、それは容易ではない選択だった。というのは、表の世界で生きていくにはアーリア人のふりをするしかなく、その仮面を片時も外せない上に、ポーランドの下町言葉や自然なアクセントも覚えなければならない。数ある資料のなかで、最も信ぴょう性のあるアドルフ・ベルマン（そうした人々を支援しつつ綿密な記録を残した）は、一九四四年の時点でも、まだ一万五千人から二万人のユダヤ人が隠れ住んでいたが、実際はもっとずっと多かったはずだと推測している。ガナー・ポールソンが『秘密の都市』（*Secret City*）で紹介した研究によると、アーリア地区に住んでいたユダヤ人は、一時は二万八千人近かった。彼が的確に述べているように、これほど数が多かったということは、裏を返せば街のなかにもうひとつの街、逃亡者の町ができていたということで、そこは、犯罪分子（恐喝屋、ゆすり屋、泥棒、腐敗警官、悪徳地主）があふれ、ソーシャルワーカーがいて、生活文化があり、出版物が発行され、行きつけのカフェがあり、隠語が飛び交うところだった。潜伏しているユダヤ人は《メリナ》《猫》、隠れ場は《メリナ》（ポーランド語で「泥棒の巣」）と呼ばれ、メリナが暴かれることは《焼かれる》と言うのだった。「その街は二万八千人のユダヤ人と、それを助ける七万から九万の市民、三千から四千の《シュマルツォフニクス》（恐喝屋。ポーランド語でラードの意味もある）その他の悪党で構成されていた」[2]とポールソンは書く。「すべて合わせると一〇万人を超え、一九四四年に七万人を動員したワルシャワのポーランド地下組織を上回っただろう」。

《猫》の素性はほんの些細なこと——市電の切符の値段を知らないとか、妙によそよそしいとか、手紙や客がほとんど来ないとか、地区のつきあいに顔を出さないとか——からも暴かれる。そのことをアリシア・カチンスカがこんなふうに書いている。

入居者はお互いの住まいを行き来する。政治情勢のニュースについて語り合ったり、ブリッジをしたり。私はアパートの出入り口にある祭壇前では足を止めることにしていた。ワルシャワでは、どこの入り口にもこういう祭壇があり、どこへ行っても歌が歌われた。「お聞き下さい、イエス様、あなたの民の訴えを。お聞き下さい、お聞き下さい、そして、おとりなし下さい」と。私のいた建物では、入居者が集まってお祈りをした[3]。

ポールソンによると、「ヘレーナ・シェレシェフシュカの娘マリシアは、自分は完全にアーリア人に同化しているから、どこへでも自由に行けると思っていた」。ところがあるとき、市場の店先にレモン（戦時中はほとんど入手できなかった）があるのに気づき、好奇心から値段を聞いてみると、店主が途方もない金額を答えたので、彼女はポーランド人のカトリック教徒のように「イエス、マリア！」と叫んだ。ところが、それを聞いた店主はいたずらっぽくこう言った。「知り合ったばかりなのに、もうファーストネームで呼ぶ仲になりましたね、お嬢さん！」

グロスは、あるお婆さんの家に身を寄せて、何軒かのパン屋にトルテやペストリーを配達する仕事をし、かろうじて生きていけるだけの給料をもらっていた。けれども、友人たちに会うために、危険を冒してアパートから《猫》の入れるカフェまで出かけることもあった。潜伏生活を送るユダヤ人には、ミョドヴァ通り二四番地のカフェのほかに、もう一か所、セヴェリノフ通りの「聖ヨセフ・カトリック・コミュニティ・センター」内にひいきのレストランがあった。この店は静かな通りに面していた上に、尼僧たちの給仕もとても気持ちがよかったので、たくさんのユダヤ人が集まってきた。ワルシャワ市内に身を潜めていたユダヤ人のほとんどがここを知っていて、残酷な表の世界から逃れて、ひとときの安らぎを得るためにやって来た。

一歩外に出れば、グロスはいつでも他人に見とがめられる危険があった上に、路上での処刑や家捜しが日常化していて、マグダレーナのいるあたりのアパートも、ナチがしらみつぶしに捜索をし始め、夜、いきなりやって来ては、ユダヤ人が隠れていそうな屋根裏や地下室を探し回るという噂が聞こえてきたものだから、アントニーナは気が気でなかった。

第一九章　ホシムクドリ

アントニーナがいつものように台所でパン生地をこねていると、裏口で息子が興奮して呼ぶ声がした。

「早く！　ホシムクドリだよ！　こっちへ来て！」

また新しい友だちができたらしい――リスが好きになる動物は、彼女の趣味にも適っているのだ。

「黒い体に細い嘴《くちばし》をして、ちょこちょこと歩く賑やかな」ホシムクドリは、いつも心をウキウキさせてくれる。頭としっぽを振り振り、地面を飛び跳ね、ミミズをつかまえるところは見ていて楽しくなる。彼らの宴は、冬が終わり、春に向かって大地がやわらいでくる兆し。空を舞う大群は、トロイカの手綱のように幾筋にも分かれたと思うと、寄り集まっていろいろな形をつくる。一斉にクルッと向きを変え、空に溶け込んでしまったと思っていると、黒コショウをパッと振ったようにまた一斉に姿を現す。地上にいるときは「羽のある道化師」のように剽軽《ひょうきん》なあの鳥を、あの子はまんまとつかまえたのね――アントニーナはそう思って、生地をこねる手を休めずに「いま、手がべとべとだからあとで見せてちょうだい！」と答えた。するとそのとき、ドアがバンと開いて、リスの言ったことの本当の意味がわかった。そこに立っていたのは、古い夏物のコートを着て、ぼろぼろの靴を履いたマグダレーナ・グロスその人だった。

この頃、ヤンとアントニーナは、潜伏中の「ゲスト」や友人に動物の名前をつけることにしていた。マグダレーナはホシムクドリ。アントニーナが好きな鳥だったし、巣を《焼かれる》たびに「つぎつぎと《メリナ》を飛び移り」、追手を逃れる彼女のイメージにぴったりだからだ。見つかってはまずい人をいつも動物の名前で呼ぶことにすれば、誰かにうっかり聞かれても怪しまれる心配がないし、なじみの動物の名前を口にしていると、平和な頃の雰囲気をいくらかでも取り戻せそうな気もした。

占領下の混乱した路地裏で命をつないできたマグダレーナには、彫刻家としての名声が重荷になっていた。彼女を知る誰かがたまたまその姿を認め、悪気があってもなくても、彼女を見かけたことをほかの誰かにしゃべってしまえば、たちまち噂が広まってしまう。《恐怖におののく者の目は鋭い》というロマ（ジプシー）の諺もある。マグダレーナと同じ家に匿われている「ゲスト」たちも、彼女が加わることで一層の慎重さが求められたし、本人も一部で知られすぎている顔をそう人前にさらせない。「いつも幸せそうだったマッジアの目に悲しみの色が浮かんでいた」と、アントニーナは日記に書いている。夫妻は、《マグダ》の《グ》という強い音を、《ジ》という優しい音に変えたこの愛称で彼女を呼ぶことが多かった。「戦前の自由で生き生きした暮らしが恋しかったのだろう」。あの頃は芸術家同士の交流も盛んだった。たとえば、シャガール風の絵を描き、散文『ファンタスマゴリア』の作者でもあるブルーノ・シュルツ*の処女作『肉桂色の店』を、一九三四年に出版社に紹介したのはマグダレーナだった。この作品は、シュルツの一風変わった家族を題材にした短編集で、彼女がその原稿を小説家の友人ゾフィア・ナウォコフスカ**に見せたところ、斬新で実に素晴らしいと太鼓判を押され、出版が決まったいきさつがある。

　動物園に身を寄せたマグダレーナは、以前のように外をうろつくこともできないので、リスをモデルにしようと言い出した。

「この子はオオヤマネコだもの。いい作品にしなくちゃね！」

　ある日、アントニーナがパン生地をこねていると、「私に手伝わせて。おいしいクロワッサンのつくり方を知ってるの。粘土のかわりに小麦粉をこねてみたいわ」。そう言うと、生地の入った大きなボールに手を突っ込んで、スルスルと小さな雲の形をつくってみせた。

「こんなに才能ある芸術家にお勝手仕事なんてさせられないわ！」アントニーナが嘆いても、マグダレーナは「ちょっとの間だから」と言って、彼女をそっと押しのけると、力を込めて生地をこね始めるのだった。

「私みたいな小女には、おいしいパンは焼けないだろうって言う人もいるかもしれない。でも、ほらね！　彫刻家は力持ちになるものなのよ！」

　小さな腕も肩も、粘土との格闘で鍛えられていた。ラヘル・アウエルバッハ***やデボラ・フォーゲル****もメンバーだった彼女のサークルでは、ブルーノ・シュルツの言う物質の「ユニークな神秘的一貫性」が重視され、物質を扱う「手」が高く評価された。サークル仲間は、折りにふれて絵入りの手紙を交換し、このテーマを巡って突っ込んだ議論をした。手紙はほとんど散逸してしまったものの、幸いその一部がシュルツの短編集で紹介されている。

マグダレーナは戦前のパリで、バラと豊かな筋肉をもつ彫刻に囲まれたオルゴールのようなロダン博物館へ行き、躍動感あふれるあの手の彫刻もつぶさに観察したに違いない。赤ん坊をあやし、都市を建設し、野菜を植え、家族の世話を焼き、物の姿――丸いものがどんなふうに膨らんでいて、砂がどんなふうにきしむか――を調べ、感じさせてくれる手。孤独な心をつなぎ、人と世界を結び、自己と他者を区別し、美しいものを捉え、忠誠を誓い、麦粒から食物を作り上げ、まだまだいろんなことのできる、たくましい、よく動く手――彼女がそれを誇りにするのは理由があったのである。

マグダレーナは「大きな危険が迫っていても、お日様のような輝きや力、強靱な心を失わず」、そのパワーをこの館にも注ぎ込んでくれた。

彼女がしょげている姿など誰も見たことがなかった。これまで、よく彼女なしでやってこられたも

*Bruno Schulz（一八九二～一九四二）。ユダヤ系ポーランド人の画家・作家。独特の世界をもつ散文作品を残す。一九四二年、ゲシュタポに射殺された。

**Zofia Nałkowska（一八八四～一九五四）。ポーランドを代表する散文作家のひとり。

***Rachel Auerbach（一九〇三～一九七六）。ユダヤ系ポーランド人の作家。占領下のワルシャワ・ゲットーで作品を発表し続け、戦後、イスラエルに移住。

****Deborah Vogel（一九〇二～一九四二）。ユダヤ系ポーランド人の哲学者・詩人。『アカシアの花咲く』などの著作がある。強制収容所で射殺された。

のだ、とアントニーナが感心するほど、彼女は館の皆を励まし、苦楽をともにし、家事を助けてくれた。「ゲスト」が増えすぎたときはいつも使っているベッドを譲り、自分は小麦粉をしまう大きなトランクか、ひじ掛け椅子を二つくっつけた上で寝た。「ホシムクドリというあだ名にふさわしく、たいていの人なら絶望してしまう状況でもいつも陽気に飛び回っていた」とアントニーナは述懐する。見知らぬ人が館に来たら、すぐ身を隠す。油断ならない人物だったり、マグダレーナのいる二階へ上がっていきそうな気配が見られたら、アントニーナはいつものようにピアノで警告するか、それができない場合、突然、大声で歌い出す。オッフェンバッハの《クレタ島へ行け》は、「わんぱく小僧みたいな」マグダレーナにぴったりの合図だった。

この曲が聞こえるや、彼女は逃げる態勢を整え、その日の気分しだいで、屋根裏かトイレか衣装箪笥のどれかに潜り込む。ばかばかしさに笑いをこらえながら。

「戦争が終わってこのオペレッタを聞いたら、どんな感じがするかしらね？　ラジオでかかったら、あら大変、隠れなきゃって思うのかな？《クレタ島へ行け》の合唱場面になったら、じっとしていられそうもないわ」

マグダレーナはもともと、調子のよいこの曲が好きだった。それでも、戦争というのは、人々の感覚記憶を混乱させてしまうものである。絶対強度の大きい入力を受けるとき、アドレナリンがどっと放出され、脈拍がぐんと上がるそのとき、記憶は深く細部にわたって刻み込まれ、出来事を忘れがたいものにする。愛や友情がこの仕組みによって強められることもあるが、音楽のように感覚に依存した芸術作品では、好ましくない印象が残ってしまうこともある。危険と関連づけられた曲を聞くことで恐怖の記憶が蘇り、アドレナリンが噴出してしまうからだ。マグダレーナの心配はもっともなことで、彼女が言っていたように「これじゃ、偉大な音楽も台無し」だった。

第二〇章　コルチャック先生

一九四二年の秋、動物園は大雪に見舞われた。激しく吹きつける風に木造の家屋はうめき声をもらし、雪だまりは卵の白身を泡立てたように盛り上がった。爆撃で地面がはぎ取られ、目印になるような人工物もなくなったところに積もった大雪は、まだ新しい轍《わだち》の跡や、倒れた柵、ゆがんだ舗道、ぎざぎざの金属片をすっぽり覆い隠した。ちょっと見には滑らかな雪野原も、どこにバシリスク*のとさかのような突起が潜んでいるかわからないので、シャベルで雪をかいた迷路のような小道と、よく踏み固められた草地以外は歩けなくなってしまった。

これに輪をかけてアントニーナの行動範囲を狭めたのが、最近になって悪化した足の具合だった。どうやら、下肢の静脈炎にかかったらしく（彼女は正式な病名を書き残していない）、歩くと激しく

*とさかのあるトカゲ、または伝説の竜。

痛むようになったため、一九四二年秋から一九四三年春まで、長期間の安静を強いられた。人一倍活発な三四歳の女性にとって、山ほどある家事を目の前にしながら、服を何枚も重ね着し、毛布と布団にくるまりベッドでじっとしているのは、耐え難いことだった（とてもきまりが悪く役立たずな感じだと日記で嘆いている）。こうして、まさしくマトリョーシカのような姿で過ごしたアントニーナは、実は本当に、おなかにもうひとつの命を宿していた。下肢に血栓ができたのが、妊娠によるものだったのか、喫煙のせいか、静脈瘤のためか、遺伝的傾向があったのか？　真相は知るよしもないけれど、少なくとも運動不足や肥満ではなかったはずだ。しかし静脈炎は軽く見てはならない病気で、重症化すれば深部静脈血栓症といって、心臓や肺にまで血栓が運ばれ、死に至ることもあるし、軽症の静脈炎や、リウマチ性関節炎（関節の炎症）だったとしても、下肢は赤く腫れ上がり、安静にしている以外なくなってしまう。やむなくアントニーナも寝室にこもり、家族、友人、使用人のほうがせっせと出入りするようになった。

一九四二年六月、ポーランドの地下組織に一枚の暗号文書が届いた。それはワルシャワからそう遠くない、トレブリンカ絶滅収容所*に関するもので、こんな警告が含まれていた。

おじは、自分の子供たちの結婚式をあなたの家でも（滅相もない）なさる計画です（神よお助け下さい）。［彼］はあなたの家のそば、すぐそばに自ら家を借りましたが、あなたはそのことを全然知らないでしょうから、この手紙をしたため、特別な人に届けてもらい、お知らせする次第です。これは本当の話であり、あなたは町の外に、私たちの兄弟とイスラエルの息子たちのために自力で新しい家を借りねばなりません。おじはもう、この家にあなたを迎える準備をおおかた整えました。そのことを知っておかねばなりません、出口を見いださねばなりません。おじはこの結婚式を大至急とり行う計画です。隠れ家に入りなさい。忘れてはなりません――私たちは神の生贄であり、「それを翌朝まで残しておいてはならない(1)」。

ワルシャワの地下壕に隠れ、『第二次世界大戦中のポーランド人－ユダヤ人関係』（*Polish-Jewish Relations During the Second World War*）を執筆した歴史家エマヌエル・リンゲルブルムをはじめ、地下組織のメンバーは、手紙の意図を正確に理解した。最後の謎めいた文は『出エジプト記』第一二章第一〇節、過ぎ越しの祭**で小羊を生け贄にする段取りの前半で、そのあとは、翌朝まで残った場合には《焼却する》という言葉が続くのである。まもなく、ヘルムノからも、ユダヤ人がトラックのなかでガス殺されている、との知らせが届き、ヴィルノからの避難民からは、ほかの町でも大量殺戮が行われていることが伝えられた。しかし、実際にガス室から逃れ、トラックに隠れてワルシャワまで逃げて来たひとりの男が、自分が目撃したことをゲットーの住人に話すまでは、そんなにひどいことが本当に行われているとは、なかなか信じられなかった。地下組織がトレブリンカからの警告を広めたあとでも、ワルシャワのような重要都市でナチがそんな非道なことをするはずはない、と言い張る

*ワルシャワの北東にあった強制収容所。ユダヤ人を中心に数十万の囚人がガス室で殺されたとされる。アウシュビッツと並んで有名な「絶滅収容所」。

**モーセの古事にちなむユダヤ教の重要な祭。過越祭、除酵祭。

人たちがいたほどだ。

一九四二年七月二二日。スタフキ通りを皮切りに、ついにゲットーの解体が始まった。七千人が鉄道の駅に追い立てられ、塩素消毒された赤い家畜貨車に詰め込まれてマイダネク*のガス室へ運ばれた。このいわゆる「東方への移住」に携行を許されたのは、三日分の食料、貴重品、それに重さ三三ポンドの手荷物のみ。一九四二年の七月から九月にかけて、ナチがワルシャワからトレブリンカへ送ったユダヤ人は二六万五千人、残りわずか五万五千人になったゲットーでは、ZOBと呼ばれたユダヤ戦闘組織が立ち上がる。トレブリンカの駅には、命運尽きた人々を落ち着かせることを目的に、到着時間と発車時間が掲示されていたが、囚人たちのひとりとして、再び列車に乗ってそこを去った者はいない。「ナチはきわめて精密に、狂った目標に向かって邁進し始めた」とアントニーナは書いている。「初めは、ひとりの人間の血に飢えた本能かと思われたものが、やがて、諸民族をまとめて絶滅させるために周到に練られた計画に発展した」。

シモン・テネンバウムやラビ・シャピロのように、脱出の誘いを断り、あえてゲットーにとどまることを選んだユダヤ人のなかに、小児科医ヘンリク・ゴルツシュミットもいる。彼はヤヌシュ・コルチャックの筆名で、自伝的な小説や『いかに子供を愛するか』、『子供の権利の尊重』といった親や教師向けの教育書をたくさん執筆していた。一九一二年、それまで積み重ねてきた文学や医学の世界でのキャリアを捨てて、クロフマルナ通り九二番地に進歩的な孤児院を開いたときは、友人や読者や弟子たちを大いに驚かせたものである。

一九四〇年、ユダヤ人がゲットー移住を命じられたとき、コルチャックの孤児院は、彼が日記で

「のろわれた地区②」と呼んだゲットーのなかの、実業家向けの会館跡地に移された。青いざら紙を綴《と》じた日記帳には、孤児院の生活、自由な空想、哲学的な思索、それに魂の探究がぎっしりと書き込まれていた。それは想像を絶する窮状を記録し、「気高く道徳的な人間が、史上最も暗い時代のひとつのなかにあって、どのように無垢な子供を大人の世界の残忍さから守ったか」を明かした聖なる遺物である。成人に対しては内気で人見知りだったと言われる彼は、孤児たちと理想的な民主制をつくり、子供たちから「パン・ドクトル（先生）」と呼ばれた。

彼は、機知と創意と自虐的なユーモアを保ちながら、議会、新聞、裁判制度まである「子供の共和国」のために力を尽くした。そこでは、子供たちは殴り合うかわりに「訴えるぞ！」と言うことを学ぶ。裁判は土曜の朝ごとに開かれて、その週に訴えられなかった五人の子供が判事をつとめる。判決はすべてコルチャック『法典』に記載されるが、最初の一〇〇条はすべて赦免についての条文だった。あるとき彼は、ひとりの友人にこう話したことがある。「私は、受けた教育からすれば医者だけれど、偶然、教育家になり、情熱から作家になり、必要に駆られて心理学者になったのだ」。

夜は診療室の寝台に寝そべって、ベッドの下にしまってあるウォッカと黒パンの残りを取り出し、自分だけの惑星ローに脱出することがよくあった。そこには空想上の宇宙飛行士の友ジーがいて、太陽の輝く光を道徳の力に変換する機械をつくることに成功する。それを使って宇宙にあまねく平和を広めながら、ジーは不満をもらす。「あの落ち着かない光を発する地球という惑星」だけは、どうしてもこれが効かないと。それからロー星人たちは、あの血塗られた、戦争ばかり考えている地球とい

＊ワルシャワの南東に位置するルブリン市近郊にあった大規模な強制収容所。

う星を破壊するべきかどうか議論をする。しかしそのとき、パン・ドクトルが、どうか地球の子供たちには憐れみをかけてやって下さいと願い出る。

青い日記帳は感動、空想、襲撃のアイデアでいっぱいなのに、ゲットーの陰うつな出来事にはちっともふれていない。七月二二日、彼の六四歳の誕生日に始まった絶滅収容所への移送のことも。その日、ゲットーを襲った大音響と暴虐の嵐には何ひとつふれずに、彼はただ、困窮の極みにある「この不運で狂った土地」の上にも「素晴らしく大きな月」が輝いていたとだけ書いた。

その頃の彼を写真で見ると、ヤギのような顎ひげも口ひげも白くなり、深く黒い眼の下はくぼんでいる。その上、しょっちゅう「癒着、疼痛、破裂、創傷」[3]に悩まされていたようだが、アーリア地区にいる弟子からのたくさんの申し出をすべて断り、子供を置いてゲットーから逃げることはしなかった。飢えに苦しむ子供たちが、自分たちのことを「サナトリウムの老人みたい」と言うのを聞いて、彼はいたたまれない気持ちだった。この子たちに苦しみを乗り越える方法を教えてあげなければと思った彼は、いろいろなお祈りを考え出した。たとえば「感謝します、憐れみ深い主よ、花に香りを与えてくれて、虫たちを輝かせてくれて、空の星を光らせてくれて」[4]というように。細かいことにも注意を払うと心が穏やかになるということも教えた。たとえば食事のあとは、お椀やスプーン、お皿をゆっくり、注意深く片づけること。

食器を片づけていると、ひびの入ったお皿、曲がったスプーン、傷のできたお椀があることに気がつく。すましているけどお行儀の悪い誰かが、スプーンやナイフや塩やカップを乱暴に使ったらしい。残った食べ物がどうやって分けられるか、誰の隣に誰が座っているかも、ときどき観察してみる。そうしていると、何かしらアイデアが浮かぶ。何をするにも、考えることを決して忘れないようにすることだ(5)。

彼は、ばかげたゲームや奥深い遊びをつぎつぎと考え出して、子供たちの心を城壁で守ってやった。あるとき彼は、好きだった東洋の宗教に触発されて、ラビンドラナート・タゴール*の戯曲『郵便局』を子供たちに演じさせることにした。いまにして思えば何とも象徴的なのは、その劇が演じられたのは七月一八日、子供たちがトレブリンカへ送られるつい三週間前だったことである。この劇のなかでは、閉所恐怖になるほど狭い部屋で寝たきりのアマールという男の子が、自分の病気を治せる王様の侍医のいる国へ飛んで行くことを夢見ている。最後にその医師が登場し、男の子の病気を治し、ドアと窓をいっぱいに開けると、そこにあるのは満天の星だった、というのがこの劇の結末なのだ。コルチャックは、囚われの状態で脅える子供たちに、安らかな死を迎えさせてやりたくて、この戯曲を選んだと話していたという。

ついに移送の日が訪れたとき(一九四二年八月六日)、子供たちがこれから耐えなければならない艱難と恐怖を思い、コルチャックはトレブリンカ行きの列車に子供たちと一緒に乗り込んだ。自分がいるほうが子供たちも安心だろうから、と彼は言った。「病気の子供を夜、ひとりにはしておかないでしょう?　それと同じことです」。貨物積み換え場で撮られた一枚の写真には、帽子も被らず、軍

*インドの国民的詩人(一八六一~一九四一)。一九一三年にノーベル文学賞を受賞。『郵便局』(*The Post Office : Dak Ghar*)は有名な戯曲。

用の長靴を履いた彼が、何人かの子供と手をつなぎ合って歩くその後ろから、さらに一九二人の子供と一〇人の職員が四列縦隊で行進し、それをドイツ兵が見守っている光景が写されている。こうしてコルチャックと子供たちは、鶏小屋よりほんの少し大きいだけの赤い貨車に乗り込んだ。大人は七五人ずつ直立状態でぎゅう詰めにされるのがふつうだったが、子供たちは全員すんなり乗り込んだ。この様子を見ていたヨシュア・ペルレは、その著書『ワルシャワ・ゲットー解体』(*The Destruction of the Warsaw Ghetto*)でこう語っている。「奇跡が起こり、死出の旅に出る二〇〇の無垢な魂のなかに、泣く者はひとりもいなかった。誰ひとりとして、走って逃げようとも、どこかに隠れようともしなかった。弱ったツバメのように、子供たちは、教師であり指導者であり、父であり兄であるヤヌシュ・コルチャックにしがみついていた」。

一九七一年、ロシア人に発見されたある小惑星に、彼にちなんだ2163コルチャックという名前がつけられた。しかしむしろ、彼が夢見た惑星の名前《ロー》と名づけたほうがよかったかもしれない。ポーランド人はコルチャックを殉教者だといい、イスラエル人は、世界を救済できる純粋な心をもつ「三六義人」のひとりだとして尊敬する。(6) ユダヤ教には、わずか三六人の正しい心と正しい行いが、邪悪な世界を破滅から守っているという言い伝えがある。彼らがいるおかげで、すべての人類が救われているのだというのである。この説によると、その人たちはごくふつうの人たちで、完全無欠だったり魔法を使ったりするわけではなく、ほとんどがひっそりと生涯を閉じるのだが、地獄の業火のなかでも決してその善良さを失うことがないという。

第二一章　キツネ

一九四二年七月の大量移送が終わると、ゲットーはその外観も中身も一変し、通りが人でごった返す過密都市は消滅し、親衛隊が警備する強制労働施設と化した。南側のだだっ広い無人地帯は「ワイルド・ゲットー」の異名を取り、そこでは《管財没収班》という特別な部隊が、主のいなくなった家から家財道具を集め、ドイツ人が使えるよう作り直す作業に追われた。ゲットーに残された約三万五千人のユダヤ人は、商店街のそばの居住区に移され、警備員に見張られて工場へ行き来した。しかし実は、ゲットーのなかには彼らのほかに、まだ二万人から三万人の「野生の《ワイルド》」ユダヤ人が隠れ住んでいて、人目を避け、迷路のようなトンネルをくぐって建物から建物へ移動しながら、迷宮のように入り組んだ地下経済を生きていたのである。

一九四二年の秋、ジャビンスキ夫妻にとって、その後、大きな助けになる地下組織が発足した。それはユダヤ人支援委員会、裏の呼び名をゼゴータという。創設したのはゾフィア・コスサックとヴァンダ・クラヘルスカ－フィリポヴィッチのふたりの女性で、ポーランド人の家に隠れ住んでいるユダヤ人の支援を使命とする組織だった。正式名称はコンラート・ゼゴータ委員会だが、そんな名前の人物が実在したわけではない。ゾフィア・コスサック（コードネーム「ヴェロニカ」）は、有名な著述家で保守派の国家主義者でもあり、上流階級の人たち、とくに地主階級とつきあいが深かったし、カトリック聖職者にも親しい友をもっていた。かたや、クラヘルスカ－フィリポヴィッチは美術雑誌《アルカディ》の編集長で、社会主義活動家、夫は元米国大使という身の上で、地下組織の軍事的、政治的リーダーたちとも親しい。ふたりは、この両極の立場の中間にいる大勢の人たちと懇意で、社会の様々な専門知識や政治的、社会的ネットワークをもつ人たちに組織への参加を呼びかけた。社会の隅々にまで人の格子を張り巡らすこと。肝心なのはそれだった。どんな人たちがいたかというと、たとえば、アレクサンデル・カミンスキーは戦前、有名なポーランド・スカウト連盟に所属していた。ヘンリク・ヴォリンスキーは、ポーランド法律家協会のメンバー。左派シオニスト党員で心理学者のアドルフ・ベルマンは、ゲットーの児童福祉団体ツェントスの代表をつとめていた。まだほかにも作家連盟、地下ジャーナリスト協会、民主医師委員会*や、鉄道、貨物の労働組合、衛生局職員たちもゼゴータを支援した。イレーネ・トマシェフスキとテチャ・ヴェエルボフスキが著書『ゼゴータ：戦時下ポーランドのユダヤ人救出』（*Zegota: The Rescue of Jews in Wartime Poland*）で述べているように「ゼゴータの人々は理想主義者であると同時に活動家で、活動家とは、その性質上、人間というものを知っている人たちだった(1)」。

ポーランドのカトリック教会と各種政治団体とを結びつけたゼゴータという組織は、ひたすら救出だけを目的としていて、破壊活動や戦闘にはかかわらなかった。このような性格の組織は、第二次大戦で占領されたヨーロッパの地域にはほかに例がない。歴史家は、この組織がワルシャワのユダヤ人二万八千人を救ったとしている。本部はズラヴィア通り二四番地にあり、エウゲニア・ヴォンソフスカ（印刷製本業者）が運営、弁護士ヤニーナ・ラーべが週二回、昼間の時間帯に事務所に詰めていて、逃亡中のユダヤ人を一時的に預かる避難所にもなった。この組織が、ポーランドの地下組織やレジスタンスと連携をとり、ジャビンスキ夫妻の館に資金と偽造文書を提供し、動物園の「ゲスト」たちが、その後、戦争終結まで隠れていられる家を、周辺の町から探し出してくれたのである。ナチのプロパガンダや死の脅迫にも屈しなかった彼らだが、ひとりの生命を守るために大勢を危険にさらしかねない状況のなかでは、一時も気が抜けなかった。それでも、ワルシャワとその近郊を合わせると、七万人から九万人、(2) ワルシャワの人口のおよそ一二分の一にあたるポーランド人が、自らの命を危険にさらして身のまわりのユダヤ人の脱出に手を貸している。直接、救出にあたった人たちや地下組織の協力者以外にも、家政婦、郵便配達夫、牛乳屋、その他、たくさんの人たちが、急に知らない顔が家族に加わったり、ものを食べる口が増えたりしても、あえて知らんぷりを通した。

有名な法律家で活動家のマルツェリ・レミーレプコフスキが、地下組織からもらった偽造文書と「重要な秘密任務」を携えて、家族とともに動物園に来たときは、ポーランド東部からの難民を装った。彼は館の部屋をふたつ借りたいと言った。ひとつは病気の妻のため、もうひとつは二人の娘ヌニアとエヴァのためだという。マルツェリは別の安全な家に隠れ、ときどき家族を訪ねることにするが、それは、館に見慣れない男の姿があるのは言い逃れが難しそうだったからだ——病気の女と少女なら

*民主・社会主義医師調整委員会（第二五章参照）。

なんとかなる。夫妻は、受け取った部屋代でコークスを買い、それで二階の寝室まで暖房できるようになったので、もう少し「ゲスト」を迎える余裕ができた。そうして新しく来た「ゲスト」のなかに、地下組織の青年工作隊に参加していたマレクとデュースという少年がいた。ふたりは、ドイツ兵が何度もポーランド人を射殺した場所に花を供え、壁や柵に「ヒトラーは戦争に負ける！ ドイツ人は死ぬ！」と落書きしたのだ――これは死罪にあたる。

その冬、館で過ごしたなかには、信頼できる合法的な間借り人が何人かいて、部屋代を払ってくれた。しかし、戦争中を通じ、ここへやって来たほとんどは、行くあてもなくゲシュタポから逃れてきた人たちだった。大勢の「ゲスト」のなかには、イレーナ・マイゼル、カジオ・クラムシュティクとルドヴィニア夫人、ルドヴィク・ヒルシュフェルト博士（伝染病の権威）、国立衛生研究所のローザ・アンゼロヴナ博士、レミーレプコフスキ一家、ポスナンスカ夫人、ロニア・テネンバウム博士、ヴァイス夫人（法律家の妻）、ケルラー一家、マリシア・アシャー、ジャーナリストのマリア・アシェルヴナ、ラヘラ・アウエルバッハ、ケニクスヴァイン一家、アンゼルム博士にキンシェルバウム博士、エウゲニア・〝ゲニア〟・シルケス、マグダレーナ・グロス、マウリツィ・フランケル、イレーネ・センドラーといった人たちがいた――ヤンによると、全部でおよそ三〇〇人である。*

まるで見えないインクが血管を流れているように、法に叛いたユダヤ人とポーランド人は、昼は隠れ場にこもり切り、暗くなるとそこから出てきて、下宿人たちとひとつの大きな家族になる。アントニーナの家事負担はますます重くなったけれど、手伝いも増えた。とくにレミーレプコフスキ家のふたりの娘がそばにいるのは楽しかったが、すぐに、この子たちはほとんど家事ができないことがわかり、「手厳しく」主婦の仕事を教えてやらねばならなかった。

動物のいない動物園は、ナチから見れば、ただの遊んでいる土地でしかない。そこで、動物園の空き地を使い、毛皮をとる動物の養殖場がつくられることになった。毛皮は、東部戦線で闘っているドイツ兵の防寒用に使われるほか（ゲットーのユダヤ人から毛皮をことごとく押収したのもこのため）、あまった分を売って戦費にあてることもできる。彼らは仕事の効率を上げるため、養殖場にはポーランド人の管理人を置いた。その男はヴィトルド・ブロブレフスキという年配のひとり者で、毛皮用の動物と一緒にひとり暮らしをするのに慣れていた。ところが彼は、あとでアントニーナに話したように、「すごく明るくて、パンの焼けるいい匂いがしたので」、メアリー・シェリーの小説『フランケンシュタイン』**に出てくる怪物のように、暖かく居心地よさそうな館を覗いているうちに、うらやましくなったのだろう。ある日、玄関にやってきて、何の挨拶もなしに、いきなり、俺はこっちに住むことにするよと宣言したので、ヤンとアントニーナは度肝を抜かれた。

やがて「キツネ男」と呼ばれるようになったこの男は、ドイツ育ちのポーランド人で、幸いにも夫妻のしていることに共感し、信用もおける相手であることがわかった。これまで屋敷に来た人たちのなかでも、いちばん風変わりだった彼は、雌猫のバルビーナと、アントニーナによれば「仲を裂きがたい数羽のインコ」も一緒に連れてきたが、ほかは何の荷物もない。ヤンの古い書斎をあてがわれた彼は、館の皆が喉から手が出るほど欲しかった暖房用のコークスと石炭を、家賃がわりに提供した。


*ユダヤ人以外の非合法の活動家もわずかに含まれている。

**実験室を出てさまよう怪物が、人間の愛を求めて家を覗く場面がある。

事業を営むには困るだろうに、キツネ男は、暦も時間も気にしないし、通りの名前も数字もいい加減、ときどき、疲れ果ててベッドへ行く気力もないというように、机とベッドの間の床で寝てしまうこともあった。そんな彼だったが、戦前はプロのピアニストだったことがわかると、ジャビンスキ家ととくに親しいメンバーのなかに加わるようになった。マグダレーナがよく言っていたように、「いかれた星の下の家では、芸術家は誰より尊敬された」からである。

キツネ男は、最初のうち、皆にピアノを弾いてほしいとせがまれても断り続けていたのだが、ある日、午前一時きっかりに、自分の部屋から出てきて、ピアノにこっそり忍び寄ると、それから朝までぶっ通しで弾き続けた。それ以来、マグダレーナの発案で、夕方の門限のあと、ピアノ演奏会が定期的に開かれるようになり、彼の弾くショパンやラフマニノフは、《クレタ島へ行け》の狂乱的フレーズを聞き馴れた人たちの耳にしみ通った。

アントニーナの回想録には、キツネ男が連れて来た灰色猫、バルビーナがよく登場するが、それによると、バルビーナは適度に身持ちが悪かったらしい（善良な普通の雌猫らしく、いつもお相手がいたということ）。しかしバルビーナがお産をするたび、キツネ男はバスケットから小猫だけそっくり取り出し、それを子ギツネに取り換えてしまい、小猫のかわりにバルビーナに育てさせるのだ。小猫がそれからどうなるのかは何も書かれていないが、ひょっとすると、毛皮農場の雑食性のタヌキ（アライグマに似ていて、毛皮用に飼われていた）の餌にされてしまったのかもしれない。繁殖業者によると、厚い良質の毛皮をとりたければ、母ギツネに一度にあまりたくさん子供を育てさせてはいけないという。それなら、あぶれた子ギツネはバルビーナに育てさせてはどうか、という小悪魔的な思いつきを彼は実行に移したのだ。「彼女には、いつも最初の日がいちばん酷だった」とアントニーナは書く。「前の日、たしかに小猫を産んだはずだったのに、どうしたことかと混乱していた」。

妙な臭いやうなり声に戸惑いながらも、赤ちゃんギツネが貪欲に乳を求めるので、体を舐め舐め乳をやっているうちに、子ギツネたちもだんだん自分と同じような臭いになってくる。ところが、猫として生きる術を教えてやろうとしても、一向にうまくいかない。バルビーナは、子ギツネたちに「一人前の猫の話し方を教えようと……いろんな声で鳴いてみる」のだが、子供たちはちっとも返事をしない。それどころか、何かというとキャンキャン大声で吠えて、彼女を仰天させている。「あれでは、猫心にも恥ずかしかろう」とアントニーナは書いている。その上、この子たちはやたらと口が大きくて「カッとしやすい」。それでも子ギツネたちは、猫のするようにテーブルや戸棚、背の高い本棚に飛び乗れるようになったため、館の住人たちは、赤ちゃんギツネが、ババリア陶器*のスープ壺にすっぽり収まっているところとか、ピアノの上や引きだしのなかで居眠りしている姿をよく見かけたものだった。

バルビーナは子供に生き餌をやるために毎日、表で狩りをして、鳥やウサギ、ハツカネズミ、ネズミなどをせっせと持ち帰った。けれども、休む間もなく狩りをし続けなければ、この子たちの底なしの胃袋は到底満たせない、とすぐ気がついた。ならば表へ——そうして、小さな痩せ猫の後ろに、その三倍も体が大きく口の尖った子ギツネたちが続き、ふさふさの黒いしっぽが白い花のなかをくぐって行った。バルビーナは、スフィンクスのようにうずくまった姿勢のまま獲物に忍び寄るやり方を教

*ドイツのババリア地方産の焼き物。

え、途中でどこかへ出かけてしまう子供がいると、厳しい調子で鳴く。すると、呼ばれた子はそそくさと群れに戻ってくるのだった。子ギツネたちは、ニワトリを見つけると、腹を地面にするようにこっそり忍び寄ってから一気に襲いかかり、鋭い歯で相手を引き裂き、うなり声をあげながら食べてしまう。バルビーナはそれを遠くから見守っていた。

何回かキツネの赤ちゃんを「産んで」、子育てに神経をすり減らしたバルビーナも、最後はキツネの流儀にも馴れてきて、子供たちは半分猫、彼女は半分キツネのようになっていった。アントニーナが感心したのは、家のなかにいる動物は絶対に襲わないバルビーナの良識だ。「まるで自分を律しているようだ」と彼女は書いている。たとえばキツネ男のインコには、かごから出してもらっているときにも手を出したりしない。ハツカネズミが家に一、二匹侵入しても同じだし、野鳥が飛び込んで来ても心を決め込んでいた。ウサギのヴィチェックにも興味をもたないし、ヒヨコのクーバにも無関心を決め込んでいた。

(ポーランドでは凶兆)ぼうっと見ているだけ。ところが、その後、新しくやってきた一匹の動物が、バルビーナの猫の本能に火をつけた。

春になって、近くに住む人が、変わった動物のみなし子を息子リスの「ミニ動物園」に連れて来た。つやつやした茶色の毛、黄色っぽいおなか、鱗に覆われた長いしっぽ、小さな黒い眼をもつマスクラットだ。水かきのついた前足で巣をつくったり、食べ物を握ったり、穴を掘ったりすることができ、泳ぐときは房飾りのような毛の生えた後ろ足で、カヌーを漕ぐように力強く水を掻く。とりわけ面白いのは、頬と唇の外まで飛び出している四本のノミのような門歯。これを使って、水中で口を閉じたまま、ホタルイやガマのような水辺の草の茎や根っこを食べる。

アントニーナは、この動物にとても興味を引かれ、大きなオリに入れて玄関先に置き、そのなかに、古い暗室から持って来た現像用のガラストレーのプールを入れてやった。マスクラットは根っからのスイマーだからである。リスがシュチュルチオ（小さなネズミ）という名前をつけると、すぐ自分の名前を覚え、眠り、食べ、水を浴びる、という三つの行動からなる新居での生活になじんでいった。野生のマスクラットはなかなか人に馴れないのだが、シュチュルチオは二、三週間すると、リスがオリの入り口を開けて、抱きかかえ、毛をなでたり掻いたりしても平気になった。一方、バルビーナは、シュチュルチオが寝ているオリのまわりをピューマのようにぐるぐる回って、どこか入り口はないかと探っている。シュチュルチオが起きて、小さな風呂でばちゃばちゃ遊び出すと、バルビーナに嫌いな水がかかる。なぜ彼女がそれほどマスクラットに関心をもつのか、誰にもわからなかったけれど、とにかく、餌やりや掃除のあとは、扉をしっかり閉め、止め金にしていた針金をねじっておかないと危なかった。

アントニーナは、彼の毎朝の「念入りなお化粧」を見るのが楽しみだった。まず、顔をプールに突っ込んで、大きな鼻息とともに空気を吹き出し、それから塗らした両手で、ひげそり前の男性みたいに顔をばちゃばちゃたたいて、時間をかけて洗顔する。それが終わると、プールに入り、腹這いになってストレッチ。それからこんどは仰向けに。これを何度か繰り返す。それがすむと、プールから上がって、犬のように全身をブルブル振るって盛大に水を飛ばす。面白いのはそのあとで、よくオリの壁を伝い、ここの前の住人、クルマサカオウムのココのように止まり木にちょこんと止まり、指で器用に毛皮をすいて、残った水気を払っていた。ここを訪れる人たちには、鳥のように枝に止まって身繕いするマスクラットはいささか異様に感じられたが、戦前からいつも変わった動物がいたこの館にはすぐなじみ、彼はリスのお気に入りのペットになった。朝の沐浴のあと、シュチュルチオは、ニンジン、ジャガイモ、タンポポ、パンや麦粒が与えられたが、本当ならば、野生のマスクラットが食べるような木の枝や樹皮、水辺の草が欲しかっただろう。

そのうち体が大きくなり、プールが狭くなったので、アントニーナはそれを、ヤンがひところゴキブリ研究に使っていた大きなガラス容器に取り換えてやった。ところが、シュチュルチオがたちまちこれに飛び込み、水を思いきりはね散らかしたので、オリは台所に移されることになった。台所なら床がタイルなので濡れても大丈夫だし、水道の蛇口も近い。

「ねえママ」と、ある日リスが言った。「シュチュルチオがオリの開け方を覚えようとしてるよ。あいつ、ばかじゃないんだよ！」

「そんなにお利口さんかしらねえ」とアントニーナは返事した。

ところが、シュチュルチオは本当に、針金の両端を指でつかんで、ねじれをほどこうと何時間も格闘していたのだ。そして夜の間についに針金をほどくことに成功し、スライド式の扉を持ち上げて外に出ると、椅子の脚を伝って床へ降り、排水管をごそごそと伝って、沼地のような流し台にするりと抜け出した。そこからさらにストーブに飛び上がり、暖かいラディエイターの上に乗ったところで、眠りこけてしまった。翌朝、リスがそれを見つけて、シュチュルチオをオリに戻し、扉を閉めて、針金をこれまでより固く閉めておいた。

ところが、さらにその翌朝、リスがアントニーナの寝室にあわてて駆け込んできて、大声でこう訴えた。「ママ！　ママ！　シュチュルチオ知らない？　オリにいないんだよ！　どこにもいないんだ！　バルビーナが食べちゃったんじゃない？　僕、もう学校に行かなきゃいけないんだ。パパも仕事に行っちゃうし！　お願いだよ！」

　そう言われたアントニーナも、その頃はまだ安静にしていなければいけなかったので、大したことはしてやれない。そこで、キツネ男と家政婦のピエトラシアを自分の代理として捜索に送り出した。彼らは言われたとおり、引き出しという引き出し、ソファに安楽椅子、部屋の隅っこ、長靴のなか——マスクラットが隠れそうな穴という穴——を覗いて回ったけれども、シュチュルチオは見つからない。

「樟脳《しょうのう》みたいに気化する」わけもないので、やはりバルビーナかジャルカの仕業だろうか、と思ったアントニーナは、猫と犬を検分するために自分のベッドまで連れて来させた。そうして二匹のおなかに怪しい膨らみがないかどうかじっくり触ってみた。あんな大きな動物を食べたとしたら——大人のウサギぐらいはあった——まだおなかが張っているはず。でも違った。おなかは普段と変わらずスッキリしている。アントニーナは無罪を告げて、二匹の容疑者は釈放された。

　すると、突然、ピエトラシアが寝室に駆け込んできた。「早く来て！　台所です。ストーブの煙突のなかですよ！　いつものように火をつけたら、恐ろしい音がするんです」

　それを聞いたアントニーナは、松葉杖につかまりながら、そうっとベッドから降り、慎重に階段を下りるとよろめきながら台所に入った。

「シュチュルチオ、シュチュルチオ」と彼女は優しく呼びかける。

突然、壁のなかであわてて何かが動く音がした。そして、煤で真っ黒になった頭が煙突から覗いたところで、アントニーナはこの逃亡者の背中をつかみ、引きずり出した。ヒゲは煤まみれで、前足には焼け焦げがある。お湯と石けんでそうっと何度も洗い、毛皮についた油を落とし、火傷に軟膏を塗ってやってから、彼女はシュチュルチオをオリに戻した。

アントニーナは笑いながら、マスクラットには、水の上に植物や泥を盛り上げて巣をつくり、その下に穴を開けて、水中から出入りする習性があることを説明した。シュチュルチオは、オリの外で自然の暮らしを再現しようと思っただけで、悪気はなかったのだと。

午後、学校から戻ったリスは、シュチュルチオがオリに戻っているのを見て大喜びした。そして、夕食の時間になると、料理を運ぶ人をつかまえては、煙突に入ったマスクラットの冒険の話をして回った。ところが、ひとりの女の子が、熱いスープを運びながら笑い出し、うっかり皿の中身を、キツネ男の頭に、そしてその膝に乗っていたバルビーナの上にぶちまけてしまった。キツネ男は椅子から飛び上がり、そのまま自分の部屋に駆けて行く。猫がそのあとを追い、ドアがばたんと閉まった。リスがそのあとに続き、鍵穴から部屋を覗きながら、なかの様子を小声で実況中継した。


「今、上着を脱いでいます」

「上着をタオルで拭いています！」

「こんどはバルビーナを拭いていますよ」

「おつぎは自分の顔です」

「ああ！　なんてことを！　インコがカゴから出てきました」

そこまで聞いて、こらえ切れなくなったマグダレーナが、彼の部屋のドアを大きく開けると、館の首席奏者《コンサートマスター》、キツネ男が部屋のまんなかに柱のように突っ立って、その頭の周囲を、まるでメリーゴーラウンドのように、インコたちがぐるぐる旋回していた。鳥たちは、すぐに彼の頭に降り立って、髪をかき分け、スープに入っていたヌードルを引っ張り出して食べ始めた。そのとき、ようやくキツネ男は、戸口でかぶりつきになって見ている観客に気がついた。

「こんなご馳走を無駄にするこたあないからな」。これよりいいやり方があるかね、と言わんばかりに、彼はこの異様な場面の説明をするのだった。

第二二章

一九四二年冬

時間というのは、猫がゴロゴロ喉を鳴らすように気ままに進行していくものだが、館のなかでは、夜間外出禁止令の門限が迫るにつれて、しだいに歩みが早くなる。そして昼と夜の分岐点、太陽が地平線上で静止するときが来ると、こんどはまるでパントマイムのように、ひとコマひとコマがゆっくりと刻まれる。決められた時間までに家に戻らなければ、捕まるか、殴られるか、殺される危険のあるいま、時間は残酷な絶対者で、誰もが恐ろしい話を聞かされていた。マグダレーナの友人で、画家で散文作家のブルーノ・シュルツが、一九四二年一一月一九日、ドロホビッチ*で悪らつなゲシュタポに射殺されたのは、その一例だ。別のゲシュタポ士官フェリックス・ランダウは、シュルツの描く、悪夢のようで、ときに猟奇的な趣もある絵を大変気に入っていた。彼は、息子の寝室の壁に、童話を題材にしたフレスコ画を描かせようと思い、ゲットーの門の通行証をシュルツに与えた。ところがある日、ランダウは、ギュンターという別の士官が庇護していたユダヤ人の歯医者を殺してしまう。そしてギュンターはその報復として、外出禁止時間にパンを脇に抱え、アーリア地区を歩いていたシュルツを見つけるや、射殺してしまったのである。

　だから、外出した者が無事に戻るたびに、アントニーナは、今日も無事一日が終って、街の迷宮に巣喰う魔物に食われた者がいないことを感謝するのだった。門限が迫る時間帯は**、リスも不穏な気分になるので、彼女は、皆が帰宅するまで息子を無理に寝かしつけることはしなかった。自分の世界が壊れていないことを確かめないと、安心して眠れないリスのこの性癖は、戦争が始まって以来、ずっと続いているもので、いまでも、まるで月の出を待つように父親の帰宅を待ち焦がれている。ヤンもそれをよくわかっているので、家に帰るとまっすぐ息子の部屋に向かい、背中のリュックを下ろすと、何分かそこに座り、その日あったことを話してやるのだった――ときには、何か小さな宝物をポケットから取り出しながら。ある夜、そのリュックが、まるで鉄骨でも張ったように膨らんでいた。

「何が入ってるの、パパ?」リスが聞く。

「トラだよ」と言って、ヤンが怖がるふりをする。

「嘘だい。本当は何さ?」

「いや本当に——危険な動物なんだよ」と父が真顔で答える。

ヤンが、リュックのなかから金属のカゴを取り出すのを、アントニーナとリスが見守っていた。何か毛むくじゃらの、ドワーフ・モルモットのような生き物がいる。栗色の体をして、両頬が白く、体の両側にはアメリカ・インディアンの馬を思わせるまだら模様。

「欲しければ、お前にやるよ!」とヤンが言った。「衛生研究所で飼っているハムスター夫婦の息子でね……。お前にあげてもいいけどね、バルビーナには食べさせないでくれるかい?」とヤンが冗談めかして言った。

「パパ、そんな、小ちゃい子に言うみたいな言い方しないでよ」とリスがすねた。ずいぶんいろんなペットを飼ったけど、一度だって、そんなひどいことしていないじゃないかと。

「ごめん、すまなかった」とヤン。「気をつけて、よく面倒をみてやってくれ。七匹の兄弟のなかでたったひとりの生き残りなんだからね。かわいそうに、ほかの兄弟はパパが気づく前に、母親に殺されてしまったんだよ」

「ひどいお母さんだね! なんでそんなの飼ってるの?」

「ハムスターにはね、こういう残酷な本能があるんだ。この子のお母さんだけじゃないんだよ」とヤンが説明する。「夫が妻を殺したり、母親が子供を巣穴から追い出し、ほったらかしにすることがあ

*ポーランドの南端、現在のウクライナの西端に位置する都市。

**ワルシャワは緯度が高く、日没時間は六月の夏至の頃には午後九時、十二月の冬至の頃には午後三時半と開きがある。

る。あんまり早く乳離れさせたくないと思って、母親のところに長く置きすぎたんだ。そしたら、かわいそうに、この子の兄弟はみんなやられてしまった。パパには研究所でこの子の世話をしてやる時間がないんだ。でも、お前なら立派にやれると思ってね」

ときに非倫理的、ときに無慈悲な自然の一面を、どこまでだったら、リスのような幼い子供を恐がらせずに教えられるかという問題は（すでに戦争という十分大きな恐怖があった）、なかなか難しい。それでも、現実を知って、説明可能な悪意もあれば説明不可能な優しさもある、動物本来の姿を教えることが大切だ、とふたりは考えていた。

「ハムスターのお話、僕、いっぱい読んだんだよ」とリスががっかりして言った。「ハムスターはいい動物で、働きもので、冬ごもりのために麦を集めたりするって思ってたんだ……」

「いや、それも本当の話なんだよ」とヤンが安心させるように言った。「ハムスターはね、冬眠をするんだよ。アナグマのようにね。でも途中で目が覚めてしまったときは、おなかがすいているから貯めておいた粒を食べて、それからもう一度、春まで眠るんだ」

「今は冬なのに、なんでこのハムスターは起きてるの？」

「野生動物じゃないからさ。人間が飼っている動物は、野生動物とは違う、不自然なスケジュールで暮らしている。そのほうが人間にとって世話がしやすいからなんだがね、そうすると、もともとの眠るリズムも狂ってしまうんだ。このハムスターも、そういうわけで起きているんだが、脈や息は夏よりずっとゆっくりになっているはずだ。自分で確かめてみるといいよ――カゴに覆いを掛けてごらん、きっとすぐに寝ちゃうから」

リスが、毛布を引っ張って来て、そのカゴに掛けると、ハムスターは隅っこへ這って行って、お尻を下にしてもたれかかり、頭を胸にうずめ、前足で顔を隠して、本当に眠り込んでしまった。やがて、アントニーナはこのハムスターを「実に自己中心的な」ちびすけで、「ひとりで気ままに過ごす」のが好きな「うるさい大食漢」だと評するようになった。印象の強い人や動物がかわるがわる登場したこの館では、大きな影響を残した「人物」――二本足であれ四本足であれ――がいた時期をひとつの時代と捉えるほうが、月日の流れを追いやすかった。アントニーナにとって、このハムスターがやって来た日は、彼女たちの「ノアの方船が、後に言う《ハムスター時代》に乗り出した」ことを告げるものだった。

第二三章　ザ・ハムスターズ

一九四三年が明けても、アントニーナはまだベッドで安静を強いられたままで、こんな生活が三か月も続いた頃から、ストレスと運動不足で心身ともに参ってきた。彼女は、ふだんは寝室のドアを開けたままにし、館のなかの動きや、いろいろな匂いやざわめきを感じられるようにしていた。一月九日、ハインリッヒ・ヘムラーがワルシャワを訪れ、さらに八千人のユダヤ人の「再移住」を命じた。しかしその頃にはもう、「再移住」が死を意味することを知らない者などいなかったから、ほとんどのユダヤ人が、素直に命令に服したりはせず、身を隠したり、スキを突いて屋根を伝って逃げるなど、何か月も移送に抵抗し続けた。驚くのは、完全ではないにしろ、この頃もまだ電話が通じた[1]ことで、地下壕のなかにも電話がかけられるところがあったほどである。ドイツ軍がよくこれを放任していたものだと思うが、禁止したところで、腕のいい技師がいればすぐに線をつながれてしまうし、地下組織にも電話技術者がいると考えていたのだろうか。

ある朝、まだ暗いうちから、ジャビンスキ夫妻は、電話のベルに起こされた。まるで月の裏側からのように遠いその声の主はマウリツィ・フランケル、全滅寸前のゲットーに住む法律家で、以前からの友人である夫妻を「訪ねる」許可を求めてきたのだった。

長く連絡が途絶えていたが、ヤンは一回だけゲットーの彼を訪ねたことがあり、しかも彼はマグダレーナの「いちばんの友」であることを、ヤンもアントニーナも知っていたから、すぐに受け入れを承知した。それから彼が来るまでの何時間かのマグダレーナの尋常でない様子を、アントニーナはこんなふうに書いている。

> 唇は紫、顔色は蒼白で、ふだんは目立たないそばかすがいっぱい見えた。あの強くて器用な両手を震わせ、瞳の輝きも失せて、その表情からは、「無事に逃げて来られるだろうか?」という心痛だけが読み取れた。

マウリツィは無事に脱出して来たが、その体は骨が飛び出し、「異界」から来た怪物ガーゴイル*みたいに折れ曲がっていた。「異界」とはゲットーの隠語であり、イディッシュ語**で《*sitre akhre*》。「聖なる火花のまわりにできた殼で光を遮断した(2)」ゾンビが住む薄暗い世界だ。

限度を超えたゲットーの重圧が、彼の体を変形させていた——肉の落ちた両肩の間に首をすくめ、顎を胸につけて苦しそうに息をする。青白い病的な顔のなかで、しもやけにかかった鼻だけが赤くてかてかしている。用意された寝室に入ると、まるで夢遊病者のように、衣装箪笥のそばのひじ掛け椅子を部屋のいちばん暗い隅まで引きずって行き、その椅子に前かがみで座り、体を一層縮こませた。まるで、誰の目にもふれたくないというように。

「ここに置いてもらえるのでしょうか?」と彼は静かに口を開いた。「あなたたちにも危険がおよんでしまいますけれど……。こちらはずいぶん静かですね。私にはわからない……」。そのあとはもう声にならなかった。

騒乱の渦のなかの生活に神経を適応させていた彼にとって、突然の静けさはかえって不安を呼び起こし、ゲットーの重苦しい環境以上にエネルギーを使わせてしまうのかもしれない、とアントニーナは思った。

ルヴフ***生まれのマウリツィ・パヴェル・フランケルは、クラシック音楽が大好きで、作曲家や指揮

*ヨーロッパの建築の屋根にみられる、雨水を口から吐き出すようにした翼のある怪物の彫刻。
**主にヨーロッパのユダヤ人が話していた言語。
***ポーランドの南、現在はウクライナの都市でリヴィウと呼ばれる。

者に友人をたくさんもち、小さな演奏会を自分でもよく主催していた。若い頃に法律を勉強し、ワルシャワへ引っ越してから、マグダレーナ・グロスと出会った。彼女の才能を絶賛した彼は、最初、彼女のパトロンになり、ついで親友になり、最後には恋人になった。ドイツの侵攻前、マグダレーナは一度、彼を動物園に連れて来たことがあって、ここが気に入った彼は、動物園の改修に使うセメントを貨車何台分か買い入れるのに手を貸してくれた。

マウリツィはしだいに、恐怖のゲットーの対岸の生活になじんできて、部屋の隅や物陰から出て来られるようになった。アントニーナは、彼の背骨が、元通りとはいかないけれど、いくらかまっすぐになったと書いている。彼には皮肉っぽいユーモアがあって、笑うときは、大声を出さないかわりに、顔じゅうをくしゃくしゃにして、ぱっと明るい表情になり、厚いメガネの後ろの眼をしばたかせるのだった。アントニーナはこう書いている。

穏やかで、優しく、愛想のよい、紳士的な人だ。一瞬たりとも、けんか腰になったり、相手を怖がらせるようなことがないし、決して不機嫌な顔を見せない。こんな性格だから、ゲットーへ行けと言われたときも、素直にしたがったのだろう。ゲットーで起こる悲劇に耐えられなくなったとき、彼は一度、自殺を図っている。けれども幸い、飲んだ毒が思ったほど効かなかった。それ以来、もう何も失うものがなくなった彼は、危険を冒して脱出する覚悟を決めたのである。

証明書類が何もないためどこにも登録できない彼は、長いこと公式には存在しない人間で、友人たちに囲まれてはいても、痩せこけた幽霊のような失踪者なのだった。彼はたくさんの声を失っていた──法律家としての声。興行主としての声。恋人としての声。そしてついに、しゃべることも、自分を保つことも困難になった。

アントニーナが床についている間、マウリツィは何時間も彼女のベッド脇に座っていた。そうするうちに、ゆっくりと心のバランスを取り戻し、話す意欲もわいて来るように彼女には思えた。彼にとっていちばんの重圧は、自分がここにいるだけで、とんでもない危険が生まれてしまうということだった。そして、フランク総督が一九四一年一〇月一五日に発令した、ユダヤ人を匿ったポーランド人は全員死刑に処すという布告のことをたびたび口にした。ポーランド人に助けられたユダヤ人は皆、この辛い現実から目をそらすことができない。その頃、館に隠れていた他の十何人かも、動物のオリや小屋に潜んでいた人たちも、同じ立場ではあったが、マウリツィは、ジャビンスキ家の人たちの重荷になることを人一倍気に病んだ。《自分自身を》危険にさらすだけならともかく、こんなに大勢の命の綱である動物園全体に迷惑がおよぶことを思うと、押しつぶされそうなほどの罪悪感を覚える、と彼はアントニーナに打ち明けている。

アントニーナの寝室は、棚や引き出しが白い壁に作りつけにされ、ベッドは、壁を浅くくぼませたアルコーブから、布でしっかりくるんだ桟橋みたいに飛び出していた。家具はどれも、ポーランドで豊富に生産される白樺材。硬く、耐久性があって、白っぽい地肌に浮かぶ木目は、直線状から炎のように渦巻くものまであり、ところどころに茶色い節や、木が生きているとき形成層に入った虫が残した細いすじが見えていた。

南に面した丈の高い窓の横には、ガラス張りのドアがあり、二階をぐるりと取り巻く広いテラスに通じている。北側の壁には白いドアが三つ。それぞれが廊下、物置、押し入れに通じていて、押し入れには「ゲスト」が隠れていた。ほかのふたつのドアにはレバー式の把手がついているが、押し入れのドアだけは、高いところに鍵穴があるだけだ。なかはとても狭いが、「ゲスト」はアントニーナの衣装の香りに包まれて、安心して眠ることができた。この押し入れは、奇術師のカバンのように前後両面にドアがあったので、その間に服をぎゅう詰めにし、どちらを開けても反対側にドアのあることがわからないようにした。廊下側のドアは床より三〇センチほど上につけてあったから、ぱっと見には奥行きの浅い戸棚のようで、洗濯物の山とか、小さいテーブルを置いておけば人の目をごまかすことができた。

ある日、マウリツィがいつものようにベッド脇に腰掛けていると、家政婦のピエトラシアが階段を上がって来る音がしたので、彼は押し入れに隠れ、アントニーナの水玉ドレスの隙間に潜り込んだ。家政婦が行ってしまうと、マウリツィはそっと押し入れから出て来て、また元の椅子に掛けたのだが、アントニーナが何か言うより早く、家事のことで聞き忘れた用件を思い出したピエトラシアが、さっとドアを開けてまた部屋に入って来た。そして、そこに知らない人間がいるのを見るとぎょっとして立ちすくみ、大きく息をのんで、夢中で十字を切った。

「サリチル酸*は飲み続けて下さい」。マウリツィが医者の口調をまねて言い、おもむろにアントニーナの手をとった。「ではお脈を拝見しましょうか」。その脈はドクドク打っていたはずで、彼の脈もその指先から伝わってきた、とあとで彼女が書いている。ピエトラシアは、ふたりの顔をまじまじと見つめ、どちらも平然としているのを見てとると、わけがわからないという様子で頭を振った。そして、私の目がおかしいのかしら、記憶が飛んだのかしら、とぶつぶつ言いながら部屋を出て、眉をこすり、頭を振り振り、階段を下りて行った。

アントニーナは、リスを呼んでこう言いつけた。「《お医者さま》のコートと帽子を持って来て、台所のドアからお送りしてちょうだい。ピエトラシアに、お帰りになるところが見えるようにね。そのあと、ピエトラシアを呼んで、ニワトリの様子を見に行かせなさい。わかった?」

リスは目をパチクリさせて、しばらく考えていたが、そのうち笑顔になってこう言った。「今朝、ニワトリをうっかり一羽逃しちゃったから、一緒に探してよって言うよ。《お医者さま》にはそのあと裏口から戻って来てもらう」

「おりこうさんでうれしいわ」とアントニーナ。「さあ、急いで!」

それ以来、マウリツィは、昼間は隠れ、家政婦が仕事を終えて帰ったあとで、禁断の地に足を踏み入れるかのように、恐る恐る一階に下りて来るようになった。夕方になると、アントニーナはよく、彼が居間をゆっくり、威厳をもって往復している姿を見たが、彼によるとそれは「歩き方を忘れないため」だった。やがて、仲良しになったハムスターのカゴの前でちょっと足を止め、他の「ゲスト」と一緒にキツネ男のピアノコンサートに席を連ねるのだった。

ある晩、ラフマニノフの前奏曲を弾いていたキツネ男が、曲の合間にマウリツィを呼んで言った。「先生、あたしは書類仕事が苦手でしてね。ドイツ語の書類まであるんですよ――まともに話すこと

*消炎鎮痛剤の一種、アセチルサリチル酸(アスピリン)のこと。

もできないってのにね。毛皮の商売が大きくなったんで、誰か事務をやってくれる人が欲しいんですが、先生、手伝ってもらえんですか？」

それより前、マウリッツィはアントニーナに、偽名を使って隠遁生活していると、なんだか幽霊になったような気がしてくる、と打ち明けたことがあった。キツネ男が言う仕事を受ければ、必要な書類が手に入り、出歩くこともできるようになり、「実在」を回復できる。何より、毛皮農場の従業員として館に住む資格も得られるだろう。実在を取り戻すというのは、ものすごく大きな意味のあることだった。ドイツに占領されて以来、正規の身分証明のほかにも、実にさまざまな偽書類——労働証明、出生証明、パスポート、登録証、クーポン、通行証——がひそかに発行されていた。マウリッツィも毛皮農場の事務員としてパヴェル・ジェリンスキという偽名の証明書をつくってもらい、晴れて、館の下宿人として暮らせることになり、二階の押し入れに隠れなくてもよくなった。押し入れには、また新しい「ゲスト」が入るだろう。実在の人間に戻ることは心理状態も変化させる。彼は、一階の食堂隣にある、ハムスターのいる細長い部屋のソファで、お気に入りのペットがカサカサ立てる音を聞きながら寝られるようになり、まもなくアントニーナは、彼の気分がすっかり変わってきたことに気がついた。

毎晩、のんびり寝床を整えていると、戦争前にも感じたことのないような幸せが込み上げてくるんです、とマウリッツィは彼女に打ち明けた。すり切れた一張羅のスーツをていねいに畳み、自分の本棚の隣の椅子に置くという、たったそれだけの行為、かつて生活をともにして、自分と一緒に逃げてきた片手で数えられるほどの本が入っている、その本棚のそばで、誰にも邪魔されることなく、自分の存在を支えてくれる家族がわりの人たちに囲まれて眠れると思うことに、喜びを感じるのだと。

どれほど多くの人が、ゲットーに閉じ込められたことで、日常生活のささやかな秘め事、プライバシー、自律、夜になればいつでも横になって眠れるという安心感を奪われたことか。ハムスターの無邪気さに包まれて、自分の本を枕元に置いて眠り、自分の実在を証してくれる書類を手にし、何よりも愛するマグダレーナとひとつ屋根の下にいられるようになったマウリツィ。愛は壊れていなくて、いまも十分な居場所があり、自分の心にもしなやかさが残っていることに気がついたとき、彼には希望が生まれ、「ゲットーで失われた感情」が、これまでの反動のようにわき起こったのだろう——アントニーナはそんなふうに思った。

一九四三年二月二日、ドイツの第六軍が、スターリングラードでソ連に降伏した。ドイツ国防軍が初めて喫した大敗だったが、そのわずか三週間後、ベルリンの軍事工場で働いていたユダヤ人がアウシュビッツ*へ輸送され、三月半ばにはクラクフ・ゲットー**が解体された。ポーランドの地下組織は、一月一日以降、五一四回にもおよぶ攻撃をありとあらゆる形で試みていたが、一月一八日になると、ついにワルシャワ・ゲットー内にも、武装レジスタンスが立ち上がった。

激震に見舞われたゲットーからは、さらに多くの人たちが、アントニーナの言葉を借りれば「難破した魂」のようにぼろぼろの状態で、館のデッキへ流れ着いた。「この家は大波に翻弄されるぼろ船ではなく、安全な港を目指し、深海をぐんぐん進むネモ船長の潜水艦だと、私たちは信じていた」。

*ポーランド南部のオシフィエンチムのドイツ名。三つの強制収容所があった。
**クラクフは、アウシュビッツよりわずかに北に位置する。

その間も、外の嵐はますます強く吹き荒れ、皆を震え上がらせ、「焼却場の入り口とガス室の敷居から、命からがら逃げて来たゲストたちの先行きに影を落とした」。避難所に入りさえすれば、それで終わりではなかった。しかし、方船で荒海を漂う人たちは、「安住の地はきっとある、戦争の恐怖もいつかは終わる、という希望なしには心がもたなかった」。

心を捨てて、体だけ生きるというのは、アントニーナの流儀には合わなかった。ヤンは策略や奸計をこらして危機を何とか乗り切ろうとしていたし、アントニーナも警戒を怠りはしなかったけれども、状況が許す限り、精いっぱい楽しげにふるまうようにしていた。ヤンと同じように、アントニーナも青酸の錠剤を肌身離さず持ち歩いていたが、ユーモアと音楽、陽気な気分を盛り上げることは忘れなかった。そのおかげで、地下生活はぎりぎりまで耐えやすいものになったし、ときには祝祭的な気分にすらなれた。とはいえ、狭苦しい場所で鼻つきあわせて暮らしていれば、どうしても欲求不満は生まれるもので、そんなとき「ゲスト」たちは、憂さばらしに、イディッシュ語のよく知られた呪詛(3)の言葉を吐き散らした。そのなかには、「おまえの小便が青虫になればいい！」とか「小屋の下敷きになっちまえ！」といったあくどいものから、こんな詩文の形をとるものまであった。

千の家をもてばいい
どの家にも千の部屋があって
どの部屋にも千のベッドのある家を
そこでお前は寝るがいい

夜ごとに違うベッドで、違う部屋で
違う家で、朝が来たら起き出して
毎朝、違う階段を下りて
違う車に乗って
違う運転手に運転させて
違う医者のところに行くがいい
——お前のどこが悪いのか、知らない医者のところへね！

当時のアントニーナの日記には、それでも「家のなかが明るい雰囲気なのは事実」だし、「ほとんど幸せと言っていいときもある」と書かれている。市街での隠遁生活の実態や、逃亡者を匿った一般の民家と比べると、ここは確かに別天地だった。たとえば、アドルフ・ベルマンが一九四三年一一月にエマヌエル・リンゲルブルムの妻ユディットから受け取った手紙には、「クリシア」という呼び名のあった地下壕の様子が綴られている。ベルマンをよく知っていたアントニーナとヤンも、この手紙を読んでいたと考えられる。

ここはひどい憂うつに支配されています(4)——まるで無期懲役。恐ろしい絶望感。何か世間的な出来事でも知らせていただければ多少は元気が出るでしょうし、生き残った身内をここに呼んでもいいのかもしれません。

ルームメイトになったハムスターとマウリツィは、お互いに興味を持ち合い、たちまち仲良しになったことにアントニーナは気がついた。「聞いて下さい」とある日、マウリツィが言った。「私はこの小さな生き物がとても気に入りました。私の新しい名前はパヴェル（パウロ）ですから、こいつのことはピオトル（ペテロ）と呼んで下さい。これで使徒*がふたりになりますよ！」

毎晩、夕食がすむと、マウリツィはピオトルをつるつるしたテーブルの台地に放してやる。するとピオトルは、皿から皿へチョロチョロ走り回り、パン屑を頰袋がいっぱいになって、テーブルに引きずるほど詰め込む。マウリツィはそこでピオトルを回収し、カゴに戻す。やがてピオトルはすっかり馴れて、マウリツィの手のひらの絨毯《じゅうたん》に乗って家のなかをフワフワと飛び回るようになり、いつも一緒のふたりは、館の仲間たちからひとまとめに「ザ・ハムスターズ」と呼ばれるようになったのである。

第二四章　ゲットー解体

一九四三年の春、ハインリッヒ・ヘムラーは、ヒトラーの誕生日に、誰もかなわないような贈り物をし、総統に取り入ろうと考えた。ヒトラーの写真によく話しかけていたというヒムラーは、誰よりも忠実な下僕になろうと必死だった。できるものなら月を投げ縄で捕らえ、きれいにラッピングして差し出したことだろう。「彼のためなら何だってやるさ[1]」と友人に話したこともある。「嘘じゃない。ヒトラーが俺の母親を撃てと言えば、俺は撃つ。それで彼の信頼が得られるなら満足だ」。このとき、彼がヒトラーにプレゼントしようと思ったのは、ワルシャワ・ゲットーに残っているユダヤ人の「解体」。彼はそれを、過ぎ越しの祭りの初日という、ユダヤ人の大事な聖日で、ヒトラーの誕生日の前日である四月一九日に行うことを誓った。

午前四時、少数のドイツの哨戒隊と急襲隊がひそかにゲットーに入り、仕事に向かう途中のユダヤ人数名を捕らえたが、彼らは何とか逃れることに成功し、ドイツの部隊もいったんは撤退する。ところが午前七時、こんどはユルゲン・シュトロープ少将を司令官とする親衛隊の旅団が、士官三六名と兵士二〇五四名、さらに戦車と機関銃を伴って、ゲットーの中心部に一気になだれ込んだ。しかしここで予想外のことが起きた。ユダヤ人がバリケードの向こうから、ピストル、数丁のライフル、機関銃、さらに、おびただしい数の「モロトフ・カクテル」、つまりガソリン入りの火炎瓶で応戦してきたのである。この火炎瓶は、もともと一九三六年から三九年のスペイン内戦で、フランコ派の国家主義者が思いついたものだが、フィンランドがすぐそのアイデアをいただいた。折しも、気取った人々の間では食前のカクテルがブームになっていた。そこでソ連がフィンランドに侵攻したとき、フィンランド人が皮肉を込めて、この火炎瓶にソ連の外務大臣ヴャチェスラフ・ミハイロヴィッチ・モロト

*パウロ、ペテロはイエス・キリストの使徒の名前。

フの名前を冠したカクテルの名をつけたといういきさつがある。ユダヤ人の抗戦部隊は、圧倒的に数が劣り、武器も貧弱だったにもかかわらず、夜が訪れるまでナチを寄せつけずに頑張り抜く。すると翌日、親衛隊がこんどは火炎放射器、警察犬、毒ガスまで装備してやって来たが、総勢一五〇〇人のゲリラ隊は敵のすきを見ては反撃に打って出た。

ラッピングしてヒトラーに捧げるはずだった大量殺戮は、こうして一か月近くも続く包囲戦となった。あげくの果てに、ドイツ軍はゲットーのすべてを焼き払う決断をする——建物も、地下も、下水も、これらのなかにいる人間もろともに。そして多くが火炎のなかで息絶えていったが、投降する者、自殺をとげる者、無事逃げおおせて、この最終戦争《ハルマゲドン》を語り伝える者もいた。地下組織の新聞は、ポーランド人のキリスト教徒に、逃亡したユダヤ人に避難所を見つけてやるよう呼びかけ、ジャビンスキ夫妻はこれに熱心に協力した。

「ゲットーのすぐ隣、壁の向こう側では、市民生活は少しも変わらず営まれている。昨日と同じように、ふだんと同じように」(2)。生き残ったひとりはこう書いている。「外の人たち、首都ワルシャワの市民たちは幸せそうだった。焼き尽くされるゲットーに目を向ければ、昼は火災の煙、夜は炎が見えていたはずなのに。ゲットーの隣にある回転木馬はくるくる回り、子供たちは輪になって踊っている。素敵な光景だ。子供たちはうれしそうだ。郊外から遊びに来た少女たちが、遊園地のメリーゴーランドに乗って、燃えさかるゲットーを眺めている」——笑いながら、行く手にフワフワ舞い降りる灰を捕まえようとしながら、大音量で流れる音楽を聞きながら。

五月一六日、ついに少将シュトロープはヒトラーに鼻高々で「ワルシャワ・ゲットーはもはや存在しません」と報告した。『地下経済報』一九四三年五月一六日号によれば、アパート一〇万戸、事業所二千か所、店舗三千軒、多数の工場が焼失した。ドイツ兵が最後に押収した武器は、ライフル九丁、ピストル五九丁、そして各種の手製爆弾が数百発にすぎない。七千人のユダヤ人がその場で射殺され、二万二千人がトレブリンカかマイダネクの絶滅収容所へ送られ、何千人ものユダヤ人が強制労働所に連行された。これをなしとげるのにドイツ側が支払った犠牲は、死者一六名、負傷者八五名。

この間、館では誰もがゲットー蜂起のニュースにかじりついていた。アントニーナは、このときのムードを「体じゅうに電気が走り、ガツンと殴られ、絶望に沈み、それでいて誇らしい気持ちも混じっていた」と表現している。最初、ゲットーにポーランド国旗とユダヤの旗が高く掲げられたと聞かされた。しかし、やがて煙が上がって、大砲の音が響き、彼らの友人で地下組織の高官ステファン・コルボンスキから、ユダヤ戦闘組織とユダヤ戦闘連合——男女合わせて七〇〇人きり——は英雄的に闘ったが、「ドイツ兵に何万人も連れ去られ、殺され、生きたまま焼かれた。ポーランドのユダヤ人三〇〇万人のうち、残っているのは一〇パーセント以下だ(3)」と知らされたのである。

そして、あの恐ろしい日、灰色の雨が動物園に降り注いだ。川向こうのゲットーが燃やされたあとの灰が、西風に運ばれて、ゆっくりと、いつまでも降り続けた。四五万人を収容したワルシャワ・ゲットーの最終的解体で抹殺されたなかに知己をもたない者は、この館にはひとりもいなかった。

その年の一二月一〇日のこと、外出禁止時間の直前にヤンが帰宅して、ピエトラシアが仕事を終えて帰ると、夕食のボルシチの支度をしたアントニーナは家族のほかにキツネ男、マグダレーナ、マウリツィ、ヴァンダたちを呼んだ。真っ赤なビートのスープがキャンドルの炎に映えて、大きな銀のスプーンにすくうと、ボルドーワインの色になった。街灯に照らされた戸外は、雪の精でもいるような猛吹雪だったが、今年はこの館にも、冬じゅう皆が暖かく過ごせるだけの石炭がある。夕食がすんで、リスが台所でシュチュルチオの風呂の水を換えてやっていたとき、静かにドアを叩く音がした。そうっとドアを開けた彼は、あわてて食堂にいる両親に知らせに走った。

「ママ、クロテンの女の子と家族だよ！」

キツネ男がけげんな顔をして、読んでいた新聞を下に置いた。毛皮農場では、ミンクに似ていて体の小さいクロテンは飼っていなかった。

「とことんいかれた家だなあ！」と彼は言った。「人間に動物の名前をつけて、動物に人間の名前をつけるんだから！ 人間の話なのか動物の話なのか、ちっともわからんよ。クロテンって一体誰だね、いや、何なんだね？ 名前か？ コードネームか？ 人間なのか？ 動物なのか？ ああややこしい！」キツネ男はそう言うと、大げさなそぶりで立ち上がり、自分の部屋にこもってしまった。

アントニーナは急いで台所へ行って、到着したばかりのクロテン一家を迎え入れた。それは、レギーナ・ケニクスヴァインと夫のサミュエル、それにふたりの男の子――五歳のミエツィオと三歳のステフツィオ――だった。いちばん下でまだ零歳のスタシは、泣き声を聞かれてはいけないので、ボドゥエン神父の孤児院へ預けて来た。しかしレギーナには、彼女の言葉を借りれば「心臓の下にもうひとりの赤ちゃん」がいた。つまり、四番目の子供を妊娠中だったのである。

一九四二年の夏、ゲットーからユダヤ人が大量に収容所送りにされたあのとき、裁判所からアーリア地区に通じていた抜け道も塞がれた。迷路のような下水道を抜ける脱走ルートも、まだ確立していない頃、サミュエルは、カトリック教徒の友人ジグムント・ピエンタクに、家族を連れてアーリア地区に逃げる手助けをしてほしいと依頼した。ゲットーからの脱走を成功させるには、何よりも複雑な友人知人のネットワーク、そしてチャンスがものを言う。ケニクスヴァイン家の人たちの場合もそうだった。サミュエルとその友人シャプセ・ロトホルクは、まずゲットーのユダヤ警察に加わり、欲深なドイツの守衛やポーランド人の密売人とねんごろになった。そうして一家は、ある夜、鎮静剤を飲ませた子供たちを袋に入れて、守衛に賄賂をやって、ゲットーの壁を越えた。そしてまずは、ピエタクが一家のために借りて置いてくれたアパートの一室に落ち着き、一九四三年後半までそこに隠れ住んでいた。その間ずっと、ピエタクだけが外の世界への窓口となり、食料や必要品をときどき届けてくれた。しかしいよいよお金が尽きて、アパートの立ち退きを迫られたため、ピエタクがヤンに、地下組織がつぎの隠れ場を見つけるまでの間、一時的に一家を泊めてやってもらえないだろうかと相談をもちかけたのだ。

アントニーナは、レギーナのことはよく知っていた。彼女の父親ソブル氏（ポーランド語でクロテン）は、ドイツの侵攻前、動物園の動物に果物を配達していた。心の優しい肩のいかった男性で、いつも同じ色あせたチョッキを着て、果物や野菜の大きなかごを重そうにかついでいた。荷物だけでも大変なのに、ポケットにはたいてい、サルにやるサクランボとか、（人間の）リスにあげる黄色いリンゴを忍ばせていた。けれども、それ以上に両家をつなぐ架け橋になったのは、ゲットーで強制労働させられていた彼の息子だったのである。彼はときどき仕事場を抜け出して、動物園まで走って行っては、ジャビンスキ夫妻からジャガイモなどの野菜をもらい、家に持ち帰っていた。ところがある日、ゲットーのなかの作業所に配置替えになってしまう。困った彼は、アントニーナに、ドイツ人のボスをうまく丸め込んで、これまでどおり外で働けるようにしてもらえないかと頼み込む。彼女はまんまとそれをやってのけたのだが、ことの次第をこう書いている。

「この上司はいい人だったのかもしれないし、あの子がゲットーに食べ物を持ち帰れなくなると家族が飢え死にするという私の言葉に、ショックを受けたのかもしれない。彼はとても上手なポーランド語で、私に『もっと気をつけなきゃいけません』と言った。しかしクロテンの子はそれから一か月以上、ゲットーの外で働いて、家族に食べ物を持ち帰ることができた」。

ジャビンスキ夫妻は、レギーナのことは少女の頃から知っていたし、アントニーナは彼女の結婚式にも出席している。さらにヤンは、夫サミュエルとは一緒に作業——塹壕掘り——をした仲だった。サミュエル・ケニクズヴァインは、戦前は有名なボクサーで、よくワルシャワのマカビー・アンド・スターズというスポーツ会館のリングに上がっていた。しかし大工の技術もあったので、ゼゴータの隠れ家の改修を手伝うようになった。ゼゴータの中心人物のひとりだった建築家のエミリア・ヒゾーヴァが、ドイツの侵攻後、ボタンを押すと横に滑る、壁に見せかけた扉を考案し、技術をもった者たちが、これを街のあちこちのアパートに取りつけて回ったのである。アパートの住人は、その開け閉めを家具で邪魔しないように気をつけていた。この思いつきはうまくいった。見かけがすっきりしているため、かえって注意を引かなかったのだ。

ケニクスヴァイン一家を動物園に迎えたアントニーナはあまりに気の毒で胸が引き裂かれそうだった。「彼らを見ているうちに涙がにじんだ。哀れなヒヨコたちが私のほうを振り返り、恐怖と悲しみに大きく見開いた眼でじっと見つめた」。レギーナのまなざしはとりわけ彼女の胸をかき乱した。それは「死の宣告を受けた若い母親のどんより沈んだ眼」だった。

アントニーナは、自分のなかで同情と利己心が綱引きするのを感じ、自分や家族を危険にさらさずにできる援助が限られていることを、後ろめたく思った。しかしさしあたって、ケニクスヴァイン一家をどこに泊めたらいいのだろうか？　最初の何日かは全員、ライオン舎に匿って、その後、レギーナと子供たちだけ、キジ舎からトンネルをくぐって館に移動させることにした。アントニーナは、そのあと、キジ舎でひとり過ごしてもらうサミュエルのために、大きくて暖かいシープスキンのコートと長靴を調達した。そして夜、暗くなる直前に、彼はキジ舎にそっと忍び込み、なかから鍵をかけた。その翌朝、家政婦が来る前に、こんどはレギーナと子供たちが、館の階段を上がり、二階の寝室のひとつにこっそり潜り込んだ。親子はそれから二か月の間、そこに隠れていた。レギーナの男の子たちがほとんど声も物音も立てないのに感心したアントニーナが、そのことを褒めると、ゲットーの秘密学校で、狭い場所でもできる遊びや、音を立てない動き方、できるだけ体を折らずに横になる方法を指導されたのだと教えられた。

キツネ男の農場では、知らない人間が大勢働いていた。どこの誰だかわからない少年たちが、ときどき台所に入って来ては、怪しいビラがないか探していく。警察もよく立ち寄った。心配はそれだけではない。家政婦も信用し切れるわけではなかったから、ジャビンスキ夫妻は、食欲が急に増進したわけを彼女に説明できずにいた。家政婦にばれないように台所から「ゲスト」の食べ物を持ち出すのは難しかった。だから、おなかがぺこぺこのふりをしながら、空の皿をもっておかわりを、三杯目を、四杯目をもらいに行った。使用人の立場で、主人の豪快な食べっぷりをとやかく言うことはさすがにできないが、ときどき「よくあんなに食べられるものね！　信じられないわ！」などと彼女がつぶやくのを、アントニーナは聞き逃さなかった。リスは、家政婦が見ていないときを見計らって、ひとり分ずつ、お皿とお椀をもって階段を上り下りした。ヤンやアントニーナが「ライオンに餌をやらなきゃ」とか、「キジに……」「クジャクに……」などと言うのを合図に、オリのなかの「ゲスト」に食事を届けることもあった。万全を期して、アントニーナは結局、長年つとめた家政婦を解雇し、フランチシュカという、ヤンの旧友の義理の姉妹で、信頼できる別の女性を新しく雇うことにした。しかしその彼女も、この館で繰り広げられている三次元チェスの実存《エクジスタンス》と抵抗《レジスタンス》の全貌は、ついぞ知ることがなかったのである。

第二五章　一九四三年

一二月の半ば、ヤンが、ケニクスヴァイン一家のつぎの寄宿先として確保したのは、エンジニアで元職業軍人フェリクス・ツィヴィンスキの家だった。ヤンとツィヴィンスキは、第一次世界大戦で肩を並べて戦った戦友同士で、いまでも地下組織の活動で密接なつながりを持ち続けている。結婚してふたりの子供のいるフェリクスは、サピエジンスカ通り一九番地と二一番地にある自分のアパートや、姉妹や両親の住むアパート、友人のインテリア・ショップ（改装という名目で休業中だった）に、大勢の人を匿っていた。一時に一七人も受け入れて、ユダヤ教の戒律どおりの食事をしたい人には鍋も皿も別にして、薬品を調達し、必要なときは地下組織の医者の往診も頼んだ。一九四〇年に設立された秘密組織に「民主・社会主義医師調整委員会」というものがあり、五〇人以上の医師が所属して、ひそかに傷病者の治療にあたった。彼らは月刊誌も発行し、その誌面では、民族の純潔と病気を巡るナチのプロパガンダのでたらめぶりを暴いた。フェリクスは、怪しいことは何もないと周囲に思わせるため、月に一度、匿っているユダヤ人全員を、動物園その他の安全な場所に移動させ、その間、自宅に隣人や友人を招くということもやった。やがて資金が尽きて、借金まで背負ってしまったが、こんどは自分の家を売り、そのお金でユダヤ人を匿えるアパートをもう四戸借り、家具まで入れた。ケニクスヴァイン一家のように、動物園のつぎに彼のアパートに身を寄せるケースはちょくちょくあったが、こうした人たちが彼のアパートに隠れるのは、せいぜいが一日か二日。その間に証明書類を手に入れ、つぎの家が手配されると、彼らはそちらに移動した。

ところが、ケニクスヴァイン一家の引っ越しは、アントニーナとヤンにとって新たな難題を突きつけた——これだけの人数を、どうしたら人目を引かないように移動させられるか？　このときアントニーナは、危険を減らすため、彼らの黒髪をブロンドに脱色することを思いつく。ドイツ人にしろポーランド人にしろ、ブロンドの髪は北欧系、ユダヤ人は黒髪、と決めてかかる者が世間には多かったからだ。この誤解は、ヒトラーの非アーリア的な黒い口ひげと頭髪を巡って、噂が流れるようになっても一向に直らなかった。実はアントニーナも、写真やヤンの発言から判断すると、あるとき、もともと褐色だった髪の色をブロンドに変えている。といっても、彼女の場合は色合いを何段階か薄くするだけで、黒から黄色というふうに全然違う色にするわけではなかった。だから今回は、理髪店の友人に相談した上で、オキシフルの原液の入った瓶と処方を書いた紙をもらって来た。うっかり脱色しすぎると、エマヌエル・リンゲルブルムが強調していたように「やってみたら、黒髪よりもプラチナ・ブロンドのほうが余計に疑われてしまった」ということになりかねないからだ。

そしてある日、彼女はケニクスヴァイン一家を二階のバスルームに連れて行き、ドアに鍵をかけ、息子リスを見張り番に立てた。薄めたオキシフルに脱脂綿を浸し、ひとり、またひとりと、頭をごしごし、頭皮が赤く腫れて、自分の指に水膨れができるまでこすったのだが、彼らの髪は一向にブロンドにならない。腐食性のある脱色液を、さらに濃くしてみても駄目だった。ようやく終わってドアを開けたとき、犠牲者たちの髪は赤銅色に染まっていた。

「ママ、どうしたの?」リスがびっくりして言った。「みんな、アカリスみたいだよ!」それ以来、「アカリス」が彼らのコードネームになった。

その夜、ヤンがケニクスヴァイン一家に付き添って、地下通路を通ってキジ舎へ、そして、フェリクスの住まいのある市内のサピエジンスカ通りへ連れて行った。そこに隠れる者は、危険が迫ったら地下壕に逃れるのが決まりで、その入り口は、バスタブの陰のくぼみに隠されていた。フェリクスは彼らを受け入れたとき、レギーナの妊娠について聞かされておらず、彼女の陣痛が始まったとき初めてそれを知った。ところが、もう外出禁止時間に入っていて、医者を呼ぶには遅すぎたので、やむなく、彼が産婆役をつとめることになった。戦後、インタビューを受けた彼は、こう話している。「文字どおり、私の手のなかでひとつの命が生まれたんです。あれほどうれしい瞬間はなかった。あれは、ワルシャワ・ゲットーの最終的解体の真っ最中の出来事だったんですよ。街じゅうが緊迫、おぞましいテロが行われ、ドイの憲兵隊やゆすり屋が、地上と言わず地下と言わず、しらみつぶしに脱走したユダヤ人を探し回っている、ちょうどそんなときでした」。フェリクスは、一九四四年のワルシャワ蜂起までこの一家を匿い続け、蜂起が始まると、第一次世界大戦での従軍経験をもつサミュエルは、自ら大隊の指揮を取った。

ユダヤ人に変装をさせようとしたのは、アントニーナだけではない。実は当時、手のこんだ変装専門店が市街に何軒かあって、たとえばマダ・ヴァルター博士は、夫とふたりでマルシャウコフスカ通りに画期的な美容学校《チャームスクール》を開き、ユダヤ人女性にアーリア人風の目立たない装いをするコツを伝授していた。

「多少なりとも服を脱いだご婦人が、十何人か椅子に座っているのを見ました」[1]。ゼゴータのメンバーでもあったポーランド人の著述家ヴワディスワフ・スムルスキが戦後、こう証言している。「いろいろなランプの下に座る人や、クリームを顔に塗って、何やら不思議な処置を受けている人がいました。そこにヴァルター夫人が現れると、全員が夫人のまわりに椅子を引き寄せ、本を開くんです。それから教理問答の始まりです！」

婦人たちはユダヤ的な面立ちだったが、全員、首のまわりに十字架かメダイ*をつけている。ヴァルター夫人は、彼女たちにキリスト教の祈りのなかでも重要なものをいくつか教え、教会や葬式で目立たずにいる秘訣も授けた。生徒たちはさらに、豚肉を調理して食卓に供するやり方とか、ポーランドの伝統料理のつくり方、果ては《ビンベル》と呼ばれる密造酒の取り寄せ方まで教わった。祈りを覚える必要があるのは、警察がユダヤ人とおぼしき者を路上で呼び止めるときは、男なら割礼の有無、女なら「主の祈り」や「アヴェ・マリア」を暗唱させるのが通例だったからだ。

素性は些細なことから暴かれることがある。だからヴァルター夫人の美容学校では、流行りのお化粧、控え目な物腰、ポーランド人の慣習をちょうどよく配合したものが、素性を隠す護符《チャーム》として伝授された。ユダヤ的な物の言い方は、避けなければならなかった。たとえば、「どこの通りにお住まい?」とは聞かず、「どちらの地区にお住まい?」と言うこと。ユダヤ的な習慣や常識——歩き方、動作、人前でのふるまい——には、とくに注意が必要だ。男性は教会のなかでは帽子を取ること(ユダヤ教の寺院では被ったままでよい)。友人や家族の誕生日だけでなく、クリスチャンらしく、守護天使の日のお祝いも忘れないこと。

髪は額から上げて、ぴったり抑えるか、なでつけてアーリア人風のスタイルにまとめること。前髪を下ろした髪形や、巻き毛、縮れ毛は疑いをもたれやすい。黒髪はどぎつくない程度に脱色するが、不自然に薄すぎてはいけない。服を選ぶにあたってのアドバイスはこうだ。「赤、黄色、緑、それに黒も避けなさい。いちばんいいのはグレー、または地味な色の組み合わせ。流行りの眼鏡はいけません。あれは、ユダヤ人特有の鼻を目立たせてしまいます」。いかにもユダヤ的な鼻はときに「外科的介入」が必要になる。幸い彼女には、ユダヤ人の鼻を整形したり、古くからの風習で、問題視されやすいのでひそかに行われていた「割礼」[**]で失った陰茎包皮の修復手術[2]をしてくれる、ポーランド人外科医（有名なアンジュジェイ・トロヤノフスキ博士とその同僚医師たち）の協力者がいた。

はるか昔から、ローマ人の言うこの「修繕」が、迫害されたユダヤ人を救ってきた。聖書によれば、紀元前一六八年にはもう割礼修復手術が行われているが、これはアンチオクス四世[***]の治政下、ユダヤの地に、ギリシャ＝ローマ流の全裸のスポーツ大会や公衆浴場が登場した時代である。この当時、ユダヤ人の男性が出自をごまかす方法は、ふたつしかなかった。ひとつは裸になるようなところへは行かないこと。もうひとつは、《ポンドゥス・ユダエウス》と呼ばれた特殊なおもりで、陰茎包皮を亀頭を被うまで引き伸ばす矯正法をすることだった。包皮を引き伸ばすと、皮膚の細胞間に小さな亀裂ができ、その溝を埋めるように新しい細胞が形成されていき、そのぶんだけ包皮が伸びる。もちろんこのやり方は時間がかかり、痛い上に、衣服がたっぷりしていた当時でも、隠しとおすことは難しかった。そこで第二次世界大戦中は、これと同じ効果を外科手術で得ていたのだが、言うまでもなく、ナチの時代の医学文献を探しても、この手術についての詳細な記述はない。

地下活動の輪のなかのさらに小さな輪のなかで、ヴァルター夫人と一緒だったヤンは、彼女のことを知っていたに違いなく、アントニーナが脱色剤や処方をもらって来たのも、彼女の店からだった可能性が高い。ヴァルター夫人と初老の夫は、自分の家に一度に五人ものユダヤ人を匿いながら、美容

*メダル、メダイオン。カトリック教徒が好んで身につける聖母子像などをかたどったペンダント。
**ユダヤ教やイスラム教、アフリカ各地で行われる男子の陰茎包皮を切除する手術。
***紀元前二世紀のメソポタミア地方で勢力を誇ったセレウコス朝の王。

学校に「ひっきりなしにやって来る」生徒たちに「美しく見せるための」レッスンをしていた。ヴァルター夫人は後にこう書いている。「戦争中、私たちの隠れ家にしばらく潜んでいた人たちが、たまたまひとりも災いにあわなかったため、そこから噂が広まって、客がどんどん増えていったのです」。しかし、自分はただ同情というおまじないにかけられていただけです、とも夫人は語っている。「彼らの受難が私の心を捉え、友人と赤の他人を隔てるものを、きれいさっぱり取り去ってしまったのです(3)」。

第二六章

くたばれヒトラー!

冬から春へ季節がそっと変わっていく頃。昼間見た雪溶けの街角にはわずかな緑が覗いていたのに、夜の帳が下りて地面が再び凍ると、スケートリンクのような歩道が月光に銀色の輝きを放つ。穴ぐらでいまも冬眠中の動物たちは、やきもきしながら表に出るときを待っている。館の住人も動物たちも、日が延びたことを感じ取っていた。流れ込む外気とともに、息を吹き返した土壌の甘く苔むした匂いが運ばれてくる。木のてっぺんが淡いピンクに染まっているのは、蕾が膨らんできた印だ。春はしだいにその歩みを早め、それに合わせて動物の世界でも、求愛に交尾、決闘にダンス、蜜を吸い、穴を掘り、衣装をととのえては脱ぎ捨てる祝祭の準備が始まっていた――モコモコ、シュウシュウ、泡立つような生命の饗宴が帰って来るのだ。

ベッドというふかふかの牢獄に囚われていたアントニーナも、ときどき起き上がって、足の痛みをこらえてバルコニーへ出るようになった。そこからは外が見渡せ、冬の終わりを告げるようにヴィスワ川の氷が割れる、ティンパニーのような連打も聞ける。床についていると時の流れは遅く、記憶の頁をたどったり、これまでとは違う物の見方をするゆとりが生まれる反面、手が届かず、目がゆき届かなくなることもある。息子のリスはこの間、誰にも監視されずに行動することが増えていたが、アントニーナは「年の割には分別もあるから」と安心し切っていた。

リスより年上で、地下組織を手伝っている少年組織のメンバーたちが、動物園に出入りするようになった。アントニーナやリスには、誰がいつ現れるかまるでわからないため、ヤンに注意を頼んではいたものの、彼は昼間は仕事に出てしまい、雲のようにふっと現れては消えて行く子供たちが出入りする場にいられるわけではなかった。こうした少年たちは、たいていキジ舎に一、二泊しては、再びワルシャワのジャングルに消えて行くのだった。しかしズビシェクという名の、ゲシュタポに執拗に追われていた少年だけは、何週間も居残った。彼らが動物園に潜んでいる間、食事を届けるのは、館の住人のなかでいちばん目につきにくいリスの役目だった。

アントニーナとヤンは、彼らが手を染めている地下活動については、リスの前で絶対に口にしなかったし、日頃は好奇心旺盛なリスも、珍しい動物がふいに現れるように、急にやって来ては忽然と消えて行く少年たちを、あまり気にしていないふうだった。彼なりに、何かストーリーを思い描いているのだろうか？　だとしたら、どんなストーリーなんだろう？　と気になったアントニーナは、あの子たちのこと、たとえばズビシェクのことを、あなたはどう思ってるの？　とリスに聞いてみた。「なんだ、そのことか」と、無知な親に辛抱強く教えてやるみたいな口調で、リスが言った。「ちゃんとわかってるよ！《男》なら自然と気がつくさ。ママとズビシェクは、僕に教えたくない秘密があるみたいだから、何も聞かないようにしてたんだよ。でも、僕はズビシェクなんかどうだっていい！僕にだって友だちぐらいいるから。でも、あいつのことをどう思うか、ママが知りたいって言うんなら、教えてやるけどさ――あいつばかじゃん！」そう言い捨てると、部屋を飛び出して行ってしまった。

アントニーナは、息子の焼きもちには驚かなかった。この年頃の子には自然な反応だったから。でもリスが最近、隠しごとをしがちで口数も少なくなってきたのは気になり始めていた。どうも何ごかに心を奪われているようだ――そこまでは察しがついたアントニーナは、一体それは何だろうと思案した。ひとつ考えられるのは、最近、動物園の敷地にある職員住宅に一家そろって越してきた大工の息子で、リスと仲良くなったイエジク・トポという少年だった。イエジクは礼儀正しく行儀もよく、リスより二、三歳年上、家業見習い中で大工道具の扱いに馴れている。リスは彼の大工の腕に憧れていて、ふたりとも物をつくることが好きで家も近かったから、自然と毎日一緒に遊ぶようになっていた。アントニーナが二階の「監視塔」から覗くと、何やら不思議な形のものをつくりながらおしゃべりに熱中しているふたりを見ることがあり、新しい遊び友だちができてよかったわ、と胸をなで下ろしていたところだった。

しかし、それからしばらくたったある日、子供たちが学校へ出かけたあと、イエジクの母親が館にやって来て、心配そうな顔で、アントニーナに折り入って話があると言う。アントニーナは自分の寝室に彼女を招き入れて、ドアを閉めた。彼女によると、トポ夫人はこんな話をした。

「あの子たちは、私がここに来ていることは知りません。だから黙っていて下さいね！　ああ、何から話せばいいだろう……」

アントニーナの不安が募った——あの子は一体何をやらかしたのだろう？

夫人が続けて打ち明けた。「実は盗み聞きしちゃったんです——子供たちには気づかれていません。いいことじゃないけれど、ふたりが何か企んでるのがわかったので、それを確かめなくちゃと思いましてね。それで黙って聞いていたら、もう大ショック！　笑っていいやら泣いていいやら、ふたりが学校へ行ったあとも、どうしていいのかわからなくって。とりあえず、あなたには話しておいたほうがいいと思ったんですよ。一緒に考えればいい知恵が浮かぶかもしれないですものね！」

アントニーナはびっくりした。この人は、子供の無邪気ないたずらに過剰反応しているだけではないのか……だといいんだけれどと思いつつ、こう言ってみた。

「息子さんはあんなにいいお子さんですから、あなたを困らせるようなことするわけありませんよ。リスだって、あんなに小さいですし。でもわかりました、もっと目を光らせておきます。だけど、一体、何をやったんですか?」

「いまはまだ、何も悪いことはしていませんよ。でも、とんでもないことを企んでるんです」

そして夫人は、ふたりが、国を愛する者の義務として、ドイツをやっつけようと誓い合っていたこと。手始めに、動物園の柵のそばにある、ドイツ軍の武器庫の脇の干し草の山に、爆弾をしかけてやると言っていたことを話した。それを聞いて、アントニーナは「心臓が足まで落っこちた」と書いている。

「まだあるんですよ。イエジクのマットレスの下からね」と夫人は続ける。「あなたのおうちのタオル。赤い大きな文字で《くたばれヒトラー！》と書いたタオルが出てきたんです。あれを動物園の正門から垂らしてやれば、いつも大勢出入りしているドイツ人に見えるはずだって言うんですよ！ねえ、どうします？　あなたのご主人から言ってもらえないかしらね。お前たちは闘うには早すぎる、そんなことを本当にやっちゃったら、《みんな》が危い目にあうんだぞって。ねえ、どう思われます？」

アントニーナは、まずは彼女の言うことを頭に入れ、そのあとで、立派なようでいて子供じみた、この危険な計画を分析しようと思い、黙って聞いていた。リスはきっと、似たような工作をしている少年たちの話を盗み聞きするうちに、こんなことを思いついたに違いない。でもいま、この動物園のなかで私たちがひそかにしていることを隠し通すためには、ダイナマイトを抱えて眠るぐらいの高等技術が必要なのだ。これを爆発させるのはわけないことで、まさに子供が旗を垂らすだけでいい。

それにしても、息子がこんな大それたことを企んでいたのに、なんで私は気づかなかったんだろう？　あの子が大人の世界の仕組みを理解する力をみくびっていた、と彼女は悔やんだ。リスが秘密を守れることも、男の子としての成長ぶりも、十分わかっていたつもりだったのに。リスと自分の両方に向けられた怒りは、しかし、母親としてこれからしなければいけないことを思うと、たちまち悲しみに変わった。

勇敢に先陣を切ろうとしたことを褒め、あなたをとっても誇りに思うわと言ってやるかわりに、私がしなくてはいけないのは、あの子を罰すること。あの子が爆薬をちょっと盗んだのを父親に告げ口することだった。友だちの目の前でばつの悪い思いをさせることになるかもしれない。ヤンはきっと激怒するだろうから。

「そうですね」と彼女は言った。「ヤンから子供たちに話をしてもらいます。でもその前に、タオルは燃やしておいたほうがいいわね」

その晩、ふたりの男たち、父と息子がかしこまった軍隊調で話す声が扉の向こうから聞こえてきた。

「いいか、俺がお前を子供としてじゃなく、兵士として扱うことを感謝してくれよ」とヤンが言った。大人としてまじめに受け止めてもらいたい、という息子の気持ちに訴えていたのだ。「俺はこの家の《士官》で、お前の《指揮官》だ。だから、軍事的な問題については、お前は俺が命令したこと《だけ》をやっていればよく、勝手な行動は一切とっちゃいかん。今後もこの関係を保ちたかったら、俺に黙って勝手な行動はしないと誓ってもらう。お前はイエジクと勝手に計画を立てて、《無政府状態》、《無秩序状態》をつくろうとしたんだ。だから罰を受けなきゃいけないぞ——本当の軍隊と同じようにな」

とは言うものの、兵士を演じる幼い子供に、指揮官を演じる父親は、一体どんな罰を与えたらいいのだろう？　幼い子供は、大人のように危険を予知できるわけではない。自分が何かしたとき、それが結果として何をもたらすか、本当にわかっているわけではないのだ。罰というものは、与えるほうと受けるほう、双方がフェアだと感じられなかったら効き目はない。そして、子供の心に何より大事な物差しは、まさに《それはフェアかどうか》なのだ。

そこでヤンは言った。「お前はどんな罰を受けたいのか、言ってごらん」

リスは真剣に考えた末に「お尻を叩いてもいいよ」と言った。

たぶんヤンはそれをしたのだろうが、アントニーナの日記にはただこう書かれている。「こうして、わが家の地下組織は大事に至る前に活動を中止した」。

第二七章　火事

一九四三年の春もたけなわとなり、冬眠していたマーモット、コウモリ、ハリネズミ、スカンク、ヤマネが穴から出るのに合わせるように、アントニーナはついに床を離れた。戦争前は、春を迎えた動物園の騒々しさが好きだった。うるさく雌を誘う声、《あっちへ行ってよ！》とはねつける声、そして歓喜の声。とりわけ夜は、巨大なジュークボックスが鳴り響くように、動物たちの野性の叫びが静かな街へ流れて行った。動物と人間の活動時間のずれが生み出すオフビートのリズムを彼女は楽しみ、そのことをよく本にも書いた。たとえば子供向けの本の一冊に、オオヤマネコ、《リシー》のことがこんなふうに書かれている。

春の夜がワルシャワの街を黒のコートで包み、暗い通りのあちこちで電飾がピカピカと楽しげに光り、車の警笛が夜ふけの街の眠りを妨げる頃――ヴィスワ川の右岸では、シダレヤナギやポプラの老木のなかから、ひそかな野性のざわめきと耳をつんざくジャングルの叫びが聞こえてくる。オオカミ、ハイエナ、ジャッカル、ディンゴのダンス・ミュージックの始まりだ。目を覚ましたライオンの雄叫びに怖じ気づくサルの群れ。池のなかで悲鳴を上げる水鳥たち。［オオヤマネコの子供］トフィとトゥファは懐かしい故郷を慕って歌う。ヤマネコの子の甲高い声は、夜の動物園のどんな物音よりもよく通る。前人未到の地の果てから遠く離れたこの場所で、私たちは、いまだ発見されない秘密を湛える母なる自然の掟を思い、地上を分かち合う動物仲間とともに暮らしている。

春とはいえ、まだ寒気が残り、長く使われなかった筋肉はすっかり衰えていたため、アントニーナはしばらくの間、ウールの肌着、ぶ厚いセーター、暖かいストッキングのまゆのなかで過ごした。松葉杖をつきながら、家のなかでよろよろ歩行訓練を始めたものの、膝はガクガク震え、何かもとうとしても指からすり抜けてしまう。赤ちゃんのように無力になったアントニーナを、マグダレーナや館の皆は、ペットのようにちやほやし、病気の女の子を看病するように優しく世話してくれた。しかし当人は、「なんて情けない役立たず」とそんな自分を責めるのだった。床についていた三か月の間、家事を替わってもらい、食事も運んでもらい、早く主婦の役目に戻りたくてたまらないのに、体が全然ついて来ない。「何てだめな女なのかしら」。しかし、そんなぼやきを聞きつけるたびに、マグダレーナとヌニア、マウリツィが反論する。

「そんなこと言わないの！　私たちは自分のためにあなたを助けているだけなのよ。あなたが治ってくれないと困るんだから。いまは体力をつけることだけ考えて、私たちに指示だけしてればいいの！　元気で、ウィットがあって、だけど、ちょっとおっちょこちょいのあなたを早く見たいの。また皆を楽しませてよね！」

こんなふうに言われると、アントニーナもぱっと笑顔になり、古時計みたいな館のねじが、ちょっぴり巻かれるのだった。マグダレーナたちはたえず彼女の様子を気にかけ、「疲れたり、震えたり、おなかを空かせたり、落ち込んだりしないように」何かと世話を焼いてくれ、「誰にもしてもらったことのないほど甘えさせてくれた」とアントニーナは書いている。実はこの部分は、彼女が早くに両親を亡くしたことを、自分の文章のなかでほのめかしている唯一の箇所だ。彼女は親がいないのが当たり前のように育ち、死んだ両親は焼け焦げた過去のなかに埋もれていた。死に別れたときはまだ九歳でもの心つく前だ。ボルシェビキの手にかかったふたりの最期のイメージは、幼い少女が抱え続けるにはあまりに恐ろしいものだったろう。追憶のなかにふたりが立ち現れることはあったかもしれないが、回想録には両親についての記述がひとつもない。

暖かい衣類でくるまれ、のんびり療養するよう勧められ、親しい友に囲まれてアントニーナはみるみる元気になり、「占領下にいること」や「早く戦争が終わってほしいという切なる願いまで」ときどき忘れてしまうほどだった。

ヤンは、相変わらず朝早くに家を出て、外出禁止時間の直前にきちんと戻って来た。外で働いているときの彼がどんなふうか、知っている者はいなかったけれど、少なくとも家にいるときの彼は、他の人たちから見ると短気でイライラしていた。彼らが無事に暮らしていけるように、ヤンはどんな儀式や日課も細かくチェックを繰り返し、自分に重い責任を背負わせていたのである。ほんのちょっとの混乱、不注意、衝動的なふるまいから秘密がばれるのを恐れた彼が、緊張のあまり厳しい態度をとるようになり、アントニーナに対しては自分の「副官」、他の人たちには自分の「兵卒」みたいな口のきき方をするようになったのも、無理はなかった。館の支配者であるヤンに「ゲスト」たちはとても逆らえないが、癇癪もちの独裁者ヤンは、一生懸命に彼を喜ばせようとしているアントニーナをどなりつけることがよくあったらしく、そのため、館のなかはだんだん険悪な雰囲気になった。その頃の彼女の日記には、こんなことが書かれている。「いつも張り詰めていて、責任を全部ひとりでしょいこんで、私たちに災いが降りかからないよう、細かいことまで丹念に点検しようとしている。でも私たちに、まるで兵隊に命令するみたいな口のきき方をすることがある。彼は私に冷たく、人一倍大変な要求をする。楽しかった我が家はどこかへ行ってしまった」。

何をやっても不十分で、何をやっても彼を満足させられない、つくづく嫌になる、と彼女は悩みを綴っている。やがて、彼女に忠実な怒れる「ゲスト」たちは、ついにヤンと一切口をきかなくなり、目を合わせようともしなくなった——彼女への冷たい仕打ちが許せなかったからだが、面と向かってそうは言えないので、無視することにしたのだ。この無言の抗議に腹を立てたヤンは、この家では市民的不服従は無効である、どういうわけでこの俺が非難されたり、のけ者にされなければならないのかと文句を言った。

「みんな、なんだって言うんだよ！　プニアをちょっと責めたからって、俺を無視するのか？」ヤンは、いくつかあったアントニーナの愛称のひとつ（ちっちゃな山猫とか、野猫のちびちゃん、というのもあった）を口にした。「不当だ！　この家では俺は何も言っちゃいけないのか？　プニアだって間違いをすることがあるんだぞ」

「あなたは、昼間はここにいないでしょ」とマウリツィが穏やかに言った。「外は危険やワナだらけですよね。でも、それはそれで刺激もあるんだ。ところがトーラは、それとは違う世界にいる」。彼はアントニーナをヤンとは違う愛称で呼んだ。「私は、戦争に行って、休む間もなく闘い続けたときのことを思い出しますよ。この人は、ここではいつも気を張っていないといけないんです。なんで、それをわかってあげないで、たまにちょっと失敗するからといって、叱りつけたりするんです？」

三月のある日の午後、家政婦が台所で大声を上げた。「わあ大変！　火事ですよ！　火事ですよ！」窓の外を見ると、大きなキノコ型の噴煙と炎が立ち上っている。ドイツ軍の倉庫のあたりだ。風にあおられた火が、屋根に蜂蜜をたらすように、じわじわと広がっていく。すぐにでも火が燃え移りそうなところに、動物園の建物や毛皮農場がある。アントニーナが様子を見に行こうと、毛皮のコートをつかんで表に駆け出したそのとき、ひとりのドイツ兵がバイクを飛ばしてやって来た。そして目の前で降りると、声を荒げて言った。「お前が火をつけたのか！　ここには誰が住んでいるんだ？」

アントニーナは、兵士の強ばった顔つきに気がついて、にっこり微笑むと、「ごぞんじありませんでしたの？」とつとめて愛想よく返事をした。「ここにはワルシャワ動物園長だった者が住んでいます。私はその妻です。放火など、とんでもないことですわ」

愛想よく応じられると怒りは長続きしないものだ。兵士もトーンを下げた。

「なるほど。しかしあっちの建物は――」

「はい。以前の従業員が使っている小さなアパートがふたつ。いい人たちで私もよく知っていますし、信用できます。あそこの人たちが放火などするはずありません。わざわざ、あのいまいましい干し草に火をつけて、自分の命を危険にさらすような、ばかなことをするわけありませんわ」

「ふむ、でも《何か》原因があるはずだ」と兵士は続けた。「雷が落ちたわけではないからな。誰か、火を《着けた》者がいるはずだぞ」

アントニーナは悪気のない表情でさらに続けた。「ごぞんじありませんの？　私にはだいたい察しがつきますよ」

ドイツ兵は驚いた表情を浮かべ、彼女が続きを話すのを待った。

親しみをこめた会話調で話していると、滅多に使わないドイツ語が、記憶の底からわいて出た。

「皆さんの兵隊さんが、いつもあそこにガールフレンドを連れて行きます。まだとても寒いですが、干し草のなかに座ると気持ちがいいんです。たぶん、今日もカップルが来て、タバコを吸って、吸い殻を捨てて行ったのでは……。あとはご覧のとおりですわ」

たどたどしいドイツ語ではあったけれど、兵士は合点がいったらしく、笑い出した。

館に向かって歩きながら、別の話題になった。

「動物園の動物たちはどうなったのですか？」彼が聞いた。「人が繁殖させた一二番目のゾウがいたでしょう。新聞で読んだことがある。あの雌の子ゾウはどこへ行ったんですか？」

アントニーナは、空襲のあとも、ツジンカがしばらく動物園で無事だったこと、そのあと、ルーツ・ヘックが、ほかの何頭かの動物と一緒にケーニヒスベルクに送ったことを説明した。玄関先には、サイドカー付きのバイクに乗った二人のドイツ警官が待ち受けていたが、彼女の連れがことの次第を話すと、下品な声で笑い、それから報告書を書くため、全員館に入った。

彼らが帰ったあと、すぐ電話が鳴った。厳しい口調のドイツ語でいきなり「こちらはゲシュタポである」と言って、それから、とても聞き取れない早口でまくし立てた。しかし、「火事か？」「お前は誰だ？」というのだけはわかった。

そこで、「干し草が燃えました」と、精いっぱいのドイツ語で必死に応じた。「建物がひとつ焼けて、消防車が一台来ました。いまはすべて異状ありません。ドイツ警察がここへ来て、報告書を書きました」

「調査があったんだな？　すべて異状ないのだな？　よろしい。礼を言う」

アントニーナは、手がガクガク震えて、受話器をなかなか置くことができなかった。この数時間の出来事がどっと蘇ってきた。頭のなかでそれをプレイバックしながら、間違ったことをしたり、言ったりしなかったか確かめた。危険が去ると、隠れ場から「ゲスト」たちが出てきて、彼女を抱き締め、その勇気を讃えた。その日の彼女の日記には、「早くヤンに話したくてたまらなかった」と書かれている。

夕食をとりながら、一部始終を聞かされたヤンは、皆が望んでいた賞賛の言葉を発するかわり、じっと考え込んでしまった。

「プニアが天賦の才能、ふつうの人間にはない能力をもっていることは、みんなも知ってのとおりだ」と彼は話し始めた。「でもこんどのことは、そんなに興奮するようなことでもないんじゃないか？　俺から見ると、プニアは期待どおりのことをしてくれただけなんだ。どういうことか、心理学的な観点から説明させてくれ。

戦争前の動物園がどんなだったか、話には聞いてると思うけど、俺は、何か動物で困った問題にぶつかるたびに、プニアにその動物——病気にかかったり、餌を食べなかったり、気が荒くて扱えない——動物をまかせていた。それは正しい選択だった。誰もあんなにうまく動物を扱えないからね。なんでこんな話をするかというとね。別にプニアのことを宣伝しようとか、あれがどんなに素晴らしい奴で、俺がどんなに愛しているか証明するつもりでも、ご機嫌をとろうとしてるんでもない。だってプニアは、皆も知ってるとおり、小さい頃からたくさんの動物のそばで育って、動物と一体化しているんだからね。

まるで体に浸透性があるみたいなんだ。動物の心が読めると言っていいほどだな。動物の友だちがどんなことで困っているのか、すぐにわかってしまう。たぶんそれは、彼女が動物を人間と同じように見ているからなんだ。一瞬のうちに、《ホモ・サピエンス》の性質をかなぐり捨てて、ヒョウやアナグマ、マスクラットに変身してしまうのを、みんなも知ってるだろ?」

「動物と共同制作している芸術家の確かな目で見るとね」とマグダレーナが笑いながら言った。「この人は若い雌ライオンよ。私、いつもそう言っているの」

ヤンが先を続けた。「彼女の才能は狂いがなく、実に特殊なものだ。動物を観察して理解するやり方のひとつではあるんだが、滅多にもっている人はいない。まして、ナチュラリストとして専門の訓練も受けていない女性には珍しい。独特の第六感が働くんだろうな」

アントニーナは、夫が突然始めたこのスピーチ、こんなに長い、聞いたこともないような賞賛の嵐を誇らしい気持ちで聞き、そのあと日記に一字一句書きとめずにいられなかった。そこにはこんな感想も書かれている。「あの人が、他の人たちの前で、私の才能について話し、私を褒めた。こんなこと初めて! 本気なのかしら!? 私のことをしょっちゅう《ばか》と言い、まるでそれが別名みたいだったけど」

「こんな話をするのも」とヤンはさらに続ける。「動物というものが、状況に合わせてどう反応を変えるか、ちょっと説明しておきたくなったからなんだ。野生の動物がとても用心深く、自分を守ろうという本能から、とても脅えやすいことはよく知られている。自分のなわばりを知らない動物が通れば、自分を守ろうとして攻撃的になるものだ。ところがプニアには、どうもそういう本能が欠けているらしくて、二本足だろうが四本足だろうが、動物を恐がらない。恐がっているそぶりも見せない。

それが、まわりの人間や動物から攻撃意欲をそいでしまうらしいんだ。動物の場合は、人間よりテレパシーが発達していて相手の脳波を読めるから、余計にそうなるようなんだけどな。

俺たちのプニアが、ある動物に優しく、友だちのような関心を示すとしよう……すると、彼女はまるで避雷針のようにその動物の恐怖を吸収して、中和してしまうんだ。相手が不安を抱かない声の調子、物静かな動き、危険を感じさせない眼の合わせ方、そうしたものを通じて、その動物に、これは自分を守り、癒し、食べさせ、その他諸々をしてくれる人だ、ということをわからせるわけだ。

つまりね、要するに――プニアは相手をなだめ、理解する波を出している。こういう信号に対する感受性は、人間の場合、ほかの動物ほど鋭くない。でも、この見えない波から、誰でも多少は情報を引き出しているものなんだ。それがどの程度かは、神経の感度によって違い、こういった信号を捉えるのがすごく得意な人たちもいる。俺が思うには、それは知的能力とは関係ない。原始的な生物のほうが、反応がすぐれていることだってあるかもしれない。科学的な言葉で問題を立てれば、こんな感じだな。プニアとは、いかなる精神送信装置《サイキック・トランスミッター》であるか？　くだけて言えば、彼女は一体どんなメッセージを送っているんだろう、ということだね」

ヤンはどうも、反ナチの立場をとったオカルト主義者で占星術者のフリードリヒ・ベルンハルト・マービー（一八八二－一九六六年）の影響を受けていたようである。マービーは、古代スカンジナビアのオカルティズムを、当時、明らかにされていた科学的原理と融合させようとしていたのだ。

人間は、宇宙の波と光の感度のよい受信機であり、かつ送信機である。その波や光は、宇宙全体

に生気を与えているが、その性質や作用は、惑星から受ける影響、地磁気、そして景観の物理的形状に左右されるのである。(1)

もしヤンがいまも健在だったら、このときさっと、《ミラー・ニューロン》が脳のなかで果たす役割について説明したことだろう。ミラー・ニューロンというのは、運動前野にある特殊な細胞群で、人が岩にぶつかったり、前に踏み出したり、向きを変えたり、微笑みかけたりする直前に信号を発射する。ところが驚くことに、私たちが何か特定のことをしようとするとき信号を発するニューロン群が、同じことを他人がするのを見ているときにも信号を発射する。そして、どちらの場合も、呼び起こされる気分はよく似ている。自分が失敗してから学ぶより、他人の失敗を見て危険を察知するほうが安全だし、いろいろな思惑の充ち満ちた世界を読み解くのにも、これは便利で、社会もそのほうがうまく回っていく。脳は、危険を窺い知る方法、他人の喜びや苦しみを、言葉に頼らず、繊細な感覚を通じてすばやく察知する賢いやり方を進化させている。私たちは、自分が見るものを感じる。他者を自己として体験するのである。

「面白いのはね」とヤンがさらに続けた。「彼女は子供じゃないし、ばかでもないよ。それなのに、人との関係のつくり方が、とにかく無邪気なんだ。人は誰でも正直で親切だと思っている。プニアだって、世のなかには悪い人間もいることぐらいわかっているし、そういう人間は遠くからでも判別できる。でも、そういう人間が、実際に自分を傷つけるとは考えないんだ。

もうひとつ、彼女のいいところは、まわりをよく観察して、どんな些細なことでも見逃さないことだ。ドイツ兵が、娘たちと干し草置き場でデートしているのを見ていて、それをこんどのことにうまく生かした。ドイツ語のボキャブラリーが少ないなんてことは、大したことじゃなかったのさ。だって、声や話し方だけでも、音楽みたいに相手をなだめられるんだからね。彼女の本能と直感が、どうすべきか正しく教えてくれる。あともちろん、容姿は切り札だ。背が高く、ほっそりして、ブロンドの髪――ドイツ女性の理想の姿、北欧系の外観だ。これも大きなプラスになったはずだ。

ただ、こんどの悲喜劇の《結末》について、俺の考えを言わせてもらえば、あのドイツ人たちにとっては、建物を焼いてしまった火事の原因について、プニアからああいう説明をしてもらって、《好都合》だったんだろうと思うな。あのおかげで、あそこでいろいろ起きていた盗難事件の捜査をしないですんだんだから。火事っていうのは、何か犯罪が行われたとき、その痕跡を隠す格好の手段でもあるからね。もし、あいつらが本当に誰かを罰したいと思っていたんだったら、プニアはもっと大変な目にあっていただろう。

君たちのヒロインを貶めるつもりはないよ――プニアがやったことは素晴らしい。とても頭のいいやり方だったし、こういう女性がいてくれて頼もしい。ただ俺は、物事をちょっと斜めに考えるところがあるからね」

アントニーナの悪夢のような体験は、それほど大事件ではなくて、彼女は冷静で計算され尽くした対応をしてくれたし、自分も同じことを考えたかもしれない――そう受け取れる話しぶりだった。

アントニーナは才能に恵まれ、実際、何でもできる女性だったけれども、ヤンを尊敬していて、彼の言うことにしたがい、ときに無力感を味わいながらも、いつも彼の期待に応え、認められるよう努力していた。息子もヤンをまねて、頭の弱い女より、まだしも男である《僕》のほうが物がわかっている、という口のきき方をすることがあったが、日記の文面から浮かび上がるアントニーナは、ヤン、息子、そして「ゲスト」たちから深く愛されていると感じ、人に厳しいが、自分にはもっと厳しい夫を見事に補完する女性である。彼女は、どんな動物もコミュニケーションのために使っている微妙なテクニックについて、彼が言ったことに賛成だった。昼間の衝撃的な事件に関するヤンのミニ講義のあったその晩、アントニーナはなかなか寝つけなかった。友人の目の前でヤンが妻を褒めまくるなど、ポーランドの冬のお日様ぐらいに珍しいことだった。

「ヤンの言うとおり、私のテレパシーにドイツ兵が示した反応は、動物園の動物たちが見せるものとそっくりだった」。アントニーナは日記にこう書いている。そう言われてみれば、動物たちに見えない橋を架け、言うことを聞かせ、恐怖を鎮め、信頼を得たと確信できるような不思議な瞬間が、これまでにもたびたびあった。彼女の記憶では、それを初めて体験したのはまだ少女の頃、ひまをみては駻性《かんしょう》の強い純血種の馬の厩舎で遊んでいたときのことだった。しかし記憶にある限り、自分のいるところでは動物たちはいつも大人しくなった気もした。恐らく、彼女の並外れて鋭い共感能力と注意力は、一部の人だけに受け継がれ、子供の頃の経験によって表に出たり方向づけられたりする動物的な感性なのだろう。そしてもうひとつ、子供の頃、両親との結びつきが不安定だと、自然そのものと強い絆を結ぶことがあるが、アントニーナもその点を見落とせないだろう。

その夜、彼女はいつまでも眠らずに、人と動物を仕切る薄いヴェール、とてもはかない膜なのに、「万里の長城のような」越えられない壁と思われがちな境界のことを考えていた。彼女にとって、それはチラチラするだけで、はっきり見てとることのできないものだった。「そんなにはっきりした境界があるなら、私たちは、わざわざ動物を人になぞらえたり、人を動物になぞらえたりしないのではないだろうか？」

アントニーナはベッドのなかで何時間も、人と動物について、動物心理学が、他の諸科学、たとえば化学とか物理学と比べいかに未発達かということについて、思いを巡らした。「私たちはいまはまだ、目をつぶったまま心の迷宮をさまよっているにすぎない」と彼女は考える。「でも、いつの日か、動物の行動の秘密が解き明かされて、私たち人間も、自分たちの貧しい本能を使いこなせるようになることだろう」

アントニーナとヤンは、戦争の最中にも哺乳類、爬虫類、昆虫、鳥類、たくさんの人間たちと一緒に暮らし、いわば、ふたりだけの非公式な研究を続けていた。一体どういうわけだろう、と彼女は自問した。「動物でも、二、三か月もあれば獲物を襲う衝動を自制できることがあるのに、ずっと昔から洗練を重ねてきたはずの人類が、たちまちのうちに、どんな肉食獣より野蛮な動物になり下がってしまうのは？」

第二八章　二人の女性

戦時下には、まるで潮が引くようにいきなり安全が流れ去り、何気ないひと言が雪崩のように問題を引き起こすことがある。アントニーナとヤンのもとに、動物園の守衛のひとりがマグダレーナの姿を見かけ、有名な彫刻家が館に潜伏していると噂を流している、との情報が寄せられた。ポーランド人であるその守衛は「良識があって、もしかすると心の優しい人だ――ゲシュタポには通報しなかったのだから」とアントニーナは考えた。しかし、不用意なひと言が、もし悪意をもった者の耳に届いたら、この館はトランプの家のように崩壊するだろう。「ゲシュタポには伝わっているのだろうか?」そうなったらおしまいだった。「時間の問題かもしれない」。

ゆすりや恐喝も深刻な脅威だった。戦前から続く闇市や、チップや賄賂に頼って楽に世渡りしようとする風潮のせいもあって、占領下のワルシャワはあっというまに、あらゆる肉食獣とあらゆる大きさの獲物でごったがえす街になった。まっとうに見えて賄賂のきく人、怪しげだけれど賄賂のきかない人、一筋縄ではいかない犯罪分子に日和見主義の住民たち、恐怖の足枷をはめられた人、ナチのシンパ、さらには、自分の命も他人の命もたいまつ投げでもするようにもてあそぶ輩《やから》であふれ返っていたのである。当面、「ゲスト」たちにはどこか別の場所に移ってもらうほうが安心だということになった。

戦前、ヤンと同じ学校で教師をしていたデヴィトゾーヴァが、郊外の自宅にマグダレーナとマウリツィにスペースを用意してくれた。ところが、ほんの二、三週で、恐怖に駆られた彼女はふたりを送り返してきたのである。知らない人間が、自分の家を疑い深そうに見ていると彼女は言う。アントニーナはそれを聞いて、半信半疑だった。「郊外のほうがワルシャワより危ないなんてことがあるのかしら？」そうかもしれない。けれど彼女は、これはもっと微妙な、恐怖と不確実性のなかで生きる人特有の反応だという気がしたのである。

エマヌエル・リンゲルブルムは、アーリア地区への脱出を恐れるユダヤ人の多くが抱えていた「恐怖精神病」について書いている。

ありもしない危機を想像してしまうこと、近所の人とか、ポーター、管理者、通行人から見られていると想像することが、実は最も危いことだった。ユダヤ人は誰かに見られていないかと四方を見回し、おどおどした表情を浮かべることで、どこにでも危険を嗅ぎとり、狩られる獲物のように脅えることで、自分から素性をばらしてしまう。(1)

アントニーナ自身も、はた目には平静に見えることが多かったようだが、その文章を見る限り、ときに不安に襲われ、激しい恐怖に立ちすくむ、ひとりの女性にすぎなかった。しかし彼女は、自分が大勢を乗せた船の安定器《バラスト》と見られていることも知っていたから、館に「温かく、気楽で、癒されもする」雰囲気をつくり、たとえ幻想だったとしても、ここにいれば安全だと思えるようにしたのである。実際、この館では、壁の後ろで無理な姿勢を取らせたり、じめじめした地下に詰め込んだりはせずに、「ゲスト」にゆったりした環境を用意してあげられた。しかし、ナチの締めつけが強まるにつれて、人目をごまかし死を欺くゲームは、可能性をどこまで追求し、危険の兆候をどこまで確実に捉えられるかという手腕の問題になっていったのである。ポーランドの民間伝承に、こんなものがある。

壁の絵が落ち、窓の外で物音がし、ほうきが突然倒れ、ないはずの時計が時を刻む。テーブルがきしみ、ドアがひとりでに開く——すべては死の接近を告げるものだった。(2)

安全のためには、たくさんの不便に耐えなければならなかった。たとえば、人から注目されないためには、一度にたくさん物を買い込んではいけない。少しずつ、あちこちの店で買い物をすることだ。いないはずの人間の洗濯物は、表に吊るせない。だから衣類の一部は室内干しになる。皆の心に恐怖が広がっていくのは避けられなかった。しかし、動物園でいろいろな動物を飼っていたヤンとアントニーナは、危険を警戒する術も、肉食獣の習性も心得ていた。毒ヘビの潜む沼地では、一歩一歩、慎重に歩く。戦時下特有の重力でゆがんだ社会では、誰が敵で誰が味方か、誰が忠実で誰が裏切るのか、誰が捕食者で誰が獲物なのか、よくよく慎重に見極める必要があった。

最初の頃は、動物園で人を匿っていることは誰も知らず、夫妻は自分たちだけで人数分の食料を確保し、ゲットーからの脱出法もふたりで考えた。しかしその後、幸いにも、夫妻の旧友の心理学者で芸術好きのヤニーナ・ブッフホルツが、ゼゴータの中心メンバーのひとりであることがわかり、それからはゼゴータと連携するようになった。占領中、ヤニーナは、公式には公証人の下で働く翻訳者として登録されていた。その事務所は、アントニーナが一九三九年、空襲を逃れてランプシェード店に身を寄せたとき、動物園を見に行ったあとで、情報をもらいに立ち寄った場所だ。ヤニーナは、山のような証明書、申請書、請願書を扱っていたので、書類が机からあふれ、本棚に山積みされ、床から石筍《せきじゅん》のように伸び、いまにも崩れそうだった。しかし、悪夢のような事務書類の山と見せかけて、実は、地下組織の中枢のひとつとしての機能を、うまくカモフラージュしていたのである。アーリア人に化けるための偽の書類をつくり、安全なアパートを探し、伝令を飛ばし、現金を配り、破壊工作を企て、ワルシャワ以外のゲットーに手紙を送る——裏では、そうした活動が続けられた。組織の連絡係は、ここから指令を受け、ここに報告をする。だから人の出入りは活発なのだが、ジャビンスキ夫妻がやっていたのと同じように、彼女も、見つかっては困る物をわざと普通の場所に隠した。つまり、ナチが捜索する気も失せる乱雑さ、ほこりまみれで、置き場がちっとも定まらない紙の山に紛れさせたのである。この戦争を生き延びた人の回想録によれば、ナチは「一部のすきもない法令を積み上げて、どんな策謀も不可能にし、市内のどこの住まいも正確に探し当てられる報告制度、文書体系を構築していた」。そのため、隠れ場にいる人たちには、それぞれの法令に対応する身分証明書やその他の書類、出生証明などを偽造してやらないといけなかった。ポーランド人のカトリック教徒は、多くが住宅街で暮らしていて、教会や役所が扱っていた出生、洗礼、結婚、納税、死亡、相続などの記録を、戦前にさかのぼって偽造することができた。真新しい書類は、「確かな」書類として、ゲシュタポの精査をかいくぐれることもあったが、ただの紙切れ《リプネ》（同じ語源の言葉に菩提樹、たわいない嘘を意味する《リパ》がある）として取り扱われないこともあった。ガナー・ポールソンが、このあたりの事情を説明している。

《新人《ホモ・ノヴス》》に生まれ変わるとは、新しい身分を得ると同時に、汚点となる過去をすべて断ち切ることである。そのためには転居しなければいけない。古い自己はそうすれば消滅し、それにかわる新しい自己を、引っ越し先の地区に通常のやり方で登録する。まず、古い地区の登録事務所に出向いて、登録を抹消し、それを証明するクーポンを受け取ってくる。それから、引っ越し先の建物の管理者に登録をすませ、そこでもクーポンをもらう。それから、ふたつのクーポンを、一定の猶予期間内に地元の登録事務所に登録の証明として持って行く。ここで、痕跡を断ち切るために必要になるのが、偽の登録抹消クーポンだ。登録事務所のファイルには、そちらを綴《と》じてもらわなければならない。

運のよいことに、ヤニーナが勤めていたのはその種の登録事務所だった。そこで彼女は、証明書の偽造や、裏づけとなる記録のねつ造を始める。ソ連生まれということにしたり、イスラム系ポーランド人にしたり、一九三九年以前の教会火災で書類が焼失したことにした人もいる。外国暮らしをしている人や、死者になりすますケースもあった。こしらえた嘘に合うように偽造文書をつくってやり、さらに記録も改ざん、つまり、過去の記録の要所要所に、ねつ造した記録を埋め込んだ――こうして、彼女の事務所に書類のアルプスが生まれたというわけである。一九四一年、総督ハンス・フランクが、身分証明書（ケンカルテ）の発行を義務づける法令を定めたときには、ポーランドの役所の事務官たちは、何とかその施行を一九四三年まで引き延ばすことに成功し、その間にせっせと偽の身分証明書をつくった。そして、大勢の市民の記録が一斉に紛失した。欲得ずくの日和見主義者も、地下組織に協力する専門職と同様、パスポートやその他の書類を偽造したものだから、一九四三年の夏には、あのツィーグラーの労働局ですら、身分証明書の一五パーセント、労働証明書の二五パーセントは偽造と評価していたほどである。ゼゴータの下部組織一か所だけで、一日に五〇枚から一〇〇枚の文書を発行できた。彼らは出生証明、死亡証明から、ナチ親衛隊の下級将校や、ゲシュタポ士官の身分証明書までつくった。ヤニーナは、自分に依頼を持ち込む人のことを「流砂の上を歩いている」[3]と表現した。

「私ってついてるわ、こんな素晴らしい仕事ができて」[4]。彼女は同僚で友人のバルバラ・〝バシア〟・テムキン－ベルマンに、うれしそうに語ったという。笑って、丸めた指で悪運を追い払うように、カフェ・テーブルをトントン叩きながら。

背が高くがっしりした体格で、かなりの年配だったヤニーナは、いつも修道院長のローブのような黒スカートを履き、ヴェールのついた小さな帽子をあごの下で結び、マフを持ち歩いた。細長い鼻に掛けた眼鏡の向こうから注がれるまなざしは慈愛があふれ、多くの人から「こんなに優しい人に会ったことがない」「弱者をとことん守ってくれる人」[5]と評された。

ドイツ人と闘いつつユダヤ人を助けるという二重の計略のパートナー、バシアは、戦前は心理学者として働き、ヤニーナとは正反対の特徴をもつ女性だった。小柄で細身、神経質で熱しやすく、いつも古ぼけたワインカラーのコートを着て、黒いベレーを被っていた。ユダヤ的な顔立ちを隠すためにヴェールもつけていた。

ヤニーナとバシアは、毎日、ミョドヴァ通りの事務所か、同じ通りの二四番地にある《猫に優しい》カフェで相談しながら、尼僧や司祭、鉄道員、教職者、市場の経営者、店主、メイド、役所の事務官（公式記録の抹消や証明書の偽造を進んでやってくれる人）といった人たちとのネットワークを築いた。そのなかに、動物園長とその妻もいたのである。ある日、ヤニーナが地下組織の指導者たちに、動物園のマグダレーナが危ないことを伝えると、組織から、気が重くなる内容ながらも、アントニーナもヤンも納得できる指令が出された。それはマウリツィだけ館に残し、マグダレーナはヤニーナの友人であるエンジニアの世話になるというものだった。その家があるのはヴィスワ川東岸のサスカ・ケンパという由緒ある美しい教区。公園には《ダンサー》、《リズム》、《入浴者》と名づけられたなまめかしい彫像が置かれ、新古典派の公共建築があり、植え込みをふんだんに配した斬新なモダニズムの住宅や、二度の大戦のはざまに建てられたコンクリートとガラスの前衛住宅の並ぶ一画である。

動物園は、本来が仮の避難所で、地下組織の張り巡らされた鉄道網のなかの、停車時間の短い駅のひとつにすぎなかった。匿ったのも友人、知人に限られる。しかし、ヤニーナと協力関係ができたことで、ふたりの活動は「もっと組織化されたものになった」とヤンが後に語っているが、これを言い換えると、地下組織の支援を受けることで、彼は一層努力するようになり、冒す危険も途方もなく大きなものになったということだろう。

館を去る「ゲスト」のなかでも、「朗らかで、エネルギッシュで、笑いを絶やさないマグダレーナ」を失うのが、アントニーナにはいちばん辛かった。ふたりはとても深い友情、少女のようだけれど成熟していて、親密だけれどもプロフェッショナルな絆で結ばれていた。ヤンもアントニーナも、マグダレーナを芸術家として尊敬しながらも、明るく剽軽《ひょうきん》で、心の広い友だちとして大切に思っていた。だから、ひとりが出て行けば新しい「ゲスト」を迎えられ、もうひとつの命が救われるとわかっていても、胸が引き裂かれる思いがした。ふたりは、マグダレーナがサスカ・ケンパに行っても、できるだけ訪ねて行くと約束した。しかし、ふたりのように外へ出られなかったマウリツィのほうは、別れが何か月になるか、何年になるか、もしかするとこれきりになるのではと不安でたまらず、「ことさらに辛い別れになった」。

一九四三年六月下旬、どうやらゲシュタポには通報されずにすんだらしいと判断した夫妻は、ごくごく慎重に「ゲスト」の迎え入れを再開した。そうして、ヤニーナの紹介でまずやって来たのは、彼女の年若い友人のアニエラ・ドブルツカ。アニエラは、いわゆる「端正」な、アーリア的な特徴の強い容貌をもっていた。そのため、昼間は街中でパンやクロワッサンの売り子をし、夜は、ある変わり者のお婆さんの家に泊めてもらっていた。黒髪で海のように青い眼をもち、「気立てがよくちょっぴりお茶目で」魅力的なこの娘を、アントニーナも気に入った。貧しい農村からワルシャワに出てきたアニエラは、戦前は苦労して自活しながらルヴフ大学に通う学生だった。本名はラヘル・アウエルバッハだったが、この名前は地下生活を続ける間に葬った。地下で生きていこうと思ったら、本当の自分を水に流し、必要に応じて新しい名前、新しい容貌、新しい仕事を身につけるしかない。

ポーランド移民のエヴァ・ホフマンは、名前を捨てることが精神に引き起こす激震について、印象的な言葉で語っている。「特別すごいことが起こるわけじゃない。心のなかに地震が起きて、地面がちょっとずれるだけ。自分の名前がゆがめられて、少しだけ遠くに離れる――ところが、その間にできたわずかな溝に、本当の名前と嘘の名前を永久に切り離そうとする小鬼が入り込んで来る」。すると突然、自分の名前も姉妹の名前もこの世には存在しないものになる。自分の眼や手と同じぐらい確かなものだった名前が。かわりにつけられた新しい名前は、ただの「識別標、肉体から遊離して、たまたま私だったり、私の姉妹だったりする物体を示すただの記号。新しい席へ歩いて行ってもまわりは知らない顔ばかりだし、そんな名前のついた自分自身も見知らぬ人になっている」。

幸運にも、最悪の事態が起こる前にゲットーを離れたアニエラは、飢えた人たちのために献身的に食べ物を集め、病院や図書館で働いて、「牛乳缶の秘密」を知る少数の人間のひとりになった。ゲットーのなかでもとくに作業場が集中していた区画に、ＯＢＷ（オストドイッチェ・バウヴェルクスチュッテ）というドイツ人経営の工務店があり、そこでは、以前の持ち主だったユダヤ人兄弟に日常業務をまかせていた。その兄弟のひとり、アレクサンデル・ランダウは、地下組織に属していて、メンバーを大勢自分の店で雇った。職人として訓練を受けているというふれ込みで働かせたのだが、大工の基本技術がないのを隠すのはそう簡単ではなかった。ノヴォリプスキ通り六八番地のハルマン工務店でも自称大工が雇われていて、彼らにあてがわれた住宅はユダヤ戦闘組織の拠点だった。このふたつの作業場は、大勢のユダヤ人を雇い入れて、収容所へ移送されることのないようにしていたのである。ほかにも、逃亡中の者を匿ったり、秘密の学校の教室になったり、地下組織のいろいろな活動の拠点になった。

ポーランドがドイツに占領されてまだ一か月というときに、歴史家のリンゲルブルムは、占領中の記録を文書で保存しておこうと思い立った。というのは、いま起きていることは、人類史上例のない出来事であって、この空前絶後の苦難や残虐行為の数々を、誰かが正確に報告し、歴史の証人とならなければいけないと思ったからである。その記録収集を手伝ったのがアニエラだった。集めた記録をまずヤニーナが読み、しばらくの間、事務所の大きなソファのクッションのなかに隠しておいた。この秘密の公文書保管グループ、コードネーム《オネグ・シャバト》(土曜集会)は、そのあと、文書を大きな箱や牛乳缶に入れてからハルマン工務店の地下に隠した。一九四六年、生き延びた人たちがゲットーの廃虚をくまなく探したところ、たったひとつだけ、牛乳缶が見つかった。缶のなかには、イディッシュ語、ポーランド語、ヘブライ語で書かれた生々しく詳細な記録がぎっしり詰まっていた。それらは現在、ワルシャワのユダヤ研究所に保存されている。

館に身を寄せたアニエラは、やがて彼女の友人ゲニア(エウゲニア・シルケス)を連れて来た。ゲニアはゲットーで秘密学校を運営し、地下組織の軍隊に加わって、ゲットー蜂起の計画にも手を貸していた。ナチに捕らえられてトレブリンカ行きの列車にいったん乗せられたのだが、列車がオトヴォック近くの待避線に入り、スピードが落ちたときを見計らって、夫とともに飛び降りた(貨車の一部にあった小窓の有刺鉄線を切ったり、側面のドアをこじあけた)。戦後、ロンドンの《白鷺ー人魚》(*White Eagle-Mermaid*)(6)から受けたインタビューで、ゲニアは、脱出直後のことをこう語っている。

疲労と空腹で死にそうでしたが、建物に近づくのも恐ろしかった。夫は見つからず、やむなく脇道をのろのろ歩いてルブリンへたどり着きました。でもその二日後、ワルシャワに戻ることにしたのです。こんどは労務者たちと一緒に旅し、旧市街に朝早く着きました。ポーランド人と結婚した私のいとこがコヴァルスカ夫人の家に隠れていたので、そこを訪ねてみると、あの世から帰ってきたみたいに歓迎され、食事とお風呂、ベッドを用意してくれました。二、三日して体力が戻ると、私は着る物をもらい、ミョドヴァ通り一番地にあったゼゴータのヤニーナ・ブッフホルツのところに向かい、そこで必要な書類とお金を受け取りました。その後、いとこの夫が、私のためにクロドナ通りにあるポーランド人警察官のアパートの一室を用意してくれました。助けてくれた人たちのことを話すたびに、彼らへの深い敬愛の念がわいてきます。

その警察官のアパートも安全ではなくなったので、ヤニーナが彼女を動物園に案内したというわけである。表向きはアントニーナの洋服の仕立屋ということにして、衣服を繕ってもらい、後にアントニーナが妊娠すると、こんどはおむつや産着を縫ってもらった。背が高くアーリア的な容貌で、上向きの小さな鼻をもつ彼女は、見た目だけではユダヤ人と疑われる心配がない。ただ、ポーランド語をほとんど話せなかったから、人前では口がきけないふりをし、偽の証明書に書かれていたように、エストニア人として通すこともあった。こうして、言葉がしゃべれないふりを強いられた彼女は、アクセントの強い言葉を話す人たちとともに、絶望に言葉を失った街を漂っていたのである。

第二九章

キジとヤマネコ

春が深まり、ブルーベルが色あせると、古い木立のじめじめした場所に群がるワイルドガーリックが、白い小花から甘い香りを発散し、夕暮れにはその香りが開いた窓から流れ込むようになった。二フィートも伸びたその葉が光を求めて争っている。ガーリックのある木立に羊を放し、その肉に香りを加えようとする農家もいるが、牛がうっかり食べてしまうと乳が臭くなるといって、これを嫌う農家もいる。土地の人たちは、ワイルドガーリックを若返りの薬に入れたり、冷湿布にしたり、衰えた情熱を蘇らせ、にきびを乾燥させ、心拍を整え、百日咳の症状をやわらげる薬草として使った。球根を潰して料理に入れたり煮込んでスープにすることもあった。

「動物園は暖かい五月の夜に浸っていた」――アントニーナの日記にその情景がこんなふうに描写されている。「木々も繁みも、家もテラスも、冷え冷えとした月の光の淡いアクアマリンに満たされている。色あせたライラックの重たげな花穂に枝がたわむ。鋭角的な歩道が黒い影で縁取られる。ナイチンゲールは自分の声に酔っているように延々と春を歌う」。

館の住人は、その日もキツネ男のピアノに耳を傾け、キャンドルの灯影と星座のように闇に浮かんだ音符の下で、浮世の時間や出来事を忘れた。「静かでロマンチックな夜を、ショパンのハ短調エチュードの激しい和音が盛り上げる。その音色は悲しみと不安と恐怖を語りかけながら部屋いっぱいに広がって、開いた窓からあふれ出た」。

突然、ピアノの音に混じって、サワサワという不自然な物音が窓のすぐ外にあるタチアオイの花壇から聞こえてきたのだが、それを聞き分けられたのはどうやら彼女だけらしい。それに続いて、フクロウの高い叫び声がした。ヒナのいる巣に近づいた何か、あるいは誰かを、警告している。そのことに気づいたアントニーナは、他の人に悟られないよう、そっとヤンに耳打ちした。表に様子を見に行ったヤンが戻って来て、入り口に立ったまま「こっちへ」と身振りで合図を送った。

「キジ舎の鍵をくれ」とヤンがささやく。主婦である彼女はいつも重い鍵束を持ち歩いている。館のあちこちのドア、動物園の建物、もうなくなってしまったドアのものまで混じっている。忘れられない想い出があるわけでもないのに、なぜだか捨てられない鍵もあった。言われた鍵はすぐに見つかった。それはよく使われるものだったから――キジ舎を開けるのは、たいてい新しい「ゲスト」が来たときだ。

ヤンの顔を問うように見ながら、アントニーナは無言で鍵を渡し一緒に表に出た。すると、ふたりの少年が薮の陰にさっと隠れるのが見えた。ヤンは彼女に、ふたりは地下組織の工作隊のメンバーで、ドイツ軍のガスタンクに火を放ったので急いで隠れないとまずいのだ、とささやいた。ふたりは動物園に逃げろと指示されていて、ヤンはそれを知っていたがアントニーナには教えずに、やきもきしながら到着を待っていたのである。館の主人たちとわかると、少年たちは姿を現した。

「何時間かそこの薮に隠れていたんです。ドイツ語の話し声が聞こえたので」とひとりが言った。するとヤンが、天気がよかったので憲兵隊が動物園をぶらついていて、つい二〇分前まで何人かが残っていたのだが、もう全員帰ったから、君たちにはすぐキジ舎に入ってもらうと言った。少年たちは、高級食材のキジの名を聞いて、さぞ豪華な施設に入れるのだろうと思ったらしく、ひとりが「そこで貴重な鳥のふりをすればいいんですね、軍曹?」と茶化した。

「そんなんじゃない!」ヤンがたしなめた。「贅沢とはほど遠いところだぞ。いまはウサギがいるだけだ。家に近いから目が行き届くし、食事も運んでやれる。でも、これは絶対に忘れないでくれ。夜が明けてからは、墓のように静かにしてるんだぞ!」そして、厳しい口調で言った。「口をきくな。タバコも吸うな。とにかく一切、物音を立てないようにしろ。わかったか?」

「わかりました、軍曹!」ふたりが答えた。

沈黙が支配した。月のない穏やかな夜によくあるような沈黙が一帯を覆った。アントニーナに聞こえたのは、キジ舎に絡まる野生のツタの陰で、扉に差し込まれた鍵がカチッと鳴る音だけだった。

翌朝、ヴィチェックを連れて庭に出た息子が、キジ舎のほうへぶらぶら歩いて行くのが見えた。アントニーナが見守っていると、息子は立ち止まって、ウサギの長い耳をなでながら、こんなことを言っている。

「用意はいいかい、馬クン！　これからキジ舎へ出発だ。いいかい、忘れるなよ。うんと静かに歩くんだ！」リスは自分の指を唇に当てる仕草をした。それからウサギを足元にしたがえて、オリのなかの木造の小屋へ歩いて行った。

小屋に入ると、ふたりの少年が干し草のベッドで眠っていて、それを大小とりどりのウサギたちが、森の小人のように取り巻いて、眠りこけたふたりの人間をじろじろ眺め、フンフン匂いを嗅いでいる。リスはドアになかから鍵をかけると、ミルクウィードという草を入れた篭をそっと床に置き、何束かをつかんでポイポイとウサギに投げてやった。それから、その下に隠してあったヌードル入りの牛乳鍋、大きなパン、スプーン二本を取り出した。

動物にも人間にも好奇心旺盛な男の子は、寝ているふたりをじっくり観察したいという誘惑に勝てなかった。ふたりの顔に自分の顔をそろそろと近づけて、どうやって起こしたらいいかなと考えた。なにしろ、足を踏みならすことも、手を叩くことも、大声で呼ぶこともできないのだから。しゃがみこんで、ひとりの袖を引っ張ってみたが、疲れ切って熟睡している少年にはききめがない。そこでもう少し強く、さらにもっと強く引っ張ったが目を覚ましてくれない。引っ張っても駄目なら、もっと微妙なやり方ではどうだろう？　彼は空気をいっぱい吸い込んでから、顔に息を吹きかけると、少年は虫を叩こうとするように手を上げ、とうとう目を開けた。

まだ十分目が醒めないまま、驚いてぎょっとしている彼の表情を見て、リスはもう自己紹介してもいいだろうと思って、さらに前に乗り出して、ささやいた。

「僕はリスです！」

「どうも初めまして」と少年がささやき返し、声をやや強めてこう言った。

「僕はキジです！」

もっともな誤解で、リスとはオオヤマネコのことだし、動物園に隠れる人は皆、動物園にいた動物の名前がつけられていた。

「うん、でも本当はね」とリスが言った。「僕、本当にリスっていう名前なんだ。冗談ではなくってさ。人間の男の子のリスなんだよ。耳の毛が立って、フォックス・テリアみたいなしっぽをしたあの動物じゃないんだよ」

「なるほど、わかった」と少年は言った。「僕も今日一日だけキジになってるんだ。確かに、もし君が本物のヤマネコで、僕が鳥なら、今ごろもう僕は食べられちゃってるよ。そうだろ？」

「そんなことしないよ」とリスは真顔で言った。「からかわないで。朝ごはんと鉛筆をもって来たんだ。それから――」そのとき、ふいにすぐそばの歩道から足音が聞こえ、少なくともふたりのドイツ人の話し声がした。リスと少年は、その場で木の枝のように硬直した。

声が遠くへ去ってしまうと、リスが言った。「たぶん自分たちの菜園へ行くんだよ」。そのとき工作隊の片割れが目を覚まし、伸びをして、こわばってひきつれた足をさすり始めた。同志は彼にスープ入りの椀を差し出し、スプーンを渡した。その場にうずくまったまま、リスはふたりが食べ終わるまでずっと見ていて、帰り際に小声でこう言った。「さよなら。退屈しないといいけど。あとで夕食と、何か読む物を持って来る。あのちっちゃい明かりとりの窓から、少しお日様も入るよ」

キジ舎を出るとき、後ろでひとりが相棒にこう言うのが聞こえた。「いい子だなあ？　オオヤマネコがキジの番をするなんてすごく変だけど、おとぎ話にしてはよくできてるじゃないか?」

館に戻ったリスは、たったいま、ふたりの少年のところでしてきた冒険を、すっかりアントニーナに話した。少年たちはそれから三週間、ドイツ兵が捜索をあきらめるまでキジ舎に潜み、リスがずっと自分の受け持ちとして世話をした。その間にふたりの証明書がつくられ、別の隠れ場が確保された。ある朝、リスがキジ舎に入ってみると、そこにはもうウサギしかいなかった。ふたりが出て行ったことを悟ったリスは、友だちに置き去りにされたようなショックを受けた。

「ママ、ふたりはどこ? なぜ行っちゃったの? ここが嫌いなの?」

アントニーナは、彼らが去らなければいけないわけ、戦争はゲームじゃないということ、ふたりが去った場所には、また新しい「ゲスト」たちが入るだろう、ということを説明した。

「あなたは動物たちの世話をしてあげるといいわ」と彼女は慰めるつもりで言った。ところが、こう言われたリスはすねてしまった。

「キジのほうがいいもん。わかんないの? 違うんだってば! あの人たちは、僕のことを友だちって言ったんだ。ただの坊やじゃなくって、番をしてくれる人だって思ってくれてたんだよ」

アントニーナはリスのブロンドの髪をなでながら、それに答えて言った。「そうよ。あなたはいい子、とっても大事な仕事をしてくれた。誰にも話しちゃいけない秘密だってことも、ちゃんとわかってるものね」

その瞬間、リスの目にぱっと炎が燃え上がり、「ママなんかより、僕のほうがずっとわかってるよ!」と彼は怒りを爆発させた。そして、「これは男の問題なんだ!」と軽蔑をこめて吐き捨てると、口笛を吹いてヴィチェックを呼び、行ってしまった。残されたアントニーナは、ふたつの影が薮に消えて行くのを悲しく見送った。あの子はこれからも置き去りにされるだろうし、重い秘密を背負い続けなければいけないのだ。「秘密を守っている限り、秘密は私の囚人である。うっかり舌を滑らせば、私のほうがその囚人だ」と書いたのは、一九世紀のグダニスクに生まれた哲学者のアルツゥール・ショーペンハウアーである。アントニーナは、その日あった出来事を日記につけることで、秘密を守ることと漏らすことのバランスを取っていた——しかし所詮、そのふたつは、水がいろいろと形を変えるように、同じひとつのことが違う姿を取っているにすぎなかった。

第三〇章

動物園再建の噂

動物園は毎年、夏になるとブヨの饗宴《カーニバル》に悩まされる。夕方、表に出るときは皆、暑いのを我慢して長袖を着て長ズボンを履いた。館のなかでは、ウサギのヴィチェックが、何か食べられるものはないかとうろつき回っている。台所からピーピーという声が聞こえたので、跳ねて行くと、ヒヨコのクーバが餌を食べていた。クーバは、人間たちの夕食のテーブルでパン屑をついばむこともあった。

ヴィチェックは、最初はそれを黙って遠くから見ているのだが、そのうち我慢できなくなり、パンの塊やポテトの皿のそばにひとっ飛びで乗って、パン屑をむさぼり始める。ヒヨコはこれを見て怖じ気づくが、人間たちは大喜びだった。

外出禁止時間になっても戻らないことのある父の帰りを、リスが待つ間、ヴィチェックとクーバも、いつも布団の端に乗って、彼と一緒に寝ずの番をする。アントニーナによれば、ドアのベルが鳴ると皆、興奮し、階段を上るヤンの足音に耳をすませた。階段は板張りで、しかも、台所から地下へ下りる階段の上につくられているので、歩くと広いスペースに足音が反響し、弱音器をつけたドラムのようなくぐもった音がしたという。

リスは、父の顔に疲れや心労の影がないかを探る。ヤンは、食料配給券で買った食べ物の包みを夜風で凍えた手でほどいたり、面白い話を息子に聞かせてやる。魔法のリュックサックから、何か新しい動物を取り出すこともある。そうしてリスが眠ったのを見届け、階下に下りると、ウサギはベッドから飛び降り、ヒヨコも布団から滑り降り、彼と一緒に夕食のテーブルにつく。アントニーナによると、ヴィチェックは必ずヤンの膝に乗り、クーバは腕づたいに首の後ろに登り、ジャケットの襟に潜って眠りこけたという。アントニーナがヤンの食器を片づけ、新聞や本をもって来ても、彼らは温かい膝や襟元からまるで動こうとしない。

一九四三年の冬、ワルシャワは恐ろしい寒さに見舞われた。息子のリスはひどい風邪を引いたあと、こじらせて肺炎を起こした。当時はまだ抗生物質の投与もできず、回復するまで何週間も入院することになった。ペニシリンは一九二八年に英国で発見され、三〇年代終わりから研究が進んでいたが、戦時下の英国では、このとてつもない可能性を秘めた青カビの成分を医療に応用する体制が、十分ではなかった。そこで一九四一年の七月九日、ハワード・フローリーとノーマン・ヒートレーが、貴重なペニシリンの箱をもって窓を黒塗りにした飛行機に乗り、米国のイリノイ州ペオリアにある研究所へ行き、そこのチームと一緒に研究を続けた。世界中の青カビを調べたところ、地元ペオリアの市場で買ったカビの生えたメロン（カンタロープ）を、深い容器で水に漬け発酵させたものから採った株が、他のカビの一〇倍もたくさんのペニシリンを産出した。このペニシリンに必要な試験をしたところ、当時使われていたどんな抗菌剤よりもすぐれた効き目があることもわかった。しかし、傷ついた兵士にこれが使われるようになったのは、連合軍のノルマンディー上陸（一九四四年六月六日）以後のことであるし、民間人や動物もその恩恵に預かれるようになったのは終戦後のことだった。

リスがようやく退院した頃には、もう庭の氷や雪が溶け始めていたので、彼は早速、しつけのゆき届いた犬のように、そばをぴょん、ぴょんと跳ねてついて行くヴィチェック（冬の間にその毛は黒からシルバーグレイに変わった）を連れて、庭で草をむしったり、土を掘ったり、苗を植えるのを手伝った。ほとんど羽の生えそろっていたクーバは、掘り返されたばかりの泥を突ついて、太ったピンクのミミズを引っ張り出した。アントニーナは、鶏小屋をねぐらにしている《本物の》ニワトリたちは、クーバをよそ者扱いして突つき回すのに気がついた。ところがヴィチェックは、ヒヨコが自分の背に乗ってフワフワの毛に潜り込んでも気にかけず、ヒヨコを乗せたまま、庭をピョコピョコ跳ねていることがよくあるのだった。

戦前の動物園は、変化に富んだいろいろな景観——山、谷、池、湖、プール、そして森——がうねるように連なっていた。それは、それぞれの動物の必要に合わせて考えられたもので、動物園長であるヤンの理想に適うように工夫されていた。ところがいま、動物園はそっくりワルシャワ公園庭園局の管轄に入れられている。そしてヤンは、ひとりの上司から命じられるままに、同じような木立や生け垣、オベリスクを連ねてひとつの巨大な緑地をまとめあげるという、彼の構想のもとで働いていた。その公園計画にはプラスキ公園も含まれたし、隣の動物園の広大な芝生や樹林はとくに欠かせないものだった。

その年の春、ワルシャワ動物園が破壊されたことを聞いていたケーニヒスベルク動物園のミュラー園長から、使えそうなオリを全部買い取りたいという申し出があった。彼の動物園はここよりずいぶん小さいとはいえ、ゲルマンの騎士団が築いた要塞都市に守られて、その時点では難攻不落と見られていた。ところが、戦争も終わりに近づいた頃、チャーチルはこのケーニヒスベルクを、論議を呼んだ英国空軍の「強襲」の標的のひとつに定め、都市の大半を（動物園も含めて）壊滅状態にしてしまう。その後、一九四五年四月九日、赤軍に降伏したこの都市は現在カリーニングラードと呼ばれている。

一九四三年当時、「ワルシャワの父」を自称したドイツ人のワルシャワ長官ダグルー・ライストにとっては、ケーニヒスベルクのような小さな都市に凌駕されるのは面白くないことだった。それぐらいならワルシャワ動物園を再建してやろうと彼は考えた。ライストから呼ばれて、新生する動物園の予算を出すよう命じられたヤンは「夢ごこち」になった。動物は消え、施設は壊れ、設備はおんぼろになっても、彼の胸と心には動物園はちゃんと生きていた、とアントニーナは書いている。ついに、動物園と、彼のキャリアと情熱が「不死鳥のように」蘇えるときが来たと。館に逃亡者を匿うのも、動物園が普通に営業していて、来園者と動物と作業員で連日ごった返しているほうがずっとやりやすい。再建される動物園は、彼らの日々の生活をあますところなく活性化させてくれるはずだ。完璧だ。完璧すぎる——ヤンは思った。そしてすぐに、この計画の問題点を分析した。真っ先に懸念されたのは、ポーランドの人たちが「敵が作り出した娯楽はことごとくボイコットする」ようになっていたこと。つぎに、通常、動物園と言えば研究や教育プログラムの拠点としての役割を果たすものだが、ポーランドのインテリゲンチャを恐れるナチが、小学校しか開校を認めていない。高校や大学はすべて廃止されたままである。教育的役割を捨ててしまった動物園など、ちっぽけな動物展示場でしかないだろう。それに、食料がこんなに乏しく街の市場はからっぽだというのに、動物に餌をやることをどうして正当化できるだろう？　さらに、動物園を開くことが市の財政の足を引っ張る恐れもあり、ドイツの期待どおりの運営ができなかったときは、自分の身にも危険がおよぶことになる、とヤンは考えた。この難題に冷静に対処しようとしているヤンの、「個性と勇気と現実的な思考」にアントニーナは改めて感じ入った。

「この街や動物園にとって、何がベストか見極めるのは難しいことです」。ヤンは、ワルシャワの副長官であるポーランド人のユリアン・クルスキに言った。「五〇年先、一〇〇年先になって、ワルシャワ動物園の歴史を読んだ人が、ドイツ人は、この街を干上がらせてまで、自分たちの楽しみのために動物園を再建したと知ったとしたら、どうでしょうね？　あなたの経歴にもそれが残るとしたら？」

「こういうジレンマには毎日ぶつかってるさ」とクルスキはうめくように言った。「一九三九年にワルシャワの市民が全滅していて、ドイツ人が連れてきた人間だけの街になっていたら、誓って言うが、決してこんな仕事は引き受けん。私はただ市民に奉仕するためにやるのさ」

それから二日かけて、ヤンはライストへの手紙の文面をじっくり練り上げた。最初に動物園を再開するという彼の決定を褒め称えておいてから、基本的な予算として巨額の費用を書き添えた。ライストは、それには返事を寄越さなかったし、ヤンも返事が来るとは思っていなかったが、ここで想定外の事態が発生した。

動物園が再建されるらしい、という噂が、公園庭園局長の耳に入ったのである。そんなことになれば彼の統一公園計画はぶち壊されてしまう。そこで彼は、ヤンの思惑を打ち砕くため、ジャビンスキ博士の仕事はもう必要がなくなったので博士は解雇すべきである、という文書をしたためたのだ。

これは「反感とか復讐」というよりは、ワルシャワの公園に自分の刻印を残そうという彼の「強迫観念」が取らせた行動だ、とアントニーナは感じたが、いずれにしても、ヤンを家族ともども一気に窮地に陥れる決定には違いなかった。というのは、ドイツ人の雇い主から《必要とされない》者は労働証明書を失うことになり、この証明書があるために免除されていたドイツの軍需工場での苦役に回される可能性が出てくるからだ。しかも、動物園に所属する館で暮らしている彼らは、たちまち住むところもなくなり、逃亡者のための隠れ場も消滅する。もちろん、ヤンのわずかな給料も。そんなことになったら、「ゲスト」はどうすればいいだろう？

クルスキが、ドイツ人に読ませる前にその苦情文書に手を加えてくれたおかげで、ヤンは仕事を失うことは免れたが、イェズイカ通りの教育学博物館へ異動することになった。そこは年老いた館長と事務員がひとり、あとは守衛が数名しかいない、休眠状態の小さな居留地のような場所で、ドイツ人に煩わされることもほとんどない職場だった。ヤンによると、彼の仕事はもっぱら古い物理の教材のほこりを払うことと、戦前、学校へ貸し出していた動物学や植物学のポスターを保管することだったという。結果として、彼はこれまで以上に地下組織の活動や、「空飛ぶ大学」の生物学の授業に時間が割けるようになった。ヤンはさらに、衛生局でのパートタイムの仕事も手に入れたものだから、毎日、朝になるとどこかへ消えてなくなり、何かわからない危険を冒し、夕方の外出禁止時間前に、一応は安全地帯であるこの館に戻って来る、という生活を送るようになった。アントニーナは、彼が実際、何をやっているか知らなかったが、いつ命を落とすかわからない危険に囲まれているのは感じ取り、ヤンが捕まって殺される場面が、消しても消しても頭に浮かんできた。「彼の身に何も起こらなければいいがと朝から晩まで心配していた」と彼女は当時の気持ちを打ち明けている。

爆弾をつくり、列車を脱線させ、ドイツ人食堂のポーク・サンドウィッチに寄生虫を混ぜるという工作に加え、ヤンは、地下壕や隠れ家をつくる作業チームにも加わっていた。ゼゴータは、アパートの部屋を五つ借りて、それを逃亡者の隠れ場専用に使っていたのだが、そこに定期的に日用品を届けたり、逃亡者を一か所に長く置かないように、つぎつぎと引っ越しさせる手配も必要だった。

公に語られた記録から判断する限り、ヤンの地下活動の詳細を、アントニーナはほとんど知らなかった。ヤンは滅多にその種の話をしないし、彼女のほうからも、あえて疑問に思ったことを確かめないようにしていたからだ。ヤンが企てる戦術や活動仲間、計画の内容などは、《知りすぎない》にこしたことはない。それを知ったところで、一日くよくよ心配し、自分のほうの同じぐらい大事なつとめがおろそかになるだけだ。大勢の人を養い皆の健康を守る責任を負っていたアントニーナは、自分と「隠れんぼをするように」、あえて《知らないふり》をして自分の世界に閉じこもり、そのまわりを、ヤンの影の生活が漂っているのだった。「生死の瀬戸際にいるときは、いろいろ知りすぎないほうがいい」と彼女は自分に言い聞かせた。けれども、知りたくないと思ってはいても、人の心はとかく、恐怖のシナリオ、悲痛な出来事とその救済を思い描いてしまうものなのだ。まるで、これから起ころうとする悲劇に免疫をつけておこうとするように、ちょっとだけ先に苦悩を味わってみるのである。それは、ホメオパシー治療に使う薬のように、本当にわずかな量なのかもしれない。アントニーナは、戦争が始まって以来、恐怖と激動に耐えられる限界を超えてしまわないよう、自分の心をごまかしていた。本当に何も知らないのではなく、薄々感づいてはいるけれど、あえて事実に向き合わないようにしていた。しかし現実には、彼女もヤンも、いつも小量の青酸を持ち歩いていたのである。

ある日、長官の事務所からヤンに出頭命令の電話があった。館の人たちは、てっきりヤンが逮捕されるのだと思い、家じゅうにパニックが走った。そうして口ぐちに、いまのうちに逃げて、とヤンに勧めたのだが、彼は「そうしたら誰が皆を守り、支えるんだ?」とアントニーナに向かって言った。そんなことをすれば全員を死に追いやることになると彼にはわかっていた。

翌朝、長官の事務所に出かけるヤンに皆が別れを告げたあと、アントニーナは禁じられた言葉をそっとささやいた。「あなた、青酸はもってるの？」

面会の時間は午前九時。家事をしているあいだ、アントニーナには、自分の体のなかで時計がチクタク時を刻む音がずっと聞こえていたという。午後二時。台所でトマトの皮を剥いて鍋に落としていると、ふいに「プニア」とささやく声が聞こえ、脈拍が一気に跳ね上がった。顔を上げると、目の前の開いた窓の外にヤンが立っている。その顔は笑っていた。

「何だったと思う？」と彼が言う。「信じられないぜ。事務所に顔を出したら、すぐに車で、長官の私邸のあるコンスタンチンまで連れて行かれたんだ。どうもそこの守衛たちが、屋敷まわりや近くの森に蛇がいるのを見て、地下組織の連中がドイツの総督府を追い出そうと、毒蛇をばらまいたと思ったらしいんだ！　それでライストが、蛇に詳しい唯一の人間、つまり俺を呼ぶよう守衛たちに命じたってわけだ。それで俺は、毒蛇なんかいやしませんよって、蛇たちを手づかみにして《証明》してやったんだ！」それから、急にまじめな声になって、「今回は青酸を使わずにすんだ」と言った。

またある日の午後は、ヤンはピストル二丁をリュックの底にしまい、殺したばかりのウサギでその上を隠して仕事に出かけた。彼が、退役軍人協会の停車場で市電を降りると、突然、ふたりのドイツ兵が現れ、ひとりが「手を上げろ！」と命じ、さらにリュックを開けてなかを見せろと言った。

「弱ったな」とヤンは思ったが、相手の警戒を解くようなさり気ない調子で、笑いながらこう言った。「両手を上げていたら、リュックを開けられません。ご自分でお調べになっては」。すると、ひとりがリュックのなかを突き回し、ウサギの死体を見つけた。

「ほう、ウサギだな！　明日の夕食か？」

「はい。何か食べなきゃいけないもので」とヤンは、相変わらず笑顔のまま答えた。

ドイツ兵は、手を下ろしてよし、と言い、「アルゾ、ゲーエン・ジー・ナーハ・ハウゼ！（さあ、おうちに帰るんだ！）」と号令をかけ、ヤンを先へ行かせた。

この危機一髪の出来事をヤンから聞かされたアントニーナは、頭蓋骨が押し上げられるほど頭の血管がドクドク脈打つのを感じたと書いている。「悲劇に終わったかもしれないことを」さも面白そうに冗談めかして話すので、「なおさら頭に血が上ってしまった」と。

戦後、ヤンはあるジャーナリストに、こういう危険を冒すことに自分は魅力を感じていたし、興奮も覚えたこと、また窮地に陥っても恐怖を退け、頭をすばやく働かせられることに、兵士としてのプライドも感じていたと語っている。「クール」とアントニーナはそんな彼の性格を言い表し、称賛した。彼の性格のなかのそうした部分は、自分とはまるで違う、素晴らしい、見知らぬもので、彼の勇敢さに自分は到底かなわないと思った。アントニーナも、何度も危機一髪の場面を切り抜けているのではあるが、自分のほうは、ただ幸運なだけで、ヤンのように英雄的なところはないと思っていた。

たとえば、一九四四年の冬、都市ガスの具合が悪くなり、二階のバスルームでお湯が使えなくなったときのことだ。妊娠中のアントニーナは、ホカホカ湯気の出るお風呂に浸かりたくてたまらず、ふと思いついて、ヤンのいとこのマリシアと夫のミコライ・グトフスキの家に電話した。ふたりの家はシティ・センターのすぐ北にあるジョリボルズ区にある。そこはヴィスワ左岸の美しい一画で、その昔、ここをジョリエ・ボルト（美しい川岸）と名づけた修道僧の所有地だった。お湯のことを話したところ、彼女の期待どおり、ヤンのいとこは、ここならたっぷり出るから、一晩、泊まっていきなさいと言ってくれた。アントニーナは肉屋や市場、その他のお店に行くときも、日頃、滅多にひとりで館から出ることはなかった。しかしこのときは、温かいお風呂の悦楽が味わいたい一心で、「ヤンのお許しをもらって」、深い雪と、二月の風と、ドイツ兵をものともせずに街を抜けて、彼らの家に夕方早めに着いた。

長々とお湯に浸かったあと、「趣味のいい家具や小物が美しく飾られている」食堂に夫妻と一緒に入ると、壁でまばゆく光るものが彼女の目を捉えた。それは、額に収められたたくさんの銀のティー・スプーンで、一本ごとにドイツの各都市の紋章が飾られていた――夫妻が戦前、ドイツ旅行したときに買った安いお土産品ということだった。夕食がすむと、アントニーナはゲスト・ルームに泊めてもらったのだが、翌朝四時、家のすぐ外でうなるトラックのエンジン音と、マリシアとミコライが正面の窓へ走る音で目が覚めた。アントニーナもそこに加わり、暗がりに立って表を見ると、トゥチョルスキ広場に、防水シートを掛けたトラックが何台も停まり、まわりに大勢のドイツ警察がいる。そこへさらに何台かのトラックがやって来た。収容所送りにされる人たちがトラックに積まれるのを見て、アントニーナは自分が連行されないことを祈るばかりだった。三人とも巻き込まれたくはなかったので、ベッドに戻った。しかし、すぐに下からドンドンとドアを叩く音と、まだパジャマ姿のミコライを呼ぶ声が聞こえた。その瞬間、アントニーナの脳裏に、自分が連行されたら家族はどうなってしまうだろうという心配がよぎった。突然、ドイツ兵が廊下に立ちはだかって、彼女に証明書を見せろと要求した。

アントニーナを指さしたまま、ひとりの兵士がミコライを詰問した。「なぜこの家に登録されていない女がいるんだ?」

「この人は私の姪です。動物園長の妻なんです」と彼は流暢なドイツ語で説明した。「自宅のバスルームが故障したので、一晩ここへ泊まりにきただけです。風呂に入って一泊する――それだけですよ。暗くなれば足元も滑りやすい。妊婦がひとりで通りを歩くのは危ないからです」

兵士たちは家のなかを調べて回り、趣味のいい家具をそろえた部屋から部屋へゆっくり移動しながら、うれしそうに笑みを交わした。

「ゾー・ゲミュートリッヒ(とても居心地がいいな)」とひとりが言った。「俺たちの家は空襲で壊されちまったんだ」

アントニーナは後に、この兵士の悲しみがよくわかったと書いている。その年の三月、アメリカの爆撃機がベルリンに二千トンの爆弾を投下し、四月になると何千機という戦闘機が、あの美しかった都市の上で空中戦を繰り広げたばかりだった。彼らはどれほど、この部屋のような《居心地のよさ》が恋しかっただろう。しかし、彼らにはこの先、もっと悪いことが待ち受けていた。戦争末期、連合軍はドイツの多くの都市を絨毯《じゅうたん》爆撃したのだ。そのなかには、人文主義《ヒューマニズム》と壮麗な建築の歴史で名を馳せていたドレスデン(1)もあった。

アントニーナが、一歩脇へ引いて彼らを食堂に通し、静かに見ていると、兵士たちの顔に困惑したような色が浮かんだ。ひとりが、壁に陳列されたドイツ土産のスプーンをけげんそうに見ている。彼は足を止め、壁に近寄り、それからうれしそうにぱっと顔を赤らめると、ドイツのいろいろな都市を讃えながら整然と並ぶそのスプーンを、仲間にも見せた。そうして、礼儀正しく「ありがとうございました。ここは何も問題ありません。以上で検査を終わります。それでは！」と言って立ち去って行った。

このとき自分が助かったのは、ドイツ兵のセンチメンタルな郷愁と、あの家にドイツ出身者がいるという誤解のおかげだ、とアントニーナは後からしみじみ思った。マリシアがドイツであのお土産を買って、民芸品のように飾っていなかったら、全員が逮捕されて尋問され、もしかしたら死んでいた。ヤンの秘密はあえて知らないで通していたとはいえ、彼女自身、十分大きな秘密（人、場所、連絡先）を抱えていたし、カトリック教徒でエンジニアだったミコライも、ゼゴータに協力してユダヤ人を匿うことがあったのだから。

ドイツ兵が去った後、皆はもう一度ベッドに入り、朝方アントニーナは帰宅した。話を聞いた「ゲスト」たちは、彼女といい、ヤンといい、こんなに何度も窮地を切り抜けるのはきっと、いかれた星ばかりでなく、「幸運の星にも見守られている」からだ、と口ぐちに言うのだった。

やがて、冬眠していた動物園に春の胎動が始まり、木々に若葉が広がり、大地がゆるんでくると、市民がこぞって、小さな農園に道具を手にしてやって来て、野菜づくりにいそしむようになった。一方、ジャビンスキ夫妻は、絶望の淵に追い込まれた逃亡者たちをさらに「ゲスト」に迎え、館の下や衣装箪笥に隠し、小屋やオリに潜ませた。慰めも、写真も、家族の想い出の品ももたずに逃げて来る彼らのことを、「命のほかは一切のものをはぎ取られた人たち」とアントニーナは日記に綴り、胸を痛めていた。

こんな状況でも容赦なく紡がれていく楽観的な生の営みを肯定するかのように、六月、アントニーナは女の子を出産した。世界じゅうが命の綱引きをしているこの時期にステージのまんなかに躍り出たその子は、テレサと名づけられた。リスは生まれたての赤ちゃんに夢中になり、アントニーナも、お祝いが毎日届けられるおとぎ話のお姫さまを産んだようだと書いている（ポーランド王家の血を引くジャブロノフスキ・プリンセス・テレサは一九一〇年に誕生していた）。金色に輝く編み細工のベッド、手作りのキルト、毛糸が入手難のこの時期にニット帽子とセーターと靴下——そのひとつひとつが「子供を守る魔法の呪文がかけられたかけがえのない宝物」。ごく貧しい友人までが、小さなパールを刺繍した布おむつをくれた。アントニーナはこれらの贈り物をいとおしみ、包み紙から取り出して触り、愛《め》で、掛け布団の上に聖像のようにきれいに並べた。先のことがわからない戦時中は、子供を産まないようにする男女が多かったけれど、この健康な赤ちゃんは、とりわけ迷信深い文化[2]を持ち、なかでも妊娠にまつわる言い伝えの多いポーランドでは、吉兆だった。

　ポーランドの伝承には、たとえば、妊婦が不具の人を見つめると、赤ちゃんも不具になる、というものがある。同様に、妊娠中、炎を見つめると赤いあざをもつ赤ちゃんが生まれるとか、鍵穴を覗くと赤ん坊が寄り目になるとか、地面に落ちたロープをまたいだり、物干しロープの下をくぐると、お産のときにへその緒が絡まるというのもある。逆に、出産を控えた女性は、美しい景色や物、きれいな人だけを見るようにし、たくさん歌ったりしゃべったりすれば、幸せで愛想のいい子供を授かるという。さらに、妊娠中、酸っぱい物が食べたくてたまらなければ、生まれてくるのは男の子、甘い物が欲しければ女の子。縁起のいい曜日や時間に生まれた子供は生涯、幸運に恵まれるけれど、その反対に、不吉な日に生まれた子供は不幸続きになるから、タイミングを選べるならそのほうがいい。聖母マリアの聖日が土曜日なので、土曜生まれの子はどんな赤ちゃんも災難を避けられるけれど、日曜生まれの子はゆくゆく神秘的な予知能力を身につける。そのほか、へその緒を保存したり、乾かしたり、産湯をつかわせたり、最初の散髪、最初の授乳をするといった場面での迷信的な儀式も知られている。乳児期の終わりである乳離れの儀式は、特別大切なものだった。

この国の女性にとって、乳離れの時期をいつにするかは大事なことだった。まず、冬が近づいて渡り鳥が飛んで行く時期はいけない。子供が野性的になって、森や林に憧れるようになるからだ。落葉の季節に離乳をさせるのも駄目で、それは、生まれた子供が若はげになるから。穀物を収穫して大事にしまっておく季節の離乳もよくない。隠し事の多い人間になってしまう。

――『ポーランドの慣習、伝統、民間伝承』より

それから、妊娠はできるだけ長く隠しておくようにし、夫にも知られないように気をつけないといけない。さもないと、嫉妬した周囲の人が、おなかの赤ん坊に不幸を招く憎しみのまなざしを向ける。アントニーナが生きていた頃のポーランドでは、幸運を嫉んだ人からのこのまなざしを、まだ多くの人が恐れていて、おめでたい出来事は悪意を引き寄せ、赤ん坊を褒めるのは災いを呼ぶ呪文を唱えるのと同じだと考えられていた。「なんて美しい赤ちゃんでしょう」と言われたら、その言葉には強い毒があるから、それを中和するために、お母さんは「いいえ、みっともない子ですわ」と答えて、い

まいましげにつばを吐かないといけないと言われていた。同じ理屈から、少女が初潮を迎えたら、母親がその娘の頬をひっぱたくという風習まであった。

のろいを避けるのはもっぱら母親たちの役目で、幸せそうなところや自慢げなところを人に見せないようにして子供を守らなければならない。そのために、最愛のわが子のために何より大切と思うことを犠牲にする。何かをいとしいと思ったが最後、それが悪魔にさらわれてしまうかもしれないからだ。カトリック教徒のまわりには、こんなふうに、いつも悪魔《サタン》とその手先がつきまとった。しかし、ユダヤ人にも日々、魔物《デーモン》との戦いがあった。なかでも有名な魔物は、死者の霊が生きた人間に取りついたゾンビのような《ディバック》だろう。

七月一〇日はテレサに洗礼名をつける日だった。ささやかな祝宴のため、アントニーナもベッドから起きた。伝統的なやり方では、こうした祝いの席では、悪魔の力を退けると考えられている編みパンと編みチーズが出される。しかし、このとき用意されたのは、ベーコン入りの塩漬け肉。前の冬にドイツ人が射ったカラスの屍肉からつくったものだった。キツネ男もワッフルを焼いて、マウリツィは、ペンプコヴァ（へそ）というポーランドに昔から伝わる蜂蜜入りのウオッカをつくった。マウリツィは、こういう場には当然、自分のハムスターもいなければと思い、ピオトルをテーブルに乗せた。するとピオトルは、いつものようにパン屑を拾い集め始めたのだが、そのうち、お皿やカップのなかに順々に頭を突っ込んで、ヒゲをピクピクさせて匂いを嗅ぎ、なかを調べて回った。そしてとうとう、初めて嗅ぐ甘い香りのもとが、空っぽのお酒のグラスだということを突き止める。彼は、蜂蜜の香りのするグラスを小さな手で持ち上げるようにして、大喜びでなかを舐め、舐め終わるとまた次のグラスへ行って舐め、ということを繰り返すうちに酔っ払ってしまい、一同の笑いを誘った。しかし、この浮かれ騒ぎの代償はとんでもなく高くついた。翌朝、寝床から起きたマウリツィが目にしたものは、自分のコンパニオンが命を失い、硬くなって、カゴの底に横たわる姿だった。

第三一章

ドイツ軍の敗走

館では、顔ぶれも日々の営みも、何ひとつ変わりはしなかったけれど、これまでと違う不穏な空気が立ち込めるようになっていた。誰もがなごやかに笑みを浮かべて立ち回りながらも、苛立ちを隠し切れないでいる――アントニーナにはそう感じられた。皆、「気もそぞろ」で、「会話はぷつぷつ途切れ、話がまとまる前に分解してしまうのだ」。七月二〇日、シュタウフェンベルク伯爵がしかけた時限爆弾が、プロシアの森にあったヒトラーの国防軍本部（狼の巣）で爆発したものの、ヒトラーはごく軽い怪我をしただけで逃げおおせた。ところが、その後、各地のドイツ人の間にパニックが広がり、ドイツ兵が西へ向かって続々と撤退し、ワルシャワを通過する際に建物を爆破していくようになった。ゲシュタポのメンバーも、ファイルを焼却し、倉庫を一掃し、私物をドイツに送り返した。ドイツ人の総督、市長、その他の行政官は、手近なトラックや馬車で脱兎のごとく逃げ出し、そのあとには二千名の守備隊だけが残された。ドイツ人が逃げ出し、空っぽになったところへ敗走してきた兵士たちに、家や農場を荒らされてはたまらない——そう思ったポーランド人たちは、近郊から大挙して戻ってきた。

いよいよ蜂起のときが近づいたことを悟ったヤンは、ポーランドの国内軍三五万が立ち上がれば、残っているドイツ兵などものの数日で制圧できるとたかをくっていた。理屈からすれば、ポーランド人の手で橋さえ押さえてしまえば、ヴィスワ川の両岸に控える大隊が加勢でき、それらを合わせた強大な兵力をもってワルシャワは解放されるはずなのだ。

七月二七日、ソ連の部隊がワルシャワの南方六五マイルのヴィスワ河畔に達した(アントニーナは銃声を聞いたと言っていた)。対する総督ハンス・フランクは、一七歳から六五歳までのポーランド人男性一〇万人を招集し、一日九時間労働で都市のまわりに要塞を築かせる、拒むものは射殺すると告げた。ところがこのとき、ポーランドの国内軍が市民に向けて、フランクの命令など無視して戦闘に備えよと呼びかける。そしてその翌日、ソ連の部隊もそれに応えるように前進し、ポーランド語の「行動のときは来た!」という呼びかけをラジオで流したのである。八月三日、ソ連赤軍が動物園のあるヴィスワ右岸の地区から一〇マイルのところに宿営すると、館のなかもいよいよ緊張が高まり、「蜂起はいつだ?」としきりに問う声が聞かれるようになった。

そして、動物園の人たちの動きも急になる。ほとんどの「ゲスト」は軍隊に加わったか、ここより安全な《メリナ》へ脱出した。キツネ男もグロイェク近くの農場へ引っ越す準備を始め、マウリツィはマグダレーナのいるサスカ・ケパへ。法律家の夫妻も、ワルシャワ市街とは反対の方角へ避難したが、ふたり娘のヌニアとエヴァは、館に残ることを決断する。アントニーナの身にもし何かあれば、生まれたてのテレサと、幼いリス、七〇歳になるヤンの母と家政婦だけで、何もかもやらないといけなくなる。でも、そんなことは不可能でしょ？　というのがふたりの言い分だった。兵士たちも、川沿いの土地から民間人を避難させ始めたが、ヤンは、できれば家族にはこのまま動物園にいてほしいと思っていた。彼の予測では、ポーランドはすぐに勝利を収めるはずだったし、赤ん坊や体の弱い母親に旅をさせたら命にかかわる。

　戦後、ヤンがユダヤ研究所に証言した内容によれば、八月一日の朝七時、ひとりの少女がヤンを招集に来た。きっと、やはり国内軍の伝令だったハリーナ・ドブロヴォルスカ（当時はハリーナ・コラビオフスカ）のような少女だったのだろう。筆者は、ある夏の晴れた午後、ハリーナとワルシャワで面会した。いまも元気な八〇代の彼女は、戦争中はティーンエイジャーで、自転車や市電に乗って、遠く郊外まで指令を伝えに行ったという。危険をかいくぐって、蜂起がすぐに始まるからと闘士たちを招集し、家族に警告を伝えて回ったあの日のことを、彼女はいまも忘れていない。市電に乗ろうと思ってようやく一台見つけたところが、車掌は荷物をまとめて帰ろうとしている。というのも、ワルシャワ市民のほとんどが、その時点ではもう仕事を切り上げ、戦闘開始に備えて家路を急いでいたからだ。そんなこともあろうかと、地下組織ではハリーナに米ドルをもたせていた。彼女がそれを車掌に渡すと、彼はそわそわしながらも目的地まで乗せてくれたという。

　ヤンは、アントニーナがテレサと寝ていた二階へ駆け上がり、知らせを伝えた。

「昨日の話と違うじゃない！」アントニーナは不安に襲われた。

「俺にもどうなってるのかわからんが、とにかく行ってみないことには」

夫妻の友人ステファン・コルボンスキも、突然の蜂起のタイミングに驚いたひとりだったが、その日の市街のあわただしい熱気をこう寸描している。


　路面電車は少年たちで混雑していた。重たそうな袋や包みを抱えた女性が、二、三人ずつ連れ立って、歩道を急ぎ足で行く。「集合地点に武器を運んでいるんだな」と私は思った。自転車がひっきりなしに道路を走っている。長靴にウィンドジャケットを羽織った少年が、あらん限りの力をふりしぼってペダルを漕いでいる。時折、軍やパトロール隊の制服を着たドイツ人が、何も気づかず、まわりで何が起きているか知らずに歩いている。大勢の男たちが、重い決意を胸に、あちこちに急いで向かっていて、すれ違いざま、私に意味ありげなまなざしを送ってきた。[1]

その四時間後、いったん帰宅したヤンは、蜂起がすぐに始まると言って、アントニーナと母親に別れを告げた。そしてアントニーナに、飯ごうをひとつ手渡した。

「充填ずみのリボルバーが入っている。万が一、ドイツ兵がやって来たときは……」

アントニーナはそれを聞いて凍りついた。「ドイツ兵ですって？　何を考えているの？　二、三日前に話をしたばかりじゃない、国内軍が必ず勝つからって。そうじゃないって言うの？」

ヤンが沈んだ声で答えた。「いいかい、一週間前だったら、十分に勝つ見込みはあった。でももう遅すぎるんだよ。いまは蜂起すべきときじゃない。待たなきゃいけない。二四時間前には、上も同じ考えだった。ところが夕べになって急に考えを変えたんだ。こういう優柔不断は、とかくまずい結果を招くものなんだよ」

ヤンはまだ知らなかったが、同盟軍と思われていたソ連が、欲に走ったのだ。戦後、ポーランドの大部分の占領を約束されていたスターリンは、ドイツとポーランドが共倒れしてくれたほうがいいと考えたのである。スターリンは、ポーランドへ向かう連合軍の飛行機が、ソ連の飛行場に着陸することも拒否した。

「私はヤンをしっかり抱いて、自分の顔を彼の頬に押し当てた」とアントニーナは回想する。「彼は私の髪にキスし、赤ん坊を見るなり、階段を駆け下りて行ってしまった。私の胸は狂ったように高鳴った!」レボルバー入りの飯ごうをベッドの下に隠し、ヤンの母親の様子を見に行くと、彼女は車イスに座ったまま「涙で顔を濡らし」、ロザリオを手にもって祈りを捧げている最中だった。

ヤンの母親はポーランドのカトリックの習慣どおり、額に十字を切って、聖母マリアにヤンをお守り下さいと祈っていたのだろう。ワルシャワ蜂起の間、兵士たちを守護していたのは「国内軍の聖母マリア(処女マリア)」で、市内のあちこちや道路脇の祠《ほこら》に、急ごしらえの祭壇がつくられた(いまもポーランドに数多く残っている)。兵士やその家族は、イエス・キリストにも祈りを捧げ、財布に《イエズ・ウファム・トビエ》(我イエスを信ず)と書いた小さなキリストの肖像を入れていることも多かった。

アントニーナが心の平穏を保つために何をしていたか、彼女自身は語っていない。しかし、ヤンがあるジャーナリストに話したように、厳格なカトリックとして育てられ、ふたりの子に幼児洗礼を受けさせ、いつもメダイを身に着けていた彼女もきっと祈りを捧げたはずだ。戦争で一切の希望が潰《つい》え、奇跡を願うしかないような状況では、日頃、信心深くない人間も祈りを捧げることがよくある。館の「ゲスト」のなかにも、気持ちを奮い立たせようと占いをする人たちがいた。しかし、合理的な人間を自認し、あからさまな無神論者を父にもつヤンは迷信も宗教も遠ざけていたから、アントニーナや敬虔なカトリックだったヤンの母には、そんな彼にあえて話さず、胸にしまっていることもあったかもしれない。

市街上空を、機銃掃射の構えでかすめ飛ぶ戦闘機を見たアントニーナは、ヴィスワ川の向こうで何が起きているのか、あれこれ想像した末、結局、テラスに上がり、パラパラという音がするたびに、それを手がかりに向こう岸に銃火が見えないか探した。銃声は、大規模な軍事衝突のときのすさまじい音とは違って、「単発で、人を狙ったもの」のように聞こえたと、アントニーナは書いている。

こうなったいま、動物園というこの小さな領地で、息子のリスと生後四週間のテレサ、ヌニアとエヴァ、義母、家政婦、キツネ男とふたりの助手を率いていくのは、私のつとめなのだ――そのことを彼女は悟った。「他人の命に責任をもつという重荷」が、アントニーナの肩にのしかかり、強迫観念のように心を縛った。

深刻な事態を前にして、一瞬も気が休まるときがなかった。私は否応なしに一家の主にさせられた。ずっと前、ガールスカウトで教わったように、いつも気を張り詰めていなければならなくなった。ヤンにはもっとずっと大変な任務がある。だからこの家のすべてが私にまかされたのだ、という強い責任感がわき起こり、その考えが頭を離れなくなった。とにかくやるしかないのだ。

それから二三日間、眠れない夜が続いた。居眠りした間に、危険を知らせるかすかな音を聞き逃してしまうのが恐ろしかったのだ。そういえば、一九三九年の爆撃のとき、体を盾にして幼いリスを守ったときも、同じような保護者意識に突き動かされた。これはきっと、勇猛な母性、家族を守るためには闘いも辞さない母親の本能なのだ、そう彼女は思った。

戦場は川をはさんだ向こう側なのに、西風が死と硫黄と腐臭を運んで来る。銃撃戦や砲弾、爆弾の音も止むことがない。戦況の知らせはなく、こちらから連絡をとれる相手も、市内にはもういない。館は「もはや方船ではなくて、羅針盤も舵もなく荒海をあてどなく漂うちっぽけな小舟」のようで、いまにも爆弾で吹き飛ばされそうな気がした。

アントニーナはリスと一緒に、テラスで首を伸ばして対岸の戦火を見つめ、何が起きているのかを知ろうとした。夜になっても、ぱっと光る銃火や――野戦のような連射ではなく、単発の――すすり泣きか口笛のような音を立てて市の上空を飛ぶ戦闘機を、明け方まで眺めた。

「パパのいるところがいちばんひどいよ」と、旧市街を指さしてリスが何度も言う。リスは何時間もテラスに立って、双眼鏡で戦況を見守りながら父親の姿を探し、爆弾のうなりが迫ってくるたびに、その場にうずくまった。

アントニーナの寝室のドアのすぐ外から二階の平屋根の上に、鉄道用の金属ばしごが掛けてある。

リスは双眼鏡を手に、たびたびそれに登った。その頃、プラスキ公園に駐屯していたドイツ軍は、橋のたもとの小さな遊園地も占拠していたが、そこにあったパラシュート・ジャンプの塔に登ったドイツ兵が、リスが館の屋根から彼らの様子を窺っているのに気づいた。そしてある日、ひとりの兵士が館に来て、こんど坊主があそこにいるのを見たら撃ち殺す、とアントニーナに警告した。

不安で眠れない夜を過ごし、緊迫した日々を送りながらも、アントニーナはこの蜂起に「戦慄」を覚えていたことを打ち明けている。「長く陰惨な占領生活を送りながら、いつかきっとこんな日が来ると思っていた」。けれど、いざ始まってみると、何が起きているかは推測しかできないのだった。川向こうの市の中心部では食料も水も欠乏していたが、角砂糖とウォッカだけは豊富にあったので(ドイツ人の備蓄を奪った)、国内軍はそれをエネルギー源に、舗石をはがして戦車止めのバリケードを築いた。三万八千人の兵士(うち四千人は女性)のうち、十分な武器をもっているのは一五人にひとりだけで、残りは棒や狩猟用のライフル、ナイフ、刀剣だけをもち、銃器は敵から奪おうと思っていた。

ドイツ軍がまだ電話交換所を掌握していたため、占領中ひそかにそうしてきたように、勇敢な少女たちの伝令部隊が街じゅうを飛び回った。ハリーナ・コラビオフスカは、郊外からワルシャワに戻ると、その足で市街地に向かい、伝令や炊き出し、野戦病院や、戦闘員に物資を届けるのを手伝ったという。

「そこらじゅうにバリケードがつくられたわ」とハリーナは、興奮した声で私に話した。「初めは皆意気揚々としていた。午後五時に蜂起が始まると紅白の腕章をつけてね。最初の何週間かは、一日一回きりの馬肉とスープでなんとかやっていけたんだけど、最後のほうになると、もう乾いた豆と、犬や猫、鳥の肉しか食べる物がなくなったわ。

一五歳の友だちが、負傷兵を乗せた担架の片方をもっていた。その上を飛行機が飛んだとき、その兵士の眼に恐怖が走るのを見て、彼女、とっさに兵士の上に覆いかぶさったのよ――それで自分も首にひどい傷を負ってしまった。別の日に、私が伝令をしていると、ふたりの女の人が建物から重たそうな袋をいくつももって出てきたので、手伝いましょうかって言ったの。そうしたら、ドイツの薬品庫とキャンディの大袋を見つけたのよ、と言って、キャンディを分けてくれた。私はそれを上着のポケットと左右の袖にいっぱい詰めて、こぼれないように手を高くしたまま、兵士のなかに入って行ってね。出会う人ごとに、手のひらを合わせてと声を掛け、その人の手のなかに袖からキャンディをポロポロ落としてあげたわ！」

ドイツ軍が撤退したあと、人々は何年かぶりに自由に歩き、語り合った。人種差別法も、もう効力はないから、ユダヤ人たちが隠れ場から姿を現し、市民は家にポーランド国旗を掲げ、愛国的な歌を歌い、紅白の腕章をつけた。ヤンの友人フェリクス・ツィヴィンスキが指揮する旅団にはサミュエル・ケニクスヴァインが加わり、大隊を率いた。長い間抑えつけられてきたワルシャワの文化が蘇り始めており、映画館が再開され、文学雑誌がたちまち復刊され、優雅な室内では演奏会がさかんに開かれた。郵便局は無料の切手を発行した――その運営と集配をしていたのはボーイスカウトである。当時の写真に見る金属の郵便受けには、鷲と百合の飾りがついているが、これは、命がけで手紙を運んだ幼いスカウトたちを表していた。

一方、ワルシャワ蜂起の知らせを受けたヒトラーは、ヒムラーに向かって、最も屈強な部隊を送り込んで、他のヨーロッパの占領地への見せしめに、ポーランド人をひとり残らず抹殺し、ワルシャワのブロックというブロックを破壊し、爆撃し、焼き払い、ブルドーザーでならして再起不能にしてしまえと命じた。この任務のために、ヒムラーが選んだのは、親衛隊のなかでもとびきり残忍な、犯罪者、警官、元捕虜からなるいくつかの部隊だった。蜂起五日目、後に「ブラック・サタデー」と呼ばれるようになったその日、ヒムラーの百戦錬磨の親衛隊とドイツ国防軍がワルシャワに突入し、ポーランドの男女子供合わせて三万人を殺戮する。そしてその翌日には、急降下爆撃機シュツーカの編隊で市街を爆撃したのである。当時のフィルムから、メガトン級の蚊の羽音のようなプーンという独特の翼のうなりを聞くことができる。装備を欠き、訓練もほとんどしていない蜂起軍は、果敢に応戦しながら、ロンドンに無線で食料と物資の投下を求め、ソ連に対して、すぐに攻撃を開始してくれと懇願した。

この頃のアントニーナの日記には、ふたりの親衛隊員がいきなり館のドアを開けて、銃を抜き、「全員表へ!!」と命令したときのことが書かれている。

館の住人は皆、震え上がり、何が起こるのかわからないまま、最悪の事態も覚悟して、庭に出た。「両手を上げろ」と再び声が飛ぶ。そのときアントニーナは、ふたりの指が引き金に掛けられているのをはっきりと見た。

彼女は赤ん坊をしっかり抱いているので、片手しか上げられず、ふたりががなり立てている「野蛮な言葉」も、なかなか頭に入れることができなかった。

「お前らの夫や息子が殺した勇敢なドイツ兵の死を、つぐなわせてやろう。お前らの子供も」――とリスとテレサを指さして――「母親の乳からドイツ人への憎しみを吸ってるからな。これまで好きにやらせてきたが、もうそれも終わりだ！　これからは、ドイツ人ひとりが殺されるたびに、ポーランド人千人が死ぬことになるんだ」

「もうおしまいだ」そう思った彼女は、赤ん坊をぎゅっと抱いて、それでも何か策はないかと必死で考えた。肋骨の下で心臓が激しく打ち、足はすくんでまったく動けない。こんなふうに、文字どおり恐怖で凍りついたことが前にもあった。でもいまは、動けなくてもいいから、せめて何か言わなくちゃいけないと思った。何でもいい、ちゃんと落ち着いて、怒った動物の気持ちを鎮め、安心させるためによくやっていたみたいに、話しかけるのよ――すると、自分でもよくこんな言葉を知っていたと思うようなドイツ語が、すらすらと口をついて出てきたのである。古代の部族の話から、素晴らしいドイツの文化のことまで、彼女は思いつくままに話し始めた。赤ん坊をきつく抱くほど言葉は流暢になり、その間ずっと、心のもうひとつの部屋で、意識を集中させてこう繰り返した《落ち着いて！　銃を下ろすの！　落ち着いて！　銃を下ろすの！　落ち着いて！　銃を下ろすの！》

ドイツ兵はまだ何やらどなっているが、彼女はそれには耳を傾けなかった。彼らは銃を下ろしもしなかったけれど、アントニーナは無言の命令を念じながら、継ぎはぎな内容をしゃべり続けた。

突然、ひとりの兵士が、キツネ男の一五歳になる助手に向かって、庭にある納屋の後ろへ行け、とどなった。少年は歩き始め、親衛隊のひとりが、ポケットに手を入れてリボルバーを取り出しながらそのあとに続き、ふたりとも小屋の陰に入った。そして銃声が一発。

もうひとりがリスに言った。「つぎはお前だ！」

息子の顔が、声にならない悲鳴を上げ、血の気を失って唇が紫色になるのが見えた。それでもアントニーナは、下手に動いて自分とテレサまで殺される危険を冒せなかった。リスが両手を上げ、ゆっくりと歩き出す。ロボットのようにぎくしゃくと、「まるで、その小さな体から、もう命が抜けてしまったみたいに」。リスが小屋の後ろに消えても、彼女の心の眼はそのあとを追い続けた。「いま、タチアオイのあたり……書斎の窓のそばまで来た」。そして、二発目の銃声。それは「銃剣のように心臓を貫いた」と彼女は書いている。「続いて三発目が聞こえて、何も見えなくなった。どんどん視界がかすんで、ついに真っ暗になってしまった。私は全身の力が抜け、その場にくずおれそうになった」

そのとき、「お前はそこのベンチに座れ」と兵士の片方が言った。「赤ん坊を抱いたまま立っているのは難儀だろう」。一瞬の間を置いて、その兵士がまた口を開いた。

「おいガキども！　その雄鶏をこっちへ持って来い。薮から出すんだ！」

ふたりの少年が、恐怖に震えながら繁みから走り出た。リスが殺された雄鶏の翼をつかんでいた。クーバだ。アントニーナの眼は、撃たれたクーバの傷からぽたぽた滴る血にくぎづけになった。

「実に愉快な遊びだったな！」　兵士のひとりが言った。それからふたりは、アントニーナの見ている前で、冷酷な表情をゆるめて声を立てて笑いながら、死んだ雄鶏をぶら下げて立ち去った。おろおろして必死に泣くまいとこらえていたリスの眼から、涙がどっとあふれるのが見えた。こんなひどい目に合わされた子供を、母親はどう慰めたらいいのだろう？

私はリスに近寄り、耳元でささやいた。「あなたは私のヒーローよ。とっても勇敢だったわ。お家に入るのを助けてちょうだい。ママ、動けなくなっちゃったのよ」。責任感を呼び覚ましたら、いくらか気持ちが鎮まらないかと思ったのだ。情けない姿を人に見られるのが、あの子にとってどんなに辛いか、私にはわかっていた。どっちにしても、私は本当に足の力が抜けてしまって、誰かに支えてもらわないと、テレサを抱いて家に入ることもできなかった。

しばらくして気持ちが落ち着いたアントニーナは、親衛隊のあの行動は何だったんだろうと考えた――本当に撃つつもりだったのかしら、それともあれが、力を見せつけて人の恐怖をもてあそぶ彼らのやり方なのかしら？　でも、クーバがあそこにいたことまで知っていたはずはない。だから、途中で思いついたことなんだろう。急に優しくなって、私に座れと言ったのもわからない。赤ん坊を抱いたまま倒れたら困るって、本当に心配したのかしら？「もしそうなら、怪物のような彼らの心にも、少しは人間らしい感情があるということになる。もしそうなら、純粋な悪なんて本当は存在しないのかもしれない」。そう彼女は考えた。

それでも、あのときの銃声は子供たちを撃った音で、息子は頭に銃弾を撃ち込まれて地面に倒れたと、いったんは信じた。そして母親の神経系というものは、そんな体験に耐えられるようにできていない。誰も殺されずにすんだとはいえ、その後、アントニーナはひどくふさぎ込み、日記でこう自分を責めるのだった。「みんなを引っ張らなくてはいけない」いちばん大事なときに「あんな弱々しい姿をさらすとは情けない」。

ドイツ軍がおびただしい数のロケット砲、迫撃砲を発射し、動物園の近くの大砲も砲撃を始めると、アントニーナは、ひどい頭痛にも苦しめられるようになった。空爆の地響き、あらゆる大きさ、あらゆる形の砲弾が生み出す恐ろしい音――笛のような音、吹き飛ぶ音、砕ける音、ぶつかる音、潰れる音、引っ掻く音、雷のような音――が轟きわたった。連合軍が《スクリーミング・ミーミー》（ミミというフランスの少女にちなむ）と名づけた、絶叫音とともに飛んでくる砲弾も使われ、この呼び名はその後、長く戦火にさらされた人がかかる戦争神経症の別名になった。

《ベロウィング・カウ》（べーべー牛）と呼ばれた六連射式の迫撃砲も登場した。六発の砲弾がセットされるときの悲痛なクランク音が六回聞こえ、そのあと、たて続けに六回の爆発が起こる。

「あの音は生涯忘れられない」[2]と、ワルシャワ蜂起のときまだ七歳だったヤチェック・フェドロヴィッチは書く。「クランク音が聞こえたら、もうお手上げ。爆発音が聞こえたら、まだ生きているということだ。どれが死をもたらす音か、私は聞き分けるのが得意だった」。ヤチェックは「唯一の残された財産だった、［自分のテディ・ベアに］縫い込まれた五ルーブル金貨をもって」やっとのことで逃げ出した。「この縫いぐるみのほかに、蜂起のあと家の焼け跡から見つかったのは、コップひとつと《ドリトル先生》が一冊だけだった」。

旧市街の闘士たちには空爆、通りにいる民間人には地上から機銃掃射、大きな建物は破壊部隊が焼き払い、爆破する。大気は粉塵と炎と硫黄に充ち満ちていた。日が落ちると、キールベズ橋の方角から、ひときわ不気味なごろごろという音が館まで聞こえてきた。何か巨大な機械がうなっている。ドイツ兵がワルシャワに疫病を流行らせないよう、死体を燃やす焼却場をつくっているのだと言う者もいれば、巨大な放射性兵器が使われたと思った者もいた。川面には薄緑色の蛍光が反射し、その明るさで、アントニーナは向こう岸の家の窓ぎわにいる人まで見ることができた。夜更けになると、この世のものとは思えないその機械のうなりをバックに、飲んだくれたドイツ兵の歌がどこからか聞こえてきて、深夜までその歌声が続いた。

　アントニーナはその晩、横になったまま恐怖で一睡もできず、首筋のうぶ毛が逆立つのを感じたという。その後、不気味な光と機械の正体は、彼女が想像したような最新兵器ではなく、プラスキ公園に置かれた、敵の目をくらます巨大な投光器とその発電機だということがわかった。

　動物園のある地区での戦闘が収まると、こんどは、略奪目当ての兵士が侵入するようになった。ある日、「凶暴な目つきの」ソ連兵(3)の一団が館に乱入して、戸棚、壁、床にある写真立てから絨毯《じゅうたん》まで、金目のものを手当たりしだいに物色し始めた。アントニーナは彼らのほうに向かって行き、一歩も引かない構えで静かに立ちはだかった。部屋になだれ込んできた「ハイエナのような」連中は、遠巻きに自分をじろじろ見ている。「恐がっていると思われたら食われる」と思った。そのとき、アジア的な面立ちで、氷のように冷たい眼をした隊長が近づいて来て、アントニーナを鋭く睨みつけた。テレサは、すぐそばにある、編み細工の小さなゆりかごで眠っている。アントニーナは相手の眼をひたと見据え、一歩も譲らない。突然、その男が、彼女がいつも首にかけている小さな金のメダイをつかんで「白い歯を見せた」。すると彼女は、ゆっくり、静かに、赤ん坊を指さしながら、幼い頃の記憶の引き出しから、眠っていたロシア語を取り出して、きっぱりと命令した。

「いけません！　あなたのお母さんですよ！　奥さんですよ！　お姉さんですよ！　わかった？」

そして片手を男の肩に置くと、男は驚いた顔をし、見る見るうちにその眼から凶悪な光がすっと消え、ひきつった口元からも力が抜けた——まるで彼女によって熱いアイロンをかけられたように。心のささやきがまた効いた、とアントニーナが思っていると、男が手をズボンの後ろポケットに突っ込んだので、一瞬、ドイツ兵がリボルバーをリスに突きつけた、あの恐怖が蘇った。ところが、ポケットから取り出されたのは、なんとピンクの汚れたあめ玉だ。

「赤ん坊に！」と、ゆりかごを指さし、彼が言う。

アントニーナが感謝をこめてその手を握ると、彼は感嘆したように微笑み、彼女のどちらの手にも指輪がないのを見てとると、こんどは哀れみを浮かべて、自分のしていた指輪を外し、差し出した。

「あんたにやるよ」と男は言った。「取れ！　指にはめるんだ！」

しかし、指輪をしようと間近で見たとき、アントニーナは「胸がギクリとした」。銀の鷲、つまりポーランドの紋章がついている。さては、ポーランド兵がしていた指輪か。「一体、これは誰の？」

男は大声で部下を呼び集めて、命令した。「取った物を全部置いて行け！　言うことを聞けない奴は、犬みてえにぶち殺すからな！」

部下は驚いて、もっていた略奪品をことごとく置いて、ポケットのなかも空にした。

「さあ引き上げだ——何も手をつけんじゃねえぞ！」男が言った。

彼女が見ている前で、部下たちは「口輪をはめられた犬みたいに小さくなって、ひとり、またひとりと出て行った」。

全員が行ってしまうと、アントニーナはテーブルの前に座り、もう一度、銀の鷲のついた指輪に目をやり、「《お母さん、奥さん、お姉さん》という言葉が悪党の胸に響き、殺戮本能を抑えられるのなら、人間の未来にもまだ望みがあるのかもしれない」と思うのだった。

動物園には、このほかにもときどき兵士がやってきたが、特段、問題は起こしていない。ところがある日、第三帝国の毛皮農場の事務員で、キツネ男を彼がグロイエクで働いていた頃から知っているドイツ人が数人、車で乗りつけた。キツネ男が、見事な毛皮の取れる動物がまだたくさんいると報告すると、ドイツ人は彼に、飼育係も動物もまとめてドイツに移動させる許可を出した。しかし、たくさんの動物をドイツに輸送するとなれば、支度にも時間がかかる。もうしばらくは皆、館にいられそうだった。もし、蜂起軍が勝利し、ドイツがワルシャワを見捨てるときまで粘れれば、誰も出て行かなくてすむかもしれない。

その頃、ドイツ軍は、レジスタンスの弱体化を狙って、ワルシャワが廃虚となる前に街から出て行くよう、市民に呼び掛けるメモを飛行機からばらまいた。ほどなくして、プラスキ公園にこれまでよりさらに大きな大砲がトラックで運ばれ、川沿いの木立や繁みに隠された。動物園の目の前に駐屯したドイツ兵たちは、飲み水やらスープやら、ゆでたジャガイモやらを求めて、頻繁に館に立ち寄るようになった。そんなある日の夕方、背の高い若い士官が、戦場から至近距離に民間人がいるのはよくないと言うので、アントニーナは、自分たちは国防軍御用達の毛皮農場を経営しているのだが、いま動くのはタヌキによくないのですと釈明した。タヌキは夏に毛換わりして軟らかい密生した毛を生やし、九月から一一月は冬に向けてそれが伸びる大事な時期であること。その時期に箱詰めにし、ストレスを加えた上に、気候の違う土地に送ったりしたら、上等な冬毛の発育が遅れ、あとで取り戻せなくなることを説明すると、士官は納得したようだった。

これまで、雷なんか怖いと思ったことはない——そう彼女は書いている。「あれはたんに、稲妻がつくる真空を音が埋めているだけだから」。しかし、大気が湿り気を帯びてくる嵐の前ぶれでもなく、雨が降るでもなく、ただ間断なく火を吹く大砲の乾いた音ばかり聞かされていると、神経が参ってしまうのだった。ある日の午後、珍しく大砲の音が静まったとき、女たちは皆、つかの間の静寂のなかでぐったり身を横たえていた。ヤンの母、ヌニア、エヴァは寝室で眠り、アントニーナは階下でテレサに乳を飲ませていた。うだるように暑い日だったので、ドアも窓もすべて開け放したまま。すると突然、台所のドアがギーッと鳴って、ドイツの士官がひとり、つかつかと入って来た。母親と赤ん坊を見ると、一瞬足を止めたけれども、そのまま近づいて来る。息が酒臭い。士官は疑い深げにあちこち調べ回り、ヤンの書斎にふらふら入って行く。

「おおこれは！　ピアノだ——それに楽譜も！　弾けるか？」興奮した士官が彼女に聞いた。

「少しですが」と彼女が答える。

バッハの何かの曲をぱらぱらめくっていた士官は、あるところでその手を止めて、美しいフーガを口笛でとても巧みに吹き始めた。これは本職に違いないわと思って、アントニーナが言葉をかけた。

「完璧な音感をおもちなんですね」

弾けと言うので、椅子に掛けてはみたものの、気分はそれどころではない。テレサを抱えて逃げ出したいぐらいだったが、そんなことをしたら、後ろから撃たれそうだ。そこでアントニーナは、シューベルトの『小夜曲《セレナーデ》』を弾き始めた。ドイツ人の好きな曲で、郷愁を誘い、士官の気持ちをなだめようと思ったのだが——どうやら逆効果だったらしい。

「駄目駄目！　そんなんじゃない！　なんでそんなものを弾くんだ!?」ヒステリックに士官はわめいた。

アントニーナは、指をぱっと鍵盤から上げた。まずかったようね。でもどうして？　ドイツのセレナーデはよく聴く曲だし、自分もたびたび弾いていたのだけれど。つかつかと本棚へ歩いて行った士官が譜面を漁っている間に、彼女は『小夜曲』の歌詞を改めて読んでみた。

秘めやかに闇をぬう　我が調べ
静けさは果てもなし　来よや君
ささやく木の間を　もる月影　もる月影
人目もとどかじ　たゆたいそ　たゆたいそ
君聞くや　音《ね》にむせぶ　夜の鳥
我が胸の秘め事を　そは歌いつ
鳴く音に込めつや　愛の悩み　愛の悩み
わりなき思いの　かの一節《ひとふし》　かの一節
深き思いをば　君や知る
我が心　騒げり　ああ

待てる我に　出で来よ君
出で来よ

（堀内敬三訳『小夜曲』より）

恋の悩み。心が乱れたのも無理はないか。そのとき、士官が顔を輝かせて、世界の国歌集を取り上げたと思うと、何かを懸命に探し始めた。そして、それを見つけた。

歌集をピアノの上に置いて、彼は言った。「頼む、これを弾いてくれ」

言われるままに弾き始めると、ドイツの士官は、アクセントの強い英語で、米国の国歌『星条旗』を高らかに歌い始めるではないか。プラスキ公園の兵隊がこれを聞きつけたらどう思うだろう。彼女は、眼を半分閉じて歌っている士官の顔をちらちら盗み見た。そして、最後の華やかなフレーズを弾き終わると、士官は彼女に敬礼し、無言で館から出て行ってしまった。

この音楽通の士官は一体、何者？　どうしてアメリカ国歌なんか歌うのだろう？「近くにいる仲間をからかったのかしら？」と彼女は考えた。「私は尋問されるんじゃないかしら？　親衛隊の怒りを買ってしまうのでは？」

その後、結局、あの士官は私を脅かすために来たのだろう、とアントニーナは考えたが、それなら彼の目論見どおりになった。というのは、その日いっぱい、彼女の頭にアメリカ国歌のメロディがこびりついて、何度も繰り返され、夜の連続砲撃が始まるまで離れなかったのだから。

ドイツ軍が旧市街のなかまで攻め込んでも、アントニーナはまだ蜂起軍の勝利を願っていた。しかし、ヒトラーがワルシャワを街ごと解体しろと命じているという噂が、彼女の耳にも届いた。まもなく、パリが自由フランス（フランスのレジスタンス）、米国、英国の連合軍により解放され、ドイツ本国でも、他の都市に先駆けて、まずアーヘンが陥落、一万トンの爆弾で廃虚にされたことも知らされた。

旧市街に配置されているはずのヤンからは、何の連絡もなく、消息も聞かれない。旧市街に立て込もった国内軍は、しだいに狭いところに追い詰められて、建物から建物へ、住宅や寺院の部屋から部屋へと、移動しながら闘っている。多くの人の証言によると、どこかの建物のなかでいきなり銃撃戦が始まり、それが上へ下へと移動し、その間、外にいる兵士の頭上にも砲弾や銃弾が雨あられと浴びせられるのだという。それでもアントニーナとリスには、旧市街の激しい戦火を眺めながら、彼女が隅々まで知り尽くしている石畳の道を、ヤンが仲間とともにあちこち動き回る姿を想像する以外、できることがないのだった。

シルヴェスター・〝クリス〟・ブラウンという野戦記者が、この年の八月一四日に撮影した一枚の写真がある。ポーランドの兵士たちが、捕捉したばかりのドイツの装甲兵員輸送車を、鼻高々で見せびらかしているものだ。そこにヤンの姿はないが、写真のキャプションにあるように、象のように大きなその車両が「ヤス」と名づけられたというのは、筆者にはただの偶然とは思えない。それは、戦争が始まってまもなく殺されてしまった、ワルシャワ動物園の雄ゾウの名前だった。

第三二章　旅立ち

九月までに、旧市街に残っていた五千名の兵士たちが、ドイツ兵に手榴弾や点火したガソリンを投げ込まれながら、下水道を抜けて逃走した。ワルシャワのほかは、どこの戦線も連合軍が連戦連勝、フランスとベルギーはすでに解放され、米英両国はオランダ、ラインラント、アルザスからドイツに侵攻した。かたやソ連赤軍は、相変わらずワルシャワの手前で止まったままだったが、すでにブルガリアとルーマニアを支配し、ベオグラードとブダペストも制圧する構えで、バルト海方面からドイツに突入するつもりだった。米国は日本の沖縄に上陸し、南太平洋で猛攻を加えた。

その頃、あるドイツ士官がキツネ男に向かって、たとえ軍がどうなろうと、第三帝国にはこの毛皮農場は貴重で必要なものだから、早く動物を通気のいい箱に詰め、郊外の安全な町に移すようにと言った。砲弾の落下地点がだんだん動物園に迫って来るのを見て、アントニーナも、いよいよ家族を連れてここを出るときが来たと腹をくくる。そのとき、キツネ男が移動するつもりだったロヴィッチという郊外の町は、ワルシャワからそんなに遠くないのに、戦闘地域からは外れているので危険もなさそうだった。そこでアントニーナ、リス、ヤンの母、ふたりの少女、キツネ男とその助手たちは、全員が毛皮農場の従業員ということにして、一緒に移動する計画を立てた。ここで問題は、ペットのうちどれを置いて行くかだ（マスクラット、ヴィチェックとウサギたち、猫、犬、ワシがいた）。決めるのは実に辛いことだったけれども、結局、危険な旅に同伴するのはヴィチェックだけにし、あとは皆ここで放して、自力で生きていってもらおうということになった。

車には、気に入りの家財道具を積むこともできないではなかったが、身軽に越したことはないだろうから、マットレス、布団、枕、冬物のコート、長靴、水入れ、なべ、シャベル、その他の実用品だけを持参し、貴重品はすべて、爆弾や略奪から守れるところに隠すことにした。毛皮のコート、銀器、タイプライター、ミシン、書類、写真、先祖伝来の品、その他の大事な物をいくつもの大箱に詰め、それをキツネ男と助手たちが、館からキジ舎へ行く地下通路にしまい、最後に通路の入り口をレンガで塞いだ。

八月二三日、旅立ちの日、リスが見ている前で、館からたった五五ヤードほどの地点に巨大な砲弾が落ちて地面に突き刺さった。幸い爆発はしなかったのだが、すぐに処理班が現れて、一緒に来たひとりの士官は、昼になってもまだ館に残っている奴がいたら、撃ち殺すからそう思えと警告した。急がなければ。リスはキジ舎に駆けて行き、ウサギたちにこれを最後にタンポポの葉っぱを与えてから、オリの扉を開けて外に出そうとした。ところが、突然の自由にとまどったウサギたちは、ちっとも出ようとしない。そこでリスは仕方なく、一匹ずつ長い耳をつかんで表の芝生まで持って行った。薮のなかにも、池のなかも、上空にも、ウサギを獲って食う敵はいない。最後のペット――ワシとマスクラット——も前の日に放されてもういなかった。

「行けよ、ばかウサギ、行けったら！」リスは「シーッ」とウサギを追い立てる。「もう自由なんだよ！」

アントニーナは、大小とりどりの毛皮のボールが芝生をポン、ポンと跳ねて行くのを見ていた。そのとき突然、バルビーナが薮から躍り出て、しっぽを高く掲げ、大きな喉声を立てながらリスに駆け寄った。猫のかすかな匂いに気づいたウサギはぱっと逃げ出し、リスはバルビーナを抱き上げた。「なんだいバルビーナ！　一緒に行きたいの？」そう言って、猫を抱いたまま家に向かって歩き出したのだが、猫は体をよじって地面に飛び降りてしまった。

「一緒に行きたくないのか？　なんだい」とリスは言い、「でもさ、お前は運がいいよ。ここにいられてさ」と恨めしそうにつけ加えた。バルビーナは薮を抜け、斜面を下りて行ってしまった。

一部始終を玄関先から見ていたアントニーナも、ここに残りたいと痛切に思った。その一方で、いまはとにかく早くトラックが来て、駅へ連れて行ってくれないかという、同じぐらい強いあせりに駆られ、腕時計を何度も見るのだが、その針は「無慈悲に時を刻む」ばかり。ワルシャワにどこか飛び込める避難所でもあれば、とそんな衝動にも駆られたけれど、それは土台、無理な話だった。「半マイルも歩けない」足の悪い義母を連れているし、ドイツ兵の待ち伏せにあうかもしれない。彼らはポーランド人と見れば誰彼構わず捕まえて、全員プルスコフの絶滅収容所に送っているという話も聞かされていた。この状況では、毛皮農場の動物と一緒に西へ逃げるのが、いちばん間違いない。

午前一一時半、待ちわびたキツネ男の古トラックが、ようやくガタゴトやって来て、大急ぎで荷物が積み込まれた。動物園をあとにして、裏通りを抜けて鉄道の駅へ向かうと、そこには貨物列車が待っていて、キツネ、ミンク、ヌートリア、タヌキ、それにヴィチェックが、もう乗っていた。アントニーナの一行が乗り込むと、すぐに列車は川を渡り、二つか三つの駅に停まってさらに乗客を乗せると、ゆっくりと街を出て行った。ところが、ロヴィッチに着いた彼らは、いったん動物の積み荷を下ろし、ポーランドの別の場所から来る動物の到着を待つよう指示された。全部まとめてドイツの大農場に輸送するというのである。その日、村を散歩したアントニーナの胸に、解放感と、戦争などまるで感じさせない重苦しいほどの静けさがしみとおった。翌日、助けを求めて奔走しているうちに、ドイツの毛皮会社の役員に、たまたまポーランド元首相の息子アンドルゼイ・グラブスキがいることを知った彼女が、ドイツに幼い子供ふたりを連れて行くのは心配だと訴えると、グラブスキは彼女のために、その町に避難所を確保してくれた。六日後、一家はキツネ男に別れを告げ（彼は動物とともにロヴィッチに残った）、馬車を一台借りて避難所のあるマリヴィル村を目指した。ほんの四マイルの距離だったけれど「永遠のように感じられる、長く、のろのろした旅だった」。

一行が、古くからの地所に建てられた小さな校舎に着くと、ひとりの女性が、寝泊まりできる小さな教室に案内してくれた。なかは、板壁に泥のしみがつき、床も泥とワラまみれ。天井からはクモの巣が垂れ下がり、窓ガラスはすっかり割られ、タバコの吸い殻が山をなして捨てられている。とりあえず、ヴィチェックのカゴを粘土のコンロのそばに置くと、外に出たがってガリガリ引っ掻く音だけが、しんとした部屋に響いた。何週間もぶっ通しで爆撃の音や銃声を聞き続けた耳には、その静けさはかえって不気味で、ほっとする静寂というより、うつろで、不自然で、心を乱される、「耳ざわり」なものですらあった、とアントニーナは書いている。

「静かで気味が悪い」とリスが言って、母親の首に両腕を巻きつけぎゅっと抱きついた。息子が脅えて恐がるのを望むわけもないけれど、こんなふうに自分に慰めを求めてくるのはうれしいことだ、とアントニーナは書いている。先の見えない暴虐の日々が続いた八月、リスが強がって、大人のように振る舞おうとするのをずっと見てきたので、「ようやく子供に帰ることができた」とほっとしたのである。

「ママ、もうお家に帰れないんだね」とリスは泣いた。

戦火の古都から緊急避難でやって来たのどかな農村で、大砲に脅えることはないかわり、友人とも身内とも、地下組織とも連絡がとれない。自分の世界を遠く離れて名状しがたい苦しみに現実感を失いかけていた彼女だが、何とかしてリスを元気づけなくてはと思うのだった。

箒、敷物、バケツを求めて、彼女たちはココット夫人の部屋のドアをノックした。夫人は地元の教師をしていて、鍛冶屋の夫とふたりの息子と暮らしている。背が低くどっしり構え、頬にえくぼを浮かべ、荒れた手をした夫人が顔を出した。

「ごめんなさいね」と夫人。「皆さんが来る前に教室を掃除する時間がなかったの。主人が明日、まともなストーブをもって行きますから。ご心配なく、全部ちゃんとしますから。じきに落ち着いて過ごせるようになりますよ」

それから二、三日の間に、ココット夫人がパンやバター、それにテレサの使う小さな木の風呂桶やお湯を届けてくれた。まもなく避難所暮らしもそう悲惨なものでもなくなったけれど、アントニーナは「ちっぽけな庭草のかたまりが強風で根こそぎにされ、遠くへ飛ばされてしまうみたいにすべてを失った」息子の気持ちを思い、胸を痛めた。「ワルシャワを離れたショック」、何の音沙汰もない「父親の心配」に加え、「何もかもが初めての環境、そして貧困」——リスはふさぎがちで、気難しくなっていたが、それも無理はないとアントニーナは思った。

やがてリスは、ココット家の人たちと親密になった。この一家の日課には、リスが渇望していた秩序と見通しがあった。戦争中、ほとんどいつも背伸びをして、大人のように振る舞っていたリスが、ますます「子供であることをきっぱり拒否」し、誰であれ、自分を子供扱いする人間に横柄な受け答えをするようになったのを見て、アントニーナは悩んだ。とはいえ、ココット家の平凡な日常のなかでは、子供は学校へ行き、何の心配もせず遊んでいればよく、リスの沈んだ心にはそれが薬になった。一家そろって働き、慈善活動にも熱心なココット家の人たちを、息子が感嘆のまなざしで見ていることにアントニーナは気がついた。ココット夫人は、自転車で村へ行っては、病人に注射をしてやったり、大きな街まで出かけて医者を連れて来たりしているし、夫のほうは近くの人たちのエンジン、ミシン、タイヤ、腕時計、ランプ、その他何であれ、《病気の》物を直してやっていた。「リスは、知的なことを高く評価したことがない」とアントニーナは考える。「抽象的な考えに取り憑かれるのはばからしい、と思うようだ。それより実用的なノウハウのほうを尊重する。だから、ココット家の人たちの才覚や常識、勤勉ぶりを深く尊敬したのだ」。リスは一日中、ココット氏のあとを影のようにくっついて歩いては、割れたガラスを交換したり、窓枠の亀裂を苔とワラで埋めたり、壁の穴をワラや、灯油と砂を混ぜ合わせたコーキング材で塞ぐ手伝いをした。

やがて彼は、あっと驚くような行動に出る。あんなに可愛がっていたウサギのヴィチェックを、固い友情の証として、ココット家の兄弟、イエドレクとズビチェクにあげてしまったのである。この突飛な行動で、ヴィチェックの生活は大して変わったわけではない。男の子たちはいつも一緒に遊んでいたからだ。ただし、餌をやったり、彼の将来を決める特権が手放された。アントニーナは、リスがウサギに向かって、誰が新しい主人で、どこで寝なくちゃいけないのか、真剣に言い含めているのを聞いた。しかしそのあともヴィチェックは、リスのいる部屋に忍び込もうとしては、入り口で追い払われるのだった。

「お前はイェドリクとズビチェクの部屋に住むんだって言ったろ、このばか！」とリス。「こんな簡単なことぐらい、わかろうとしたらどうなんだ？」

アントニーナが見ていると、ウサギは耳をピクピクさせながらリスの言葉を聴いて、「合点、承知いたしました、というように」彼のほうを見ていた。ところが、リスに部屋の間の廊下まで運ばれ、後ろでドアを閉められると、また彼の部屋に帰ろうとして、ドアをカリカリ引っ掻くのだった。

アントニーナはまた憂うつの発作に襲われたが、細かいことは語らず、天候の変わり目のように、気分の変化がさらっと書きとめられているにすぎない。しかし、こんどの移動でひどく消耗していたため、「トランス状態に入ったように」気力を奮い起こし、女子供ばかりの小さな部族を守るために、食料と支援の確保に奮闘しなければならなかった。そしてジャガイモ、砂糖、麦粉、小麦を村のある女性から、燃料にするピートを少し離れたところに住む男性から、そして一日半リットルの牛乳をその地区から、どうにかこうにか手に入れた。

勇ましいワルシャワ蜂起は、六三日にわたる凄まじい市街戦の果てについに崩壊し、街の大半が瓦《が》礫《れき》の山と化した。ワルシャワ国内軍の兵士のうちかろうじて生き残った者たちは、自分たちをゲリラとしてではなく、戦争捕虜として人道的に扱うことを条件にドイツに降伏した（ところがフタを開けてみると、彼らの多くは強制労働のため収容所に移送された）。負傷者があふれていた病院は患者もろとも焼き払われ、女子供が、狙撃兵への盾として戦車にロープで繋がれた。ヒトラーはこの勝利を祝うため、ドイツの教会に丸一週間鐘を鳴らし続けるよう命令した。

ロヴィッチやマリヴィルの近辺の道に、避難民が続々と流れて来るようになった。このあたりは封建時代の領地が点々とする田園地帯で、立派なお屋敷、貧しい小作農、地主たちの支えで維持されている集落があり、お屋敷で働く住民もたくさんいる。しかし、日を追うごとに、一帯に流れ込む人数が増えて来て、飢えて脅えた人たちを農場や庭先に受け入れていた農家も、とうとう限界に達し、地方の役人に彼らを別の場所へ移してほしいと懇願した。

アントニーナたちは、マリヴィルに到着したての頃は、ゲシュタポの追及を恐れ、目立たないようにしていた。ところが、何事もなく日を重ねるうちにそうした緊張は解けてきて、二、三週間たって蜂起軍が降伏してしまうと、身内や友人の消息を探し求めるようになった。アントニーナは、ヤンはきっと「どんな手を尽くしてでも」彼女を探し出し、ある日、魔法のように目の前に現れると信じ、便りを待っていた。一九三九年、ミュラー博士の助けを借りてランプシェード店に駆けつけたあのときのように。蜂起が始まったばかりの頃、ヤンが奇跡的に命拾いしていたことを、彼女は知らなかった。ヤンは首を撃ち抜かれ、クミエルナ通りの病院へかつぎ込まれていて、そのときは、誰もがそこで死ぬと思った。首を弾丸が貫通すれば、食道、背骨、血管が損傷されているはずだからだ。何年かたって、アントニーナはヤンの治療にあたった医師に会うことになるのだが、「もしあのとき、私が麻酔をかけていたら」とケニッグ博士は、いまも信じられないというふうに話したものである。「もし、弾が通ったところを再建しようなんて考えたら、まず助からなかったでしょう！」その後、病院はドイツ軍に占領され、ヤンは士官用の戦争捕虜収容所に送られる。そこで傷は回復したものの、こんどは飢えと疲労との闘いが待っていた。

ヤンの手がかりを求めて、アントニーナは、一家が親しくしていた友人に手紙を書いた。するとその友人は、あちこちにメッセージを伝える約束をしてくれた。ヌニアも、自分の両親と合流するかわり、アントニーナとリスのもとにとどまり手伝いをしたり、メッセンジャーの役目をしてくれた。ある朝、まだ暗いうちに起き出したヌニアは、何時間も待った末に地域の「バス」になっていた馬車に乗り込み、ロヴィッチ経由でワルシャワに向かった。その道中ずっと、ヤン・ジャビンスキの名前とアントニーナの住所を書いた小さな紙を、立ち木、電柱、柵、建物や、連絡先紹介所[1]のようになっていた駅の壁に張りまくった。ステファン・コルボンスキは、この時期、駅という駅の柵が張り紙で埋め尽くされ、妻を探す夫とその住所、子供を探す親とその住所など、尋ね人と自分の居場所が掲示されていたのを覚えているという。こうした「連絡先紹介所」には連日、朝から晩までぎっしり人が詰め掛けた。

まもなくアントニーナの元に、手がかりが書かれた手紙が届くようになった。ヤンが首の怪我を治してもらった病院の看護婦から、ヴァレッキ広場の郵便配達夫から、ヴィルチャ通りにある動物学博物館の守衛から……。どれもヤンの消息を伝えるもので、希望をもたせてくれた。その後さらに、ドイツの戦争捕虜収容所に送られたことがわかると、彼女とヌニアは、士官が囚われている収容所という収容所に、何十通という問い合わせの手紙を書き送った。

第三三章

一九四四年一二月

冬が訪れ、どこまでも続く泥の水たまりが凍りつき、厚い雪に覆われた大地が固く強靭になった頃、アントニーナは、戦争前とはまるで趣の違うクリスマスの支度にとりかかった。ポーランドでは昔から、クリスマス・イヴには肉抜きの料理を一二種類つくり、それを食べたあとでプレゼントを交換しあう。動物園にいた頃は、特別な贈り物も届けられた。アントニーナは回想する。「売れ残りのクリスマス・ツリーをいっぱい詰んで、馬車がやって来た。それはワタリガラス、クマ、キツネ、そのほか、香りの強い樹皮や針葉樹の葉をかじったり、突ついたりするのが好きな動物たちへのプレゼント。あちこちの禽舎やオリ、飼育舎にツリーを運び終わると、ワルシャワ動物園は正式な冬休みに入る」

動物園では夜通し、ランプの明かりが彗星のような尾を引いて、地上を周回した。異国の動物を見回る当番は、飼育舎の室温を点検し、暖炉に石炭をくべる。数人の男たちが、小屋のなかや屋外シェルター*に干草を追加する。他の者たちは、熱帯の鳥のいる禽舎にワラを足し、鳥たちがそこに潜って暖をとれるようにする。それは冬支度と踊るランプの世界だった。

一九四四年のクリスマス・イヴ、リスはズビチェクと一緒に森へ出かけた。「子供には楽しみが必要だからね」と彼はアントニーナに言い、ふたりで二本の樅の木を引きずりながら戻って来た。

田舎の習慣にしたがい、ツリーは昼間のうちに飾りつけ、最初の星が見えたときに火をともした（ベツレヘムの星を記念して）。それから、留守の家族の席までちゃんと設けたテーブルについてディナー。スツールの上に小さなツリーを置くと、赤ん坊のテレサは手を叩いてはしゃぎ、家族がつややかな緑の枝に「小さなリンゴを三つ、ジンジャー・ブレッドのクッキーを二、三枚、ロウソクを六本、それと、リスがワラでつくってくれたクジャクの羽飾りを何本か」飾り終わると、ツリーに向かって何やらさかんにおしゃべりした。

クリスマス休暇が始まると、ゲニアが突然やって来て、アントニーナをびっくりさせた。地下組織の活動をしている彼女は、逮捕される危険を冒して列車に乗り、さらに木枯らしの吹くなかを四マイル歩いて、お金、食料、友だちからのメッセージを届けてくれたのだ。しかし、ヤンからの便りは相変わらずない。そんなある日、ココット夫人がいつものように自転車で郵便局へ出かけ、いつものように戻って来るのを、アントニーナとリスが見ていたときのこと。小さな影が近づくにつれ、だんだんはっきりしてくる。一通の手紙をもった手を大きく振っている。リスはシャツ一枚でだっと飛び出し、その手紙を受け取ると校舎に駆け込んだ。「とうとう!」とひとこと言って、ココット夫人も笑顔であとを追う。

アントニーナとリスが何度も読み返したあと、リスは手紙の中身を夫人に知らせるためにまた走って行った。めったに口にしなかった幻の父のことを、ようやく話せるようになったのだ、とアントニーナは思った。

現在、ワルシャワ動物園の資料室には、ヤンの一家が寄贈した写真とともに、もうひとつ、とても貴重なものが保管されている。それが、このときふたりが受け取った、ヤンが戦争捕虜収容所から家族に送った葉書だ。表面には住所だけが書かれていて、裏面に凝った自筆の似顔絵がある。そこに描かれたヤンは、ふたつ星の肩章のあるだぶだぶの軍服を着て、黒いスカーフを腰まで垂らし、顔には無精ひげ、眼はくまがあって睫毛が長く、額に深くしわを寄せ、はげ頭のてっぺんに三本の毛、口にはタバコの燃えさしをだらしなくくわえ、倦怠と侮蔑の表情を浮かべている。添え書きは何もなく、とがめられそうなことは何ひとつ描かず、ペーソスともユーモアともつかない雰囲気を漂わせるこのイラストに、ヤンは姿はぼろぼろになっても、心までは折れていない自分を表現したのだ。

ソ連赤軍がようやくワルシャワ入りしたのは、その翌年の一九四五年一月一七日。降伏からすでに長い月日が過ぎ、救援には遅すぎた。ドイツを撃退してくれると思われていた赤軍は、政治的、戦略的、そして現実的な理由(すでに一二万三千名のソ連兵が死亡していた)から、ヴィスワ東岸に宿営したまま動かず、まる二か月にわたる流血の惨事で、何十万という市民が虐殺され、収容所送りにさ

*動物が雨風や日射などをしのぐ場所。庇陰所。

れ、ついには街が壊滅状態になっても、高みの見物を決め込んでいた。

ハリーナと彼女のいとこ、イレーナ・ナブロッカ（オリンピックのフェンシング金メダリストで、戦前は世界各地に遠征した経験をもつ）も、同じように伝令をつとめていた他の三人の少女とともに、ドイツ軍に逮捕され、ワルシャワからオジャロフの強制労働収容所まで、ぼろぼろの服を引きずって、監視や囚人の群れに混じって行進させられた。ところが、畑から駆けつけた農夫たちが、娘たちに野良着や農具を渡し、疲れ切った監視の目を盗んで囚人の群れから引き離し、亜麻畑に隠した。娘たちは、野良仕事の農夫にまぎれ、ザコパネ（タトラ山脈にある都市*）まで逃げて行き、戦争が終わるまで何か月かそこに身を潜めていた。

第三四章

一九四五年

雪原に舞い降りるカラスの群れが、上空を旋回している。じっとり暖かいある一月の朝、霧の向こうに木の枝が黒々と輝き、息をするとまるで綿を吸い込んでいるようだった。兆しに満ちた朝だった。アントニーナは、重装備のトラックがゴトゴトいう音、飛行機の爆音、そして遠くの爆発音を聞いた。

続いて人々の叫び。「ドイツ軍が逃げるぞ！」やがて、ポーランドとソ連の兵士が肩を並べて行進し、ソ連の戦車が長い隊列を組んで進むと、沿道の家々には解放者を歓迎する赤旗が掲げられた。突如として、白鳩の大群が空に舞い上がった。鳩は兵士たちの頭上をしばらく舞うと、再びひとつの雲にまとまって、旋回しながらしだいに高みへと昇っていく。「完璧なタイミング」とアントニーナは書いている。「この象徴的な場面は、きっとどこかの映画監督がお膳立てしたのだろう」。

ヤンの釈放への望みも高まったけれど、彼女は、その冬が終わるまではマリヴィルで過ごそうと考えていた。ワルシャワまで幼い子供ふたりを連れて旅するのは危ない気がしたからだ。しかし、地元の子供たちは、早く学校に戻って、他人に邪魔されない生活をしたがっており、そうなるとアントニーナたちは校舎から出て、どこか別の場所に身を寄せないといけなかった。食料を買うお金も底をつき、テレサのミルクも必要になったとき、同情した領主屋敷の人たちが食料を送ってくれた。幸い、帰りの交通費は高くつくだろうと思って、ルーブル金貨二、三枚を取ってあった。道路は再び避難民でぎっしり埋まっていたが、今回は、避難先から一刻も早く家に戻ろうとする人たち——アパートはもはや廃墟だと聞かされていても——の群れだった。まず、ヌニアがひとりで偵察に行き、動物園のある地区に彼女の友人がまだ住んでいて、そこなら泊めてもらえること、館は爆破されて荒らされてはいるけれど、倒壊はしていないことを確かめて来た。

全員が乗るには大型トラックが必要だった。身の回り品はわずかなので、東へジャガイモを運搬する兵士に頼み込んで、途中まで乗せてもらうことにした。旅立ちの日、気温は零度、のろのろ進むト

＊ポーランドとスロバキアの国境を走る山脈。

ラックの上で、震えていないのは小さな羽毛布団にくるまったテレサだけ。パトロール中の兵士に何度も呼び止められてなかを捜索された。ブロチーで車から降ろされると、こんどはロシア人パイロットに頼み、無蓋トラックの荷台に乗り込ませてもらった。

いよいよ、ワルシャワの市境を越えた。砂まじりの汚れた雪を掻き分けて進むトラックの両側から、バシャバシャと汚水が跳ねかかる。雪はひどい悪臭がし、砂が目に入る。皆は凍えた体を寄せ合った。続いて街の光景を見たアントニーナは「目まいと吐き気に襲われた」。噂や警告、目撃談をあれほど聞いていたのに、破壊され尽くした街を目の当たりにする心の準備には、まだ足りなかったのだ。当時の写真とフィルムを見ると、焼け焦げた窓やドアの枠が、天空の門のようにそこだけ残り、オフィスビルは天井が吹っ飛び、まるでミツバチの巣箱。アパートや教会は氷河のように崩壊し、立木はことごとく倒れ、公園は瓦礫の山、通りは正面だけ残った墓石のような建物の残骸に縁取られ、シュールな光景を見せている。何点かの写真では、あばただらけの建物の割れ目、剥き出しのケーブル、異様な形にひしゃげたパイプや鉄骨に、弱々しい冬の薄日が射している。建物の八五パーセントが倒壊しており、美麗だったワルシャワの街はいまでは巨大なごみため、墓場。一切が分子にまでばらばらにされ、王宮、広場、博物館、町並みからランドマークまで、すべての残骸が無差別に積もっていた。写真のキャプションは「死んだ街」、「廃墟の荒野」、「瓦礫の山」。外気は冷たいのに汗がにじんだ、とアントニーナは書いている。ショックと疲労から立ち直れないまま、一行はその夜からヌニアの友人宅に泊めてもらった。

翌朝、食事がすむと、アントニーナとリスは急ぎ動物園へ向かった。先に駆けて行ったリスが、頰を寒さでピンクに染めて戻って来た。

「ママ、家はちゃんと立ってる！」興奮して叫んでいる。「壊れたなんて嘘だよ！　ぼろぼろでドアも床もなくて、なかの物はみんな持って行かれたけれど、屋根と壁は残ってる！　階段だって！」

あたりは一面の雪野原で、立ち木はほとんど砲弾で丸坊主にされている。それでも、繊細な黒い枝が何本かと、サル舎、館、それに何棟かの建物の残骸が、青空をバックにくっきり浮かび上がっていた。館の二階はひとつの部屋が跡形もなく消えていて、一階も木を使っていた部分――ドア、押し入れ、窓枠、床――がそっくりなくなっている。冬の間、寒さをしのぐための薪にされてしまったのだろう、と彼女は思った。キジ舎へ至る地下の通路に隠しておいた貴重品は、掘り尽くされて跡形もない（戦後になっても誰の仕業かわからなかった）。濡れてくっついた紙の束やバラけた本が散乱し、その上を踏まなければ先へ進めなかった。ふたりして、残骸のなかから汚れた書類や、黄ばんだ写真を掘り出し、アントニーナはそれをバッグにそっとしまうのだった。

寒さをこらえ、砲弾でえぐられた庭に出てみると、バリケードが築かれ、戦車よけの溝が掘られ、鉄屑、鉄条網、それに不発弾まで落ちている。地雷があるかもしれないと思うと、恐ろしくて先へは行けなかった。

「今し方まで戦場だった」ような光景と匂い。一体、どうやって片づけたらいいのかと彼女が思案している間、リスは、まるで目の前の惨状に抗うかのように、生まれ育った館の「記憶をひとつひとつたどった」。アントニーナが、前の年に野菜を植えておいた場所を見に行くと、風で雪がのけられた小さな穴に、イチゴの小さな苗が育っていた。「新しい生命の兆しだ」と思った。そのとき、ほぼ地面の高さにある地下室の窓で、何か動くものがあった。

「ネズミ?」リスが言った。

「ネズミにしては大きいわ」とアントニーナ。

「猫だ!」リスが叫んだ。「薮へ走って行った。こっちを見てる!」

見ると、痩せた灰色の猫が一匹、庭の隅にうずくまったまま、こちらを警戒している。誰か、あれを捕まえて鍋で煮てやろうとした人でもいたのかしら、とアントニーナはいぶかった。

「バルビーナ? あいつだ! うちの猫だよ! バルビーナ、こっちへおいで!」リスは猫を呼びながら、体をかがめて近寄って行った。何度も何度も、自分の名前を呼ばれるうちに、猫はしだいに警戒を解き、突然、思い出したらしく、まるで毛の生えた矢のようにまっしぐらに彼の元へ走り、開いた腕に飛び込んだ。

「ママ、スタローヴァ通りの家に連れて帰ろうよ!」リスがアントニーナに許しを求める。「置いていけないよ! お願い!」

しかし、猫を抱いたまま門のほうへ歩き出したところで、バルビーナが逃れようと身をよじった。

「去年の夏と同じだ」リスはむくれた。「また逃げようとしてる!」

「行かせておやりなさい」とアントニーナが優しく言った。「きっと、ここにいなくちゃいけない大事なわけがあるんだわ。それが何かはわからないけれど」

リスが放してやると、猫はたちまち薮に走り込んだが、そこで止まり、空腹そうなやつれた顔で振り返って、ニャーと鳴いた。リスにはそれが「《私》は家に帰りますが、《あなた》はどうするの?」

と言っているように聞こえた。

アントニーナは、もう元の生活には戻りようがなかった。ガチョウの鳴き声、虹色の尾羽に陽射しを浴びて歩くクジャク、難攻不落のエリコの壁も震わせるライオンやトラの咆哮、ツタのロープにぶら下がったサルの甲高い声、プールに体を沈めるホッキョクグマ、咲き乱れるバラとジャスミン、そして「私たちのオオヤマネコの親友だった二匹の陽気なカワウソたち――バスケットの寝床よりも、ヤマネコのふわふわの毛に埋もれ、その耳をしゃぶりながら昼寝するのが好きだった」。ヤマネコの子も、カワウソも、子犬たちも、みんな一緒に家のなかで暮らし、庭でいつまでも鬼ごっこをして遊んだ日々はもう戻らない。彼女とリスは、ふたりだけの儀式をした。壊され、打ち捨てられたすべての物たちにこう誓ったのだ――「忘れはしません。すぐに助けに来ますから」

第三五章　その後

マグダレーナ・グロスは、潜伏生活をしながらマウリツィ・フランケル（パヴェル・ジェリンスキ）と結婚し、ワルシャワ蜂起のあと、ポーランド東部の都市ルブリンへ移った。ルブリンには、芸術家や知識人たちの集うカフェ・パレタがあり、マグダレーナはそこでこの街の前衛芸術の世界にふれたが、そこには、ミュージック・シアター、ダンス・シアター、ドローイング・シアター、シャドーズ・シアターと呼ばれる無言劇や、紙の衣装、布きれを使ったり、小さな火をおこす演劇まであった。ポーランドには反体制的な政治人形劇の長い伝統があったが、戦時中にそれが崩壊させられていた。そこで、このルブリンで、新生ポーランド初の人形劇団（パペット・シアター）をつくろうとしていた熱心な人たちの仲間に、マグダレーナも加わって、彼らの求めで人形の頭部を製作した。彼女は、従来のようなけばけばしい張りぼてにするのはやめ、生きているような表情をもつ人形をつくり、それをシルクやパール、ビーズで飾った。最初の公演は一九四四年一二月一四日、ルブリンで行われている。

一九四五年三月、マグダレーナとマウリツィは解放されたワルシャワに戻ったが、その頃の街はまだ、電気も、ガスも、交通手段もなく、破壊をまぬがれた家々も傾いたままで、窓もない。ところが、動物彫刻を早くつくりたくてたまらない彼女は、アントニーナにこう言うのだった。「ねえ、いつ動物を飼うの？　私、彫刻をしなくちゃ！　ずいぶんと時間を無駄にしたんだもの！」フラミンゴ、ハゲコウなどのお気に入りの異国の鳥はいなくなっていて、唯一残っていたのはアヒル。そこで彼女は、早速、アヒルのヒナをモデルに制作に取りかかる。ところが仕事の遅い彼女は、モデルの成長に合わせて途中で何度も作品を手直しすることになり、結局、大人のアヒルの彫刻になったのだが、それでも、記念すべき戦後初の作品だった。

戦前のワルシャワは、人口一五〇万人を擁する都市だった。ところが一九四六年の早春、この地を訪れたヨセフ・テネンバウム博士は「せいぜい五〇万人。それでも、残っている住居だけでは、その一〇分の一も収容できない。いまだに多くの人々が、遺体安置所、大小の地下室、地下壕暮らしをしている[1]」と報告している。しかし同時に、そんな市民の志気の高さに強い感銘を受けている。

　ワルシャワ市民ほど、果敢に危機に立ち向かう精神をもつ人たちはいない。ワルシャワには信じられない活気があり、不屈の精神が人から人へ伝わっていく。生命が驚異的なテンポで脈打っている。ぼろをまとい、顔はやつれ、見るからに栄養不足でも、彼らはくじけない。生活は厳しくとも、落ち込むどころか陽気なそぶりすら見られる。人々は押し合いへし合い、あきれるほど自信たっぷりに歌って笑っている。

　一切のものにリズムとロマンがあって、息をのむほどに尊大で……。この街はまるで蜂の巣だ。街全体が働いて、廃虚を崩して新しい家を建て、破壊しては創造し、取り除いては満たしている。ワルシャワは、周囲からナチの最後の部隊が去ったその瞬間に廃虚から立ち上がった。以来、計画もお金も資材も待たずに再建と修復、そして復興に取りかかっているのだ。

街中至るところで、非公式な「ワルシャワ市歌」、A・ハリスのアリアが口笛で吹かれ、口ずさまれるのをテネンバウム博士は聞いた。中央広場では、人々が働く頭上に拡声器でこの歌が流された。それは誓いの恋歌だった。「ワルシャワ、我が愛しき夢と憧れ、もはやかつての面影はなく、流血の日々を耐え抜いた……あの偉大な姿を私がこの手で取り戻そう」。

ヤンが捕虜収容所から戻って来たのは、一九四六年春のことだった。彼は翌一九四七年から、動物園の片づけと修復にとりかかり、再開に向けて、新しい建物や飼育舎を建設した。動物はわずか三〇〇頭、そのすべてがワルシャワ市民から寄贈された国産の動物だった。迷子になっていた動物の一部も見つかり、アナグマのボルスニオも発見された。爆撃の最中にオリから抜け出した彼は、その後、ヴィスワ川を泳いで渡って逃げた（ポーランドの兵士が漬け物樽に入れて動物園に届けてくれた）。マグダレーナはその後、《オンドリ》、《ウサギI》、《ウサギII》を制作したが、しだいに健康を崩し（「戦争でぼろぼろになっていた」とアントニーナは回想している）、一九四八年六月一七日、《ウサギII》を完成させたその日に亡くなった。彼女は生前、動物園のために大きな彫刻をつくりたいという夢をもち続けていて、アントニーナとヤンも、その機会がついになかったことを残念がった。動物園は大きな芸術作品を引き立たせるには絶好の場所だったから……。現在のワルシャワ動物園では、正門の鉄のフェンスの一部をシマウマの縞に見立て、実物大のシマウマを表現したものが来園者を歓迎している。マグダレーナの彫刻は、何点かが園長室に飾られているほか、アントニーナとヤンが願ったように、ワルシャワ美術館にも展示されている。

ワルシャワ動物園が再オープンした一九四九年七月二一日の前日、ヤンとアントニーナは、グロスの彫刻《アヒル》と《オンドリ》を、来園者が必ず通る大きな噴水の階段脇に置いた。その年の七月二一日は木曜日。「二二日の金曜日」は、一九四二年のワルシャワ・ゲットー解体の日がそうだったため、当時の人々にあの悲惨な出来事を連想させた。だから彼らもその日の開園を避けようとしたのかもしれない。

その二年後、まだ五四歳だったヤンが、突然、動物園の仕事から引退してしまう。ソ連の支配下にあった戦後のワルシャワでは、地下組織の元闘志は快く思われなかった*。彼も役人たちと対立し、動物園をやめざるをえなくなったのかもしれない。その頃の世相を、ノーマン・デイヴィーズはこんなふうに捉えている。

戦前の独立をあえて称賛したり、独立を回復するためのワルシャワ蜂起の元闘士に敬意を表したりすれば、それだけで、危険で扇動的なたわごとを語る人物と判断された。プライベートな場でも、人々は言葉に気をつけた。警察に密告する者は至るところにいたからだ。子供たちが教育を受けたソ連式の学校は、友人や親を糾弾するのは立派なことだと断じていた(2)。

それでもヤンは、一家を養わなければならず、動物学への情熱をもち続けていたため、その後は執筆に専念するようになり、動物たちの生活や野生動物保護についての啓蒙書を五〇冊も書いている。人気のラジオ番組にも出演して、こうした話題を取り上げたほか、ビアロウィーザの森の小さな群れを保護していた、国際ヨーロッパバイソン保存協会の仕事も続けた。

皮肉なことではあるが、この群れが生き残ったのは、部分的にはルーツ・ヘックのおかげということになる。彼は、ドイツへ盗み出した三〇頭のバイソンのうち多くの個体を、戻し交配で作り出した

*ポーランドは第一次大戦後、革命後のソ連から独立を勝ち取っている。

オーロックスやターパンに似た動物たちと一緒に、戦争中にこの森へ放していたからである。戦争が終わったら、ここをヒトラーの側近たちの理想の狩猟場にするつもりでいたからだ。ところがその後、連合軍がドイツを爆撃したとき、繁殖母体の群れのほうが死んでしまったため、ビアロウィーザにいるバイソンたちが最後の望みの綱になったというわけである。

一九四六年、国際動物園管理者協会*の戦後初の会合がロッテルダムで開かれたとき、ヨーロッパバイソン血統登録書を復刊させる仕事がヤンにまかされることになり、彼は各地に生き残っているバイソンを、ドイツの繁殖実験場を含め、探し回った。そうして戦前、戦中、戦後の血統を記録し、保存プログラムと血統管理の役目をポーランドに取り戻したのである。

ヤンが大人向けの執筆を続けるかたわら、アントニーナは子供向けの本を何冊か書いて、ふたりの子供を育て、外国へ旅立った「ゲスト」たちも加えた大勢の拡大家族と、その後も交流を続けた。ヤンが直接ゲットーから連れ出した(労働局の建物を抜けて)人たちのなかに、カジオ・クラムスチクとルドヴィニア夫人(有名な画家ロマン・クラムスチクのいとこ)、ヒルスフェルト博士(感染症の専門家)、そしてローザ・アンゼロヴナ博士とその母親がいた。これらの人たちは、館に少しだけとどまったあと、ジャビンスキ夫妻の友人に薦められたヴィドック通りの宿屋に移ったが、わずか数か月後に、ゲシュタポに捕まり全員が殺されてしまった。夫妻が館に匿った「ゲスト」のなかで、この人たちだけが終戦まで生き残ることができなかった。

ケニクスヴァイン一家は、占領下を生き抜いて、孤児院に預けていた下の子を引き取った。しかし一九四六年、サミュエルが心臓発作で亡くなってしまい、レギーナと子供たちはイスラエルに移住した。そこで彼女は再婚し、キブツで働いたが、動物園で過ごした日々のことを決して忘れなかった。「ジャビンスキ夫妻の家は、大勢の人と動物を隠したノアの方舟でした」。戦後二〇年たって、イスラエルの新聞から取材を受けたレギーナは、こう語っている。ラヘラ・〝アニエラ〟・アウエルバッハもイスラエルへ移住した。途中、立ち寄ったロンドンで、彼女はヤンが書いたヨーロッパバイソンに関するレポートをジュリアン・ハックスリー（戦前のロンドン動物園長）に届けている。イレーナ・マイゼルもイスラエルに移住し、ジャビンスキ夫妻が戦後、イスラエルを訪れたときは自宅に迎えている。ゲニア・シルケスも、いったんロンドンへ行ってからニューヨーク市へ移住し、長い間イディッシュ科学研究所の図書室に勤務していた。

ゲシュタポに捕えられ、手ひどい拷問を受けたイレーナ・センドラー（ゲットーから子供たちを連れ出していた）は、地下組織の友人たちの助けで逃亡し、戦争が終わるまで潜伏した。足を何か所も骨折していたのに、その後、ポーランド国内でソーシャル・ワーカーとして働き、障害者を擁護する活動をした。ヴァンダ・エングラートは戦争中、何度も移動を繰り返していたが、夫アダムは一九四三年に逮捕されて、アウシュヴィッツのパヴィアク刑務所に入れられた。しかし驚くべきことに刑務所でも収容所でも死を免れて、その後、妻と再会してともにロンドンへ移住した。

少女伝令隊だったハリーナとイレーナは、いまもワルシャワで暮らしていて、八二年の長きにわたる親友同士として、親しくつきあっている。イレーナのアパートの壁には、フェンシング大会で獲得したメダルと一緒に、若い頃のふたりの――髪をきれいになでつけ、魅力にあふれ、夢いっぱいの――

＊二〇〇〇年に国際動物園水族館協会（略称ＷＡＺＡ）に改名された。本部はスイスのベルン。

—写真が飾られている。戦争中、近くの人がスタジオで撮影してくれたものだという。

私はいま、ブリストル・ホテルの中庭のレストランに、ハリーナと一緒に座っている。まわりのテーブルは観光客や商談で訪れた人たちがいっぱいで、開け放たれた入り口からすぐのところに、バイキング料理の長いテーブルが置かれている。ラジオの周波数を切り替えるように、記憶をあれこれたどっているハリーナの顔をじっと見ていると、そのうちに彼女は、六〇年以上も前に聞いたというポーランドの歌を静かに口ずさみ始めた。歩いて通り過ぎる彼女に、ハンサムな若い兵士が歌いかけたものだと言う。

君はまだ知らないだろうけれどね、愛しい人、
この頃、君は僕に、
夢を見せてくれるのさ、美しい夢を。

君をこの手で抱き上げることができたなら、
今日よりも、もっと強く君を、
愛することができたなら。

悲劇のなかにしまい込まれていた、甘いパラソルつきドリンクのような想い出を打ち明けて、ハリーナは少しだけ顔を赤らめた。戦時中の体験というのは、こんなふうな独特のファイリング・シス

テム、独特の生態《エコロジー》をもっている。まわりの客たちがこの歌に気づいた気配もなく、周囲に小島のように浮かぶテーブルをさっと見回した私は、五〇人かそこらの人たちのなかで、戦争の記憶を心に抱えているほど老いているのは、ハリーナひとりであることに気がついた。

リスは戦後、民間のエンジニアになり、子供も儲け、ワルシャワの街中にあるエレベーターのないアパートの八階に住んでいたが、ペットはいない。踊り場から踊り場へ苦労して上りながら、「犬にはこの階段は無理ですからねぇ！」と彼は言った。長身痩躯の彼は、もう七〇歳を過ぎているが、階段の上り下りで鍛えられているようだ。愛想よくもてなしてくれながらも、ちょっとばかり警戒した様子も窺われるが、幼い頃の戦争体験を思えば無理もないことだろう。「私たちは、瞬間瞬間を生きていたんです」。居間に座り、両親の写真や、ふたりが書いたたくさんの本、額入りのバイソンの絵、父のスケッチを見ながらリスが言った。動物園での生活は、子供の頃の彼にとって何も特別なことではなかったと。それはなぜかといえば、「私はあれしか知らなかったのですからね」。爆弾が館のすぐそばに落ちるのを見たときは、あれが爆発したら死んでいたかもしれないと思ったという。マグダレーナ・グロスのモデルをつとめ、彼女が粘土をうまく扱う間、何時間も座り、粘土のなかの存在になり切っていたこと、快活な彼女に注目されるのは楽しかったことも覚えている。彼の母が、暖かい季節には二階のテラスを花でいっぱいにし、憂い顔のパンジー（名前はフランス語のパンセから）がとくにお気に入りだったこと、ショパン、モーツァルト、ロッシーニの音楽を好んでいたことも教えてくれた。私の質問のいくつかは、彼をとまどわせた――お母さんの香りはどんなでしたか。どんなふうに歩いて、どんな仕草をしたのですか。声はどんな調子で、髪型はどんなでしたか。こういった質問のどれに対しても、「人並」とか「ふつう」としか答えてくれないので、私は、ああきっと彼は、この種のことについて記憶の糸をたどったことがないか、想い出を他人に分け与えたくないか、どちらかなのだなと気がついた。終戦が近づいた時期に生まれた妹のテレサは、結婚して北欧に住んでいた。成人したリスに、一緒に館へ行ってくれませんかと誘うと、彼は同行してくれた。金床型の装飾のある敷居をそっと越え、子供時代を過ごした家を一緒に探検しながら、彼が昔の記憶をたどり、今と昔をときどき比較するのを聞いて、私は胸を突かれる思いがした。アントニーナが書いていた、戦争が終わって、爆撃された動物園に帰って来たときのリスとそっくりだったからだ。

歴史にスパイスをきかせる運命の皮肉で、ベルリン動物園も、ワルシャワ動物園と同じような猛爆を受け、ルーツ・ヘックも、自らがジャビンスキ夫妻に負わせた心痛と労苦の多くを味わうことになった。ヘックの自伝『動物——我が冒険』には、彼の動物園が受けた致命的痛手が、迫力ある筆致で描かれている。ワルシャワの惨状を直接見ていた彼は、ジャビンスキ夫妻と違い、自分の動物園がどんな壊滅的打撃を受けるか予測できていたはずだが、ワルシャワ動物園の爆撃については、ひと言もふれていない。彼が狩猟先から持ち帰った動物の剥製、膨大な写真コレクション、たくさんの日記帳は、終戦前に姿を消した。ソ連が侵攻して来ると、ウクライナ動物園を略奪した罪で逮捕されるのを恐れたルーツは、ベルリンを離れてヴィースバーデンに落ち着き、外国へ狩猟ツアーに出かけながら余生を過ごした。そして、弟ハインツが亡くなった翌年の一九八二年に世を去っている。ルーツの息子ハインツは、一九五九年、ニューヨーク州キャッツキルに移住し、そこで小さな民間動物園の運営に携わった。その施設は、ハインツ・ヘックが戦争中飼っていたモウコノウマの子孫の群れがいたことで名高い*。一時期のミュンヘン動物園には、モンゴル以外では世界最大のモウコノウマの群れがいた（ワルシャワ動物園から盗まれた個体を含む）。

長い放浪の旅の中継地として、ワルシャワ動物園に隠れ住んだ人たちの数は、すべて合わせておよそ三〇〇人である。ヤンはずっと、この物語の真のヒロインは妻アントニーナだと思っていたし、公にもそう発言した。「彼女も本当は恐かったんです」。イスラエルの新聞『イエヂオット・アハロノット』のノア・クリーガー記者に、彼はこう語っている。「私たちや、幼い息子がナチから報復されたらどうしようと怯え、死を恐れていた。でも、そんなことはおくびにも出さずに私を［地下活動を続けられるよう］支え通してくれ、一度もやめてくれと言ったことはなかった」

「アントニーナは一介の主婦でした」。イスラエルの別の新聞のダンカ・ナノーニッシュ記者にはこう話している。「政治や戦争とは何のかかわりもない、臆病な人間でした。にもかかわらず、人助けに大きな貢献をし、その危険については一度たりとも不平を言ったことがないのです」

別の取材では、「彼女の自信を前にすると、どんなに敵意をもった人間も武器を下ろしてしまうのです」と匿名の記者に答え、その強さの根源にあるものは動物への愛だとつけ加えている。「彼女は動物に共感するだけではなく」と彼は説明する。「ときには人間としての性質を振り捨て、ヒョウやハイエナに《なり切る》こともできるようでした。そうやって、彼らの闘争本能を身につけることができたからこそ、その後、自分の種族を臆することなく守れたのです」

ヤンはさらに、ジャーナリストのイアロン・ベッカーにこう語っている。「彼女はごく伝統的なカ

*この施設は二〇〇六年に閉園した。

トリックとして養育を受けながら、そのことが行動を阻むことはありませんでした。それはむしろ、大きな自己犠牲を払うことになろうと、自分に誠実であろう、自分の心にしたがおう、という強い決意の支えになっていました」

マルカ・ドラッカーとゲイ・ブロックは、ホロコーストからユダヤ人を救出した人たちが、どんな性格をもっていたかに関心を抱き、一〇〇人以上の救出者にインタビューをしている。そこから、この人たちにはいくつか共通の傾向があるということがわかった。概していえるのは、思い切りがよく、機転がきいて、向こう見ずで、独立心が強く、冒険好きで、偏見にとらわれず、反骨精神があり、顕著な柔軟性――計画を途中で変更したり、習慣を捨て去ったり、深く染みついた行動をとっさに変えられる――を備えていることだ。彼らは体制に迎合しない傾向があり、多くは、そのためなら命を捨ててもよいと思う強固な信念をもつものの、自らを英雄視することがない。そんな人たちから典型的に聞かれる「私は自分の義務を果たしただけです(3)――もし、誰かの命を救えるのなら、やってみるのが人のつとめです」。あるいは「私は正しいと思うことをしただけです」という言葉を、ヤンも残している。

アントニーナは一九七一年にこの世を去り、夫はその三年あとに亡くなっている。

第三六章　半獣半人の守護者

Ｉ　二〇〇五年、ビアロウィィーザ

　ポーランド東北部にある原生森の外れ、時が蒸発してしまったようなこの土地で、マツの巨木とまばゆい空の下、二〇数頭の馬群が湿地の草を食んでいる。凍てつく朝、蒸気の泡のなかで餌をとる馬は、立ち去ったあとにほのかな皮革の匂いを残す。湯気は体について行くが、臭いは乱雑な蹄跡の上に見えない雲のように何時間も漂っている。蹄の跡がつかない砂利道や落ち葉の遊歩道を行くと、何やら獣臭いと思ったとたん、この野生の馬の香気《エッセンス》に包まれることがある。

　春から秋にかけ、馬たちは人の助けを借りることなく、湿原に踏み込み、灌木の繁みや木の枝、藻、草を食べて生きている。一〇月中旬から翌年五月までは雪が降り、冬期、おなかをすかせた馬たちは、積もった雪を掻いてその下の乾いた草や腐りかけのリンゴを探すが、騎馬の保護監視員が干草と塩を置いていくこともある。敏捷で筋肉質の体は、厳冬期に防寒の役目をする脂肪がほとんどないので、マット状に固まりやすいフカフカの冬毛を伸ばす。そのときの姿が、ロワール渓谷にある先史時代の洞窟壁画の馬にいちばんよく似ている。

いまこの場を離れ、何千年も昔の人類の気分に浸り、森の外れの野で草を食む、古代の馬もかくありなんと思わせる野生の馬たちの姿を眺めるのは、なんと驚くべき体験だろうか。灰色の体には背筋に沿って、鰻線《まんせん》と呼ばれる黒い線があり、たてがみも黒い（生まれたての子馬は顔と蹄の上の毛が黒く、脚の一、二本にシマウマのような横縞が見られることがある）。実に美しい生き物である。耳は長く首も太いが、軽快でスピードがある。家畜の馬と違って、冬はオコジョやホッキョクウサギのように体毛が白く変わり、風景に溶け込む。粗いたてがみや尾の隙間にはおはじきのような氷の粒ができ、雪を踏みしめて歩くうちに、蹄の裏は氷の下駄を履いたようになる。それでも彼らは、過酷な気候と乏しい食べ物という環境でたくましく生きている。大人の雄同士は、歯を剥き出し、首をぶつけ合って激しく闘争するが、できた傷は、シャーマンが呪文を唱えたように、たちまち治ってしまう。ヘンリー・ベストンは、『ケープコッドの海辺に暮らして』（*Outermost House*）*のなかで、野生動物たちのことを、「我々のものよりもっと古く、もっと完全な世界のなかで彼らは活動している」と書いている。「我々が失ってしまい、二度と取り戻すことのできない豊かな感覚に恵まれ、我々には決して聞くことのできない声にしたがって」。

ビアロウィーザでは、復元されたオーロックスに出会うこともある。ジュリアス・シーザーのお気に入りの狩りの獲物だったこの牛を、ローマに戻ったシーザーは、「ゾウよりやや小さく」、力とスピードのある荒々しい黒牛、と友人に説明している。「人にも獣にも容赦しない奴らだ」とシーザーは書いた。「人の存在を受け入れず、子牛のうちに捕まえても、手なずけることができない」。ドイツの「黒い森」の住人は、オーロックスの雄牛を狩るために厳しい訓練を受けたらしく（雌牛は繁殖用に残された）、「雄牛をたくさん殺した者は――その証として角が人前に飾られた――大いなる名誉を与えられる。角は大変珍重され、銀で縁取ったオーロックスの角は盛大な宴会で酒を飲む器にされた」。こうした銀縁の角は、いまでも博物館で見ることができるが、一六二七年、最後の本物のオーロックスが殺されてしまった。

しかしここ、ポーランド－ベラルーシ国境にまたがる森林保護区、一四〇〇年代以来、王侯のお気に入りの狩り場で、ヨーロッパの数々のおとぎ話や神話にインスピレーションを与えた魔法と怪物の王国では、ターパン、ヨーロッパバイソンに加え、オーロックスも、厳重な保護のもとで草を食み、徘徊《はいかい》している。かつての王侯のひとりカジミエシュ四世は、ここに魅了されるあまり、簡素な森の小屋で七年間（一四八五－九二年）暮らし、そこで国事を執り行った。

ここの景観のどんな点が、それほどまでに畏敬の念を呼び起こし、文化や時代を超えて人々を魅了するのだろうか――ルーツ・ヘック、ゲーリング、そしてヒトラーまでも？　まず、ここには樹齢五〇〇年のオークが繁り、樹高何百フィートもあるマツ、トウヒ、ニレが砦のようにそそり立っている。動物の種類は、単細胞の原生生物から、イノシシ、オオヤマネコ、オオカミ、ヘラジカのような大型哺乳類まで一万二千種を誇り、もちろん、人間が先祖返りさせたオーロックス、ターパン、そしてバイソンもいる。ビーバー、テン、イタチ、アナグマ、オコジョは湿原や沼地を滑るように動き回り、

＊邦訳『ケープコッドの海辺に暮らして』本の友社刊（村上清敏訳）。

アシナガワシが、コウモリ、オオタカ、フクロウ、ナベコウと空を分かち合う。いつ訪れても、人間よりもヘラジカによく出会う。森の空気は甘いバルサムや松葉の香りがし、ミズゴケ、ヒース、漿《しょう》果、キノコ、湿地草原や泥炭湿原の匂いも漂ってくる。ポーランドで唯一の天然記念物に指定され、世界遺産に登録されているのも十分うなずける。

ここは狩猟、伐採、一切の原動機付き車両の乗り入れが禁止され、貴重な動植物の最後の避難所になっている。そのため、公園監視員がハイカーを少人数のグループに分けて決められたルートを案内しているが、ごみを捨てること、タバコを吸うことや、ささやき声より大きな声で話すことも禁じられている。何も取ってはならず、葉っぱ一枚、小石ひとつでも持ち帰ることはできない。人間の残すあらゆる痕跡、とりわけ物音を立てることは制限されていて、監視員が何かを公園内に持ち込む必要が出たときは、ゴムタイヤのついた馬車が使われるほどだ。倒木を除去しなければならない場合も、電動ノコギリは使わず、運搬も馬で行う。

「特別保護区」には、倒れて、死んで、朽ちかけたたくさんの木々がそのまま残されているが、実はこれらの木こそが、この森のたくましい生命力の屋台骨なのであり、自然保護活動家たちが、死んだ木々を積極的に守ろうとするのもそのためだ。風倒木や、自然に倒れ腐ちていく木は、三千種の菌類、二五〇種の苔類、三五〇種の地衣類、八、七九一種の昆虫、哺乳類、鳥類のすみかになる。森のガイドや博物館のジオラマは、この自然公園の生態系や歴史を私たちに教えてくれるが、訪れる人のなかで、この森がナチの人種差別とロマンティシズムにどれほど深くアピールしたかを知る人は、ほとんどいないことだろう。

ビアロウィーザの湿原がたそがれに包まれるとき、何百羽というホシムクドリが一斉に飛び立って、巨大なジョウゴ形をつくったと思うと、すぐまた降下して、ねぐらとなる沼地の草原へ向かって行く。アントニーナのホシムクドリへの愛、「ホシムクドリ」と呼ばれたマグダレーナへの愛、そして「虹のように輝く緑色の小さなホシムクドリが、くちばしを大きく開けて、小さな体を文字どおり震わせながら、かわいい歌を奏でていた[1]」などと情感たっぷりなことを書いていた、ルーツ・ヘックへのほのかな思いがしのばれる。ヘックの野心、ゲーリングの狩猟欲、そしてナチの哲学に後押しされた優生学と繁殖実験が、結果として、希少植物や絶滅に瀕した動物の救出に役立ったというのは皮肉なことである。

愛国的なポーランド人のなかには、ヘックのナチとの結びつきや動機に反感を覚え、彼らが作り出した動物たちは、昔の先祖に似てはいても、専門的見地からすればまがい物にすぎない、との意見を躊躇《ちゅうちょ》なく表明する人たちもいるが、それも理解できることである。ヘック兄弟の時代にはクローニング技術はなかったが、もし、当時すでに発明されていたなら、彼らはきっとそれを習得しただろう。彼らが戻し交配を行った二種を、政治的な背景を考え合わせて「ターパン近似種」（ニア・ターパン）、「オーロックス近似種」（ニア・オーロックス）と呼ぶのを好む動物学者もいる。生物学者ピオトロ・ダスキヴィッチとジャーナリストのジャン・アイケンバウムは、『オーロックス、その帰還……ナチのぺてん』（*Aurochs, le retour... d'une supercherie nazie*）（一九九九年）のなかで、彼らのつくったターパンのことを、「真の野生動物とは言えない、ドラマと献身、不正行為に彩られた歴史をもつ、大型の珍しい動物」と断じている。このふたりはヘック兄弟を、大掛かりなナチのいかさま――絶滅種の復元と言いながら、その実、新種を作り出すという——を演じた詐欺師として描く。ヘルマン・ライヒェンバッハは、『国際動物園報』（*International Zoo News*）に寄せた書評で、ダスキヴィッチとアイケンバウムの著作は事実に乏しく、その性質から言って、「フランス人は論争的というだろうが……アメリカ人なら『悪意ある批評』と呼ぶ類いのものである」[2]と反論している。「［けれども］ヘック兄弟はそれに価するだろう。というのは、戦後になっても、ふたりともナチの独裁政治との関係を決して率直に語らなかったからである。古代ゲルマン的な環境を（公園の境界のなかに）再現させるというのは、ナチのイデオロギーのなかでアルザス奪還*に匹敵する重大事だったのである」。

一方、ライヒェンバッハは、ヘックの創造した動物たちが果たす重要な役割については、こう考察する。「それでもこれらの動物は、混交林と草原からなる自然環境の保存に役立つだろう。野生化した牛の一タイプとしてのオーロックスは、この何十年かで貧困になった家畜牛の遺伝子プールの向上に貢献できるかもしれない。オーロックスの戻し交配は愚行だったとしても、犯罪だったとまでは言えない」。一方、ビアロウィーザ自然保護区のZ・プチェック教授は、ヘックの牛は「二〇世紀における最大の科学的不正」だと難詰する。こうして論争はいまだ収まらず、雑誌やネットを舞台に続けられているが、そのなかで、よく引用されるのが、アメリカ人C・ウィリアム・ビーブによる『鳥：その形態と機能』（*The Birds: Its Form and Function*）（一九〇六年）のなかの一節だ。「芸術作品に見られる美や創意は、最初の有形表現が壊されてしまっても、再び想起することができる。和声はいったん消えても、作曲家はまたインスピレーションを受けられる。しかし、ある生物種の最後の個体が生き絶えたとしたら、新しい天地が現れでもしない限り、再び蘇ることはないのである」。

ひとの執念にはさまざまな形があり、そのなかには、悪魔的な野心から生まれるものもあれば、たまたま選び取られるものもある。生命が豊かに息づくビアロウィーザを散策していると、かつてこの森が、ルーツ・ヘックの野心、ワルシャワ動物園の悲劇、ヤンとアントニーナの献身的な行為とどんな関係をもっていたかなどということは、忘却の彼方へ消えてしまいそうだ。ふたりは太古の自然に向けられたナチの執念の隙を突くように、巧みに死の淵にある隣人を救い続けたのである。

II

現在のワルシャワは、雄大な空の下の広々とした緑園都市で、並木通りが川に向かって幾筋も伸び、新しい流行と廃虚が同居し、そこかしこにそびえる古木が、香りをふりまき木陰を差し出している。動物園の隣りにあるプラスキ公園には、いまも甘ったるい芳香を漂わせる菩提樹がたくさんあって、夏になればミツバチも集まる。ユダヤ人ゲットーのあった川向こうには、マロニエに囲まれた広場があり、記念碑が立てられた。共産主義政権が打倒された一九八九年以来、ポーランド人らしいユーモア精神から、かつてのゲシュタポ本部は教育省に、KGB本部は司法省に、共産党本部は証券取引所に、という具合に官舎も用途変更された。しかし旧市街の建築は、聖歌を絵にしたようなヴィスワ・ゴシック様式で、一七世紀のヴェニスの画家ベルナルド・ベロットの素描に基づいて再建されている――エミリア・ヒゾーヴァ（ゼゴータのボタンじかけの壁を考案した女性）がこの偉業を仕切った。

＊領有を巡りフランスと長年の確執があった地方。

一部の建物の正面には、爆撃された街の瓦礫を再利用したものが埋め込まれている。市内の通りに何十もの彫像や遺跡が置かれているのは、ポーランドがたび重なる侵略の歴史に半ば沈潜し、進歩の恩恵を受けながらも、いつもどこかで喪に服している国だからだ。

ワルシャワが包囲攻撃されたとき、アントニーナが身を寄せた親戚のいた市街の建物から彼女の足跡をたどり、ミョドヴァ通りを進んで、古い堀を渡った。旧市街を取り囲む崩れかけのレンガの壁を抜ける。密集した家並の世界に入ると、丸石の道で靴が滑り、体がちょっとずつバランスをとれるようになる頃は、何百年と踏まれてきた、滑らかでひとつひとつが大きな石畳の道になる。戦後、街を再建するにあたって、元の石をできるだけ再利用することにしたので、今日でも、アントニーナと同時代の画家で作家のブルーノ・シュルツが『クロコダイル通り』（*The Street of Crocodiles*）でこう描写した、カラフルなモザイク模様が見られる――「あるものは人の肌のような淡いピンク、あるものは金色、あるものは青磁色、いずれも平たく日の光を吸って温かく滑らかで、あたかも踏みつけられて、祝福された虚無に消えていく日時計のようだ」。

ごく狭い通りの角にある建物からは電灯（かつてはガス灯）が突き出し、アドベント・カレンダー*のように二重サッシの窓が開いている。ストーブの煙突を渡した黒い樋《とい》が、赤茶色の屋根を縁取り、色塗りのしっくいの一部ははげ落ちて、下から肉色のレンガが覗いている。

脇へ折れ、ピエカースカ（パン屋）通りに入ると、石畳は入り江がそのまま石化したように扇状や渦巻状の模様を見せ、さらに左へ折れてピヴナ（ビール）通りに入ると、家の二階正面に埋め込まれた祠があって、なかに聖者の木像が一体あり、花が捧げられている。続いてカロラ・ベイエラ、コイン収集家のクラブの前、そして中庭に通じている三つの低い木戸を過ぎ、ピラミッドのような外壁をもつ建物の角を左へ曲がると、ようやく大きな広場に出た。戦争が始まってまもない頃、アントニーナが買い物に来てみると、危険のなかで露店を出す者はほとんどなく、琥珀と骨董の店も閉められ、名家の住宅も扉を閉ざし、一九三〇年代には見られたおみくじ引きのオウムも姿を消していたのだった。

広場を出て、いちばん近くにある井戸へ向かおうと、古い円筒型の要塞のほうへ歩いて行き、中世の監視塔に続く煤けたレンガの壁のカーブに沿って進んで行った。じょうご型の屋根のついた見張り台と射手が矢を放つための小さな窓が見える。夏になれば、この道筋にはバイカウツギが泡立つような白い花を咲かせ、白黒の太ったカササギも飛んで来る。壁の上に天蓋のように浮かんでいるのは、日光を求めて広がったクラブアップルの樹冠。リセルスカ（騎士）通りの小さな広場まで行くと、一本の黒い柱があり、そこに剣を振りかざす人魚の紋章――ワルシャワのシンボル――が描かれている。アントニーナが自分を重ね合わせていたかもしれないキメラ、半獣半人の守護者である。水は柱の両側のひげを生やした神の口から流れ出ている。買い物かごを下に置き、大地からほとばしる生命を受けようと器を傾けるアントニーナの姿が見えるようだ。

＊クリスマスを待つ一枚のカレンダーで、窓を毎日ひとつずつ開けていく。

注

第二章

（1）**動物泥棒も悩みの種で**：この二、三年前、ワルシャワ動物園の禽舎に泥棒が入り、フクロウ各種、ワタリガラス、コンドルを連れ去った。職員はフクロウとワタリガラスは目的をごまかすためにさらわれただけで、真の狙いは、闇価格が急騰していたコンドルだろうと考えた。これと別にペンギンのヒナが盗まれた事件もある。そこらじゅうの動物園で動物が盗まれており、その依頼元はたいてい繁殖業者や研究施設だったが、なかには個人のコレクターもいた。

（2）**ポゴ・スティック**：一九二〇年代に流行したポゴ・スティックは、米国人ジョージ・ハンスバーグが特許を取得した。

（3）**くの字型の赤い脚**：フラミンゴは膝が逆に曲がっているように見えるが、膝に見えるのは実はかかとである。本当の膝はもっと高い位置にあり羽毛に隠れている。

第三章

（1）**ジャビンスキ夫妻の別荘**：詳細は、近くに家をもっていたヘレーナ・ボグチェフスカによる。

第四章

（1）**殺された人たちや瀕死の人たちの姿は脳裏に焼きついて離れなかった**：アントニーナの回想は元エンジニアのヴィクトル・オクリッチ＝コザリンのものと符号する。氏は少年時代、同じ光景を見て「ドイツの飛行機が群衆の上をかすめ飛び、大勢の人を撃ち殺した……二機のポーランドの戦闘機が、畑の上空でドイツの爆撃機を攻撃し、爆撃機は火を吹き、パラシュートが木立の近くに舞い降りた」と回想している。

（2）**「死なない程度の試練が、人を鍛える」**：Friedrich Nietzsche, *The Twilight of the Idols*（1899）。邦訳は『偶像の黄

昏：アンチクリスト』（西尾幹二訳、白水社）に収載。

第五章

（1）発明されたてのジュークボックス：ジュークボックスは一九三〇年代、場末の安酒場（ジューク）用に考案されたもの。ジュークというのは、カロライナ移民が、売春宿と賭場とダンスをする場所を合わせたようなところを指すのに使った言葉。

第六章

（1）「こうしてお話ししている現在も……」：*Warsaw and Ghetto*（B. M. Potyralsey, 1964, Warsaw）に引用されたステファン・スタジンスキの言葉。

（2）「私はワルシャワ市民、果敢に都市防衛にあたり、深い愛国心を示した市民たちが……」：Israel Gutmen, Resistance : *The Warsaw Ghetto Uprising*（New York : Houghton Mifflin, 1994）, p. 12に引用されたロンメルの言葉。

（3）「この地域を交戦地帯、略奪地として容赦なく収奪し……」：*Proceedings of the Trial of the Major War Criminals Before the International Military Tribunal, Nuremberg*, vol. 290, ND 2233-PS ; Anthony Read, *The Devil's Disciplines : Hitler's Inner Circle*（New York : W. W. Norton, 2004）, p. 3より引用。

（4）「今後五年かけて……」：Adam Zamoysuki, *The Polish War : A Thousand Year History of the Poles and Their Culture*（New York : Hippocrene Books, 1994）, p. 358.

（5）「私はそもそもの始めから、動物園のある地区の国民軍と連絡を取り合っていたんです……」：『諸国民のなかの正義の人』として、イスラエルのヤド・ヴァシェム（ホロコースト記念館）に表彰された時、同国のイディッシュ語新聞に掲載されたヤン・ジャビンスキの言葉。記事はリシャルト・ジャビンスキ氏提供。

第七章

（1）ミュンヘンの動物園長：ハインツ・ヘックは一九二八年、ミュンヘンのヘラブルン動物園長に就任し、一九六九年までその職にとどまった。

（2）エスペラント：エスペラント語は一八八七年、ビアリストックの眼科医で、「ドクトロ・エスペラント」（のぞみ博士）という偽名を使っていたルドヴィク・ラザル・ザメンホフによって考案された。ビアリストックは多国語の入り交じる街で、ここで暮らすうちに、言葉の壁からくる民族集団同士の不信と誤解がいかに多いかに気づき、中立性のある共通語を考案したのである。

第八章

（1）「私の目の前でキャンプファイアの炎が揺らめき……」：Lutz Heck, *Animals - My Adventure, trans,* E. W. Dickies (London : Mathuen, 1954) より。

（2）戻し交配を企てた：何年も前に、ポーランドの科学者タデウス・ヴェツラニが同じ戻し交配を試みていたが失敗に終わっている。ヘックはこのヴェツラニの研究を盗んだのだが、ドイツに送った三〇頭は、後にプロイセンの保護区ロミンテンを経て、ポーランドのビアロウィーザに放した。

（3）ナチが掲げた生物学上の目標：ヒトラーは健全で活発なアーリア民族を公然と称賛していたが、ゲッペルスは内反足（エビ足）で、ゲーリングは肥満でモルヒネ依存症、ヒトラー自身も末期には梅毒の第三期で、アッパー、ダウナー、どちらのドラッグにも依存していた上に、恐らくパーキンソン病も患っていたと思われる。ヒトラーの主治医テオ・モレルは梅毒の専門家として名高く、どこへ行くにも付き添って、注射器と金箔で包んだビタミン剤を常に用意していた。ヒトラーが列をなす少年と握手を交わす貴重なフィルムでは、背中の後ろに隠した左手にパーキンソン病特有の震えが見られる。

しかし、ビタミン剤と言われていたものは、本当は何だったのか？　犯罪学者ヴォルフ・ケンペル（Wolf Kemper, *Nazis on Speed : Drogen im 3. Reich* [2002]）によると、ドイツ国防軍は、集中力、スタミナ、無鉄砲さを高め、痛み、飢え、疲労を減じる様々な薬物を注文していたという。一九四〇年の四月から七月にかけ、依存性があり、気分を変容させる麻薬アンフェタミンの三ミリグラム錠剤が、ペルヴィチン、イソファンの薬品名で三五〇〇万錠以上も納品されている。

占領下のポーランドに駐屯していた二三歳のハインリッヒ・ベルは、ケルンにいる母親に宛てた一九四〇年五月二〇日付けの手紙で「抑え難い（いまも収まらない）ナチへの嫌悪」にふれながらも、ペルヴィチンを送ってほしいと頼んでいる。ドイツでは一般市民も薬局で自分が使用するペルヴィチンを買うことができた（Leonard L. Heston and Renate Heston, *The Medical Casebook of Adolf Hitler* [London : William Kimber, 1979], pp. 127-29より）。

（4）**ヨーゼフ・メンゲレ**：ヨーゼフ・メンゲレはバヴァリアの実業家の出身で、カトリック信者であることを（ナチが好んだ「神の信徒」を名乗るかわりに）公言していた。遺伝病に興味をもった彼、後の「ドクター・アウシュヴィッツ」は、おびただしい数の子供を集めて、後にフランクフルトの裁判所で「おぞましき犯罪」と糾弾される「意図的で血に飢えた」実験、しばしば生体解剖や殺人を伴う生体実験を行った。「彼は残忍だが、振る舞いは堕落した紳士という感じだった」とひとりの囚人は述べ、他の人々は「非常に遊び好き」な「ルドルフ・バレンチノのようなタイプ」で、常にオーデコロンの匂いを振りまいていたと語る（Robert Jay Lifton, *Tha Nazi Doctors : Medical Killing and the Psychology of Genocide* [New York : Basic Books, 1986], p. 343より引用）。リフトンは「誰を殺すか自分で選び、あるいは直接手を下すことで、メンゲレは、彼の本質である、仰々しい解離（デタッチメント）—無関心と言ってもいい—と効率性を見せつけようとしたのである」と結論している（前掲書p. 347）。

新しく到着した囚人たちの列を、監視員たちは「双子！　双子！」と大声で呼びながら、メンゲレのぞっとする実験の材料となる双子の子供を狩り出した。彼の気に入っていた研究に、眼の色を変えるというのがあり、自分の部屋の壁に、外科的に取り出した眼が蛾の標本のようにピンで止められ、ずらりと展示されていた。

（5）**「計画的で科学的根拠をもった人種政策」**：Ute Deichmann, *Biologists Under Hitler,* trans. Thomas Dunlap (Cambridge, Mass. : Harvard University Press, 1996), p. 187に引用されたコンラート・ローレンツの言葉。

（6）**「健全な民族集団は衰退（退廃）的な要素が浸透しているのに〈気がつかない〉ことがある」**：Konrad Lorenz, "Durch Domestikation verursachte Störungen artevigen Verhaltens," Zeitshrift für angezandte Psychologie und Charakterkunde, vol. 59 (1940), p. 69より。

（7）**ヘルマン・ゲーリング**：ヒトラーの側近になった彼はたちまち「航空大臣」「ドイツ狩猟監督」「ドイツ森林監督」の肩書きを手にした。ゲーリングは、ただの熱狂的ハンター—狩りのために、自分の地所の雄鹿をわざわざフランスまで航空輸送したことがあるほど—ではなく、子供の頃過ごした城での生活を狩りと重ね合わせ、失った栄光をドイツに取り戻そうと夢見ていた（「再び我らの時代になる！」とよく言っていた）。週末は森へ行き、あらゆる口実を使って政治の場に狩りをもち込み、高級獣肉狩猟隊なるものを主宰した。ヒトラーは狩りはしなかったが、とくにアルプスの別荘ではよく、鷹狩りにでも行くか、見事な角をもつ雄鹿を馬で追いかけるような狩猟服姿で過ごした。

イノシシ狩りが大好きだったゲーリングは、イノシシ狩りのための五〇インチの槍を特注した。刃は焼き入れしたブルー・スチール、握りはマホガニー、柄はスチール製で中が空洞、球がふたつついていて、それをガラガラ鳴らして藪に潜む獲物を脅かした。

一九三〇年代半ばから一九四三年後半にかけて、ゲーリングは友人仲間、外国の要人、ドイツの高官を連れて何十回も狩猟の旅に出かけている。記録によれば、ドイツがロシアの前線で敗北を喫した一九四三年一月と二月にも、ゲーリングは自分の城に滞在し、ロミンテンのイノシシとプロシアの堂々たる雄鹿を狩っていた（彼はこの時期、空軍士官たちに舞踏のレッスンまでした）。

第九章

ゲットーの日々の暮らし、ユダヤ人の駆り集め、絶滅収容所の恐怖についてはすぐれた本が非常に多いので、逐一紹介はしない。ゲットー蜂起に関するとりわけ生々しい記録は、敗残兵とともに廃虚の中で九月の終わりまで闘った著者による、Leon Najberg, *A Fragment of the Diary of the Rubbish Men*）である。

（1）『ヨーロッパバイソン血統登録書』：これは現在も刊行されているが、発行元はポーランドに移っている。野生のバイソンについては血統登録を行わず、監視員が見守り頭数を数えるだけである。

このテーマを巡るすぐれた考察に、Piotr Daszkiewicz and Jean Aikhenbaum, *Aurochs, le retour... d'une supercherie nazie*（Paris：HSTES, 1999）およびFrank Fox, "Zagroź onegatunki :Żydzi I żubry"（Endangered Species：Jews and Buffalo）, *Zwoje*, January 29, 2002がある。

（2）「実はさんざん言われております……」：Heck, *Animals*, p. 89より。

第一〇章

（1）**ひとつの個体を殺す病気で集団全体が全滅する危険をはらんでいる**：遺伝的に似通った個体ばかりになると、ひとつの病気で全滅する恐れがあるというのは、いまや、お互いがほとんどクローンに近い乳牛も同じである。

（2）**ミトコンドリアDNAを二〇〇六年に調査**：“The Matrilineal Ancestry of Ashkenazi Jewry : Portrait of a Recent Founder Event” : Doron M. Behar, Ene Metspalu, Toomas Kivisild, Alessandro Achilli, Yarin Hadid, Shay Tzur, Luisa Pereira, Antonio Amorim, Lluís Quintana-Murci, Kari Majamaa, Corinna Herrnstadt, Neil Howell, Oleg Balanovsky, Ildus Kutuev, Andrey Pshenichnov, David Gurwitz, Batsheva Bonne-Tamir, Antonio Torroni, Richard Villems, and Karl Skorecki. *American Journal of Human Genetics*, March 2006.

（3）**ある者は男性といい、ある者は女性という**：その人間が、地球上にたったひとりで生きていたという意味ではなく、他の人間の子孫は死に絶えたということである。

（4）**「ドイツの犯した罪がなぜ史上最悪かというと……」**：Pierre Lecomte du Noüy, *La dignité humaine*（1944）より。

（5）**プラガ地区が、一時は九〇の小隊、六千人の兵士を抱える、ワルシャワ最大の工作部隊の拠点だった**：Norman Davies, *Rising '44 : The Battle for Warsaw*（London : Pan Books, 2003）, p. 183より。

第一一章

（1）**ヒトラーは、配下の軍隊に**：ニュルンベルク裁判で読まれ、“The Fallen Eagles,” *Time*, December 3, 1945に掲載された議事録より。

（2）**ポーランド人は大半が**：戦前のポーランドの人口三六〇〇万人の二二パーセントが失われ、この数字はヨーロッパの他のどの国よりも高かった。戦後、エルサレムのヤド・ヴァシェム、イスラエル法廷は、ポーランド人のキリスト教徒の一部が受けた艱難を詳しく調べ、六〇〇万人のユダヤ人が殺戮されたばかりでなく、カトリック教徒も三〇〇万人が殺され、「しかも、教育を受けた層や若者はじめ、将来、ふたつの全体主義体制のどちらかに歯向かいそうな人々が一掃された……ドイツの計画では、ポーランド人は教育のない、主人たるドイツ人の奴隷となるべき民族だった」と述べている。

第二章

（1）「絶え間ない喧騒」：Michal Grynberg, ed., *Words to Outlive Us : Eyewitness Accounts from the Warsaw Ghetto*, trans. Philip Boeham（London : Granta Books, 2003）, p. 46より。

ある時ヒムラーは、氷宇宙の研究所をつくるためにヴェルナー・ハイゼンベルクを招いたことがある。これは、太陽系の天体のほとんどは地球の月をはじめ、巨大な氷山だというオーストリアのハンス・ヘルビガーの「氷宇宙説」（Hanns Hörbiger, *Glazial-Kosmogonie*［1913］）の影響である。冷凍技師だったヘルビガーがこれを思いついた根拠は、月や惑星が夜にあれほど照り輝いていることと、太陽系は火と氷が大衝突し、氷が勝ったことで誕生したという古代スカンジナビア神話だった。ヘルビガーは一九三一年に死亡したが、彼の氷宇宙説はナチの科学者に気に入られ、ヒトラーも、一九四〇年代に入ってから冬の寒さが異常なのは、この説の正しさを証明するものだと断じている。ニコラス・グッドリック・クラーク（Nicholas Goodrick-Clarke）は*The Occult Roots of Nazism*のなかで、ハインリッヒ・ヒムラーのお抱え占星術師（マギ）、カール・マリア・ヴィリグート（Karl Maria Wiligut）のような、人を惹きつける魅力を備えた奇矯な人物が、ナチにどんな影響を及ぼしたかを探究している。ヴィリグートの教義は、親衛隊のイデオロギーや、論理、儀式、彼らが抱いていた、自分たちは中世の騎士団の再現で、来るべきアーリア人のユートピアのために子孫を増やすべき繁殖集団なのだというイメージの形成に影響を与えている。ヒムラーはこのような目的に向けて、先史時代のドイツ、考古学、人種研究のためのアーネンエルベという機関を創設し、そこのスタッフに親衛隊の制服を身に着けさせたのである。ヒムラーはさらに、ヴェストファリアにあった古城ヴェヴェルスブルク城を手に入れ、そこを親衛隊の教育と宗教まがいの儀式に使った上に、「千年王国大ドイツ帝国の中心地として、親衛隊の壮大なバチカンに」改修する野望を抱いていた。

（2）「ワルシャワでは、もはやゲットーとは組織化された死以外の何ものでもなかった」：Michael Mazor, *The Vanished City : Everyday Life in the Warsaw Ghetto*, trans. David Jacobson（New York : Marsilio Publishers, 1993）, p. 19より。

（3）「ちょっとでも危険なそぶりがあれば……」：Gryberg, *Words to Outlive Us*, pp. 46-47より。

第一四章

（1）「そちらの調査が進むように、［そして］我々がそちらをどう思っているか教えるため……」: *After Karski*, p. 267（Davies, *Rising '44*, p. 185の引用文より）。

第一五章

（1）ドイツ人のワルシャワ長官：ワルシャワ長官とは、市長に相当する役職である。

（2）何かと理由をつけて、友人たちを「励まし、食べ物と知らせを届ける」ためにゲットーに出入りするようになった：Rostal, "In the Cage of the Pheasant." より。

（3）「当時の社会には政治的抑圧や検閲、私的自由の侵害が重くのしかかっていた」: Milton Cross, *Encyclopedia of the Great Composers and Their Music*, Doubleday, 1962, pp. 560-61より。

（4）ワルシャワ・ゲットーの労働局長：労働局によりドイツへ移送された労働者は袖に紫のPの文字をつけなければならず、教会へ行ったり、文化的活動をしたり、公共交通を使用することが禁じられた。ドイツ人と性交渉をする者は死罪とされた。（Davies, *Rising '44*, p. 106）

（5）「美しい昆虫に見とれる彼は、この世の一切のことを忘れているようだった」: *Polacy z pomocą Żydom*（Poles helping Poles）, 2nd edition（Kraków : Wydawnictwo Znak, 1969）, pp. 39-45より。

（6）「ゲットーの設置、存在、解体……」: Philip Boehm, introduction to Grynberg, *Words to Outlive Us*, p. 3より。

（7）フランケンシュタインはちびで、がに股で、下卑た顔の奴だった：Jack Klajman with Ed Klajman, *Out of the Ghetto*（London : Vallentine Mitchell, 2001）, pp. 21, 22より。

第一六章

（1）「走りましょう」って言葉が喉まで出かかったわ：Lonia Tenenbaum, in *Polacy z pomocą Żydom*（Poles helping Poles）より。

(2) 彼のコレクションのほぼ半分で、ヤンがあるジャーナリストに語ったところによれば、箱は全部で四〇〇：Jan E. Rostal, "In the Cage of the Pheasant," *Nowiny i Courier,* October 1, 1965より。

第七章

(1) 「血と土の教義」：Deichmann, *Biologists Under Hitler,* p. 160に引用されたKarl Friedrichsの言葉。
(2) 『戦争が広げる伝染病』：Friedrich Prinzing, *Epidemics Resulting from Wars*（Oxford : Clarendon Press, 1916）より。
(3) 「反ユダヤとはシラミ退治にほかならぬ」：Speech to SS officers, April 24, 1943, Kharkov, Ukraine ; reprinted in United States Office of Chief of Counsel for the Prosecution of Axis Criminality, *Nazi Conspiracy and Aggression,*（Washington, D.C. : United States Government Printing Office, 1946）, vol, 4, pp. 572-78, 574より。
(4) スローガンとして「ユダヤ人―シラミ―チフス」: Gutman, *Resistance,* p. 89に引用されたLudwig Fischerの言葉。
(5) 「顔さえなければ」：Hannah Krall, *Shielding the Flame : An Intimate Conversation with Dr. Marek Edelman, the Last Surviving Leader of the Warsaw Ghetto Uprising*（New York : Henry Holt, 1977）, p. 15より。
(6) 「黙示録の三人の騎士……」：Grynberg, *Words to Outlive Us,* p. 45に引用されたStefan Ernestの言葉。
(7) 「飲食をするとき……」：Daniel C. Matt, ed., *The Essential Kabbalah : The Heart of Jewish Mysticism*（San Francisco : HarperCollins, 1996 ; translated from Dov Baer, Maggid Devarav l'Ya'aquov）, p. 71に引用されたAlexander Susskindの言葉。
(8) [教えを説く] 声を聞く：Nehemia Polen, *The Holy Fire : The Teachings of Rabbi Kalonymus Kalman Shapira, the Rebbe of the Warsaw Ghetto*（Lanham, Md. : Rowman & Littlefield, 1994）, p. 163より。
(9) ゲットーのある住人が：Krall, *Shielding the Flame*に出てくるMarek Edelman。戦後、心臓専門医となった彼は「死をよく知る者は、生に対してより大きな責任を負う」と述べている。

第一八章

（1）「動物の個性の発達は……」：postwar interview by Danka Harnish, in Israel, translated from Hebrew by Haviva Lapkin of the Lorraine and Jack N. Friedman Commission for Jewish Education, West Palm Beach, Florida, April 2006（戦後のインタビュー）より。

（2）「三万八千人のユダヤ人と……」：Gunnar S. Paulson, *Secret City : The Hidden Jews of Warsaw 1940-1945*（New Haven, Conn. : Yale University Press, 2002）, p. 5より。

（3）入居者はお互いの住まいを行き来する：Alicia Kaczyńska, *Obok piekła*（Gkańsk : Marpress, 1993）, p. 48 ; Paulsson, *Secret City*, pp. 109-10への引用文より。

第二〇章

（1）「おじは、自分の子供たちの結婚式を……」：Ruta Sakowska, ed., *Listy o Zagładzie*（*Letters About Extermination*）（Warsaw : PWN, 1997）より。Jenny Robertson, *Don't Go to Uncle's Wedding : Voices from the Warsaw Ghetto*（London : Azure, 2000）。

（2）「のろわれた地区」：Janusz Korczak, *Ghetto Diary*（New Haven, Conn. : Yale University Press, 2003）, p. xより。

（3）「癒着、疼痛、破裂、創傷」：*Ghetto Diary*, p. 9より。

（4）「感謝します、憐れみ深い主よ……」：*Ghetto Diary*, p. 8より。

（5）食器を片づけていると：*Ghetto Diary*, p. 107より。

（6）世界を救済できる純粋な心をもつ：Betty Jean Lifton, introduction to *Ghetto Diary*, p. viiより。

第二二章

（1）「ゼゴータの人々は理想主義者であると同時に活動家で……」：Irene Tomaszewski and Tecia Werbowski, *Zegota : The Rescue of Jews in Wartime Poland*（Montreal, Canada : Price-Patterson Ltd., 1994）より。

（2）七万人から九万人：Gunnar S. Paulsson, *Secret City : The Hidden Jews of Warsaw 1940-1945*（New Haven : Yale University Press, 2002）, p. 163より。

（3）ゴキブリ研究に使っていた大きなガラス容器：Jan Żabiński, "The Growth of Blackbeetles and of Cockroaches on Artificial and on Incomplete Diets." *Journal of Experimental Biology*（Company of Biologists, Cambridge, UK）, vol. 6（1929）: pp. 360-86より。

第二三章

（1）この頃もまだ電話が通じた：Emanuel Ringelblum, *Polish-Jewish Relations During the Second World War*（New York : Howard Festig, 1976）, pp. 89-91より。

（2）「聖なる火花のまわりで……」：Michael Wex, *Born to Kvetch : Yiddish Language and Culture in All of Its Moods*（New York : St. Martin's Press, 2005）, p. 93より。

（3）イディッシュ語のよく知られた呪詛：Wex, *Born to Kvetch,* pp. 117, 132, 137より。

（4）ここはひどい憂うつに支配されています：Judit Ringelblum, *Beit Lohamei ha-Getaot*（Haifa, Israel : Berman Archives）; Paulsson, *Secret City,* p. 121への引用文より。

第二四章

（1）「彼のためなら何だってやるさ」：Otto Strasser, *Mein Kampf*（Frankfurt am Main : Heinrich Heine Verlag, 1969）, p. 35より。

（2）「ゲットーのすぐ隣、壁の向こう側では、市民生活は少しも変わらず……」：Cywia Lubetkin, *Extermination and Uprising*（Warsaw : Jewish Historical Institute, 1999）; Robertson, *Don't Go to Uncle's Wedding,* p. 93への引用文より。

（3）「ドイツ兵に何万人も連れ去られ、殺され、生きたまま焼かれた」：Stefan Korbonski, Fighting Warsaw : *The Story of the Polish Underground State, 1939-1945*（New York：Hippocrene Books, 2004）, p. 261より。

第二五章

（1）「多少なりとも服を脱いだご婦人が……」：From the account of Władysław Smólski in *Righteous Among Nations：How Poles Helped the Jews*, 1939-1945, edited by Władysław Barloszewski and Zofia Lewin（London：Earlscourt Publications Ltd., 1969）, pp. 255-59より。

（2）「割礼」で失った陰茎包皮の修復手術をしてくれる：Shultheiss, Dirk, M.D., et al., "Uncircumcision：A Historical Review of Preputial Restoration," *Plastic and Reconstructive Surgery*, vol. 101, no. 7（June 1998）：pp. 1990-98より。

（3）「彼らの受難が私の心を捉え……」：第二次世界大戦後、ユダヤ史研究所に託されたある人物の回想で、*Righteous Among Nations*, p. 258に掲載された。

第二七章

（1）人間は、宇宙の波と光の感度のよい受信機であり：Goodrick-Clark, *The Occult Roots of Nazism*, p. 161より。

第二八章

（1）ありもしない危機を想像してしまうこと：Ringelbaum, *Polish-Jewish Relations*, p. 101より。

（2）壁の絵が落ち：Sophie Hodorowicz Knab, *Polish Customs, Traditions, and Folklore*（New York：Hippocrene Books, 1996）, p. 259より。

（3）「流砂の上を歩いている」：Janina in *Righteous Among Nations*, p. 502より。

（4）「私ってついてるわ……こんな素晴らしい仕事ができて」：Rachela "Aniela" Auerbachの戦後の証言。*Righteous Among Nations*, p. 491より。

（5）「弱者をとことん守ってくれる人」：Basia in *Righteous Among Nations*, p. 498より。
（6）戦後、ロンドンの《白鷲—人魚》：（*White Eagle-Mermaid*）：May 2, 1963より。

第二九章

（1）「秘密を守っている限り、秘密は私の囚人である……」：Arthur Shopenhauer, *Parerga and Paralipomena*, trans. E. F. J. Payne（New York : Oxford University Press, 2000), vol. 1, p. 466（chap. 5, "Counsels and Maxims"）より。

第三〇章

（1）人文主義《ヒューマニズム》と壮麗な建築の歴史で名を馳せていたドレスデンも：直後の猛火のため、正確な犠牲者数は把握できなかったが、現在では、このときドレスデンで死亡したのは三万五千人と推定されている。このとき、一八世紀のイタリアの作曲家トマゾ・アルビノーニの貴重な自筆楽譜も炎とともに消え、そのアダージョ・ト短調は哀悼の代名詞となった。
（2）とりわけ迷信深い文化をもち：ポーランド人の多くが予兆や魔法を信じていた。ワルシャワ市民の間では、ひと頃、トランプ占い（タロットではない）や、スプーンに溶かした蝋を水の鉢にゆっくり落とし、将来、とくに結婚を占うことが普通に行われた。蝋が水面でどんな形になるかで運勢を占ったのである。ハンマーやヘルメットの形になった場合は、蝋を落としたのが男の子ならすぐに兵隊になり、女の子なら鍛冶屋や兵隊と結婚する。キャビネットや家具に似た形になった場合、女の子なら大工と結婚する。麦や馬車のように見えたら農夫と結婚する。バイオリンやトランペットに見えたら、音楽家になる。

ポーランドの民間伝承では、死は白いシーツにくるくる巻かれ、草刈り鎌をもった老婆の姿で人間の前に現れるが、犬たちはすぐ見つけることができる。だから「犬のしっぽを踏み、その両耳の間から見れば」死が見えるという。

第三一章

（1）「路面電車は少年たちで混雑していた……」：Stefan Koroboński, *Fighting Warsaw : The Story of the Polish*

Underground State, 1939-1945, trans. F. B. Czarnomski (New York : Hippocrene Books, 2004), p. 352より。

（2）「あの音は生涯忘れられない」：Jacek Fedorowicz quoted in Davies, *Rising '44*, p. 360-61より。

（3）「凶暴な目つきの」ソ連兵：凶暴な目つきのソ連兵とは、第三帝国に協力していたソ連の将軍ウラソフ配下の「ヴラソフツィ」と呼ばれた兵士たちである。

第三三章

（1）駅という駅の柵が：Korboński, *Fighting Warsaw*, p. 406 より。

第三四章

（1）写真のキャプションは「死んだ街」「廃墟の荒野」「瓦礫の山」：archival reproduced in Davies, *Rising '44*より。

第三五章

（1）「せいぜい五〇万人……」：Joseph Tenenbaum, *In Search of a Lost People : The Old and New Poland* (New York : Beechhurst Press, 1948), pp. 297-98より。

（2）戦前の独立をあえて称賛したり：Davies, *Rising '44*, p. 511より。

（3）「私は自分の義務を果たしただけです……」：Rostal, "In the Cage of the Pheasant."

第三六章

（1）虹のように輝く緑色の小さなホシムクドリが：Heck, *Animals*, p. 61より。

（2）「フランス人は論争的と言うだろうが……」：Herman Reichenbach, *International Zoo News*, vol. 50/6, no. 327 (September 2003) より。

（3）「あるものは人の肌のような淡いピンク、あるものは金色、あるものは青磁色……」：Bruno Schulz, *The Street of Crocodiles*, trans. Celina Wieniewska（New York : Penguin Books, 1977）, pp. 27-28より。

2003年、マグダレーナ・グロスの彫刻『鶏』は、ポーランドでの自閉症研究の資金集めのためピアセッキ財団によってオークションに掛けられた。

［著者］
ダイアン・アッカーマン
Diane Ackerman

ベストセラー『「感覚」の博物誌』（河出書房新社）の著者。『月に歌うクジラ』（ちくま文庫）、『愛のための100の名前』（亜紀書房）他、著書多数。彼女の自然や人間性に関するエッセイは「ナショナル・ジオグラフィック」「ニューヨーカー」「ニューヨークタイムス」などでも見られる。

［訳者］
青木玲
Harumi Aoki

翻訳家、ライター。神奈川県生まれ。著書『競走馬の文化史〜優駿になれなかった馬たちへ〜』（筑摩書房）で1995年度ミズノスポーツライター賞受賞。『ニュース・ジャンキー』『アーミッシュの赦し』『哲学する赤ちゃん』（以上、亜紀書房）、『小児科に行く前に』（ジャパン・マシニスト社）、『絶滅のゆくえ』（新曜社）、『環境思想の系譜』（東海大学出版会）などの訳書、共訳書がある。

ユダヤ人を救った動物園［普及版］

アントニーナが愛した命

2017年11月15日　第1版第1刷 発行

著　者　ダイアン・アッカーマン

訳　者　青木玲

発行所　株式会社亜紀書房
〒101-0051
東京都千代田区神田神保町1-32
電話03（5280）0261
http://www.akishobo.com
振替 00100-9-144037

印刷所　株式会社トライ
http://www.try-sky.com

装　丁　金井久幸［TwoThree］

協　力　ファントム・フィルム

Printed in Japan
ISBN978-4-7505-1529-8